Die Einheit der Gesellschaftswissenschaften im 21. Jahrhundert

Herausgegeben von

Nils Goldschmidt, Jan-Otmar Hesse und Boris Holzer

1

Share Economy

Institutionelle Grundlagen und
gesellschaftspolitische Rahmenbedingungen

Herausgegeben von

Julian Dörr, Nils Goldschmidt und Frank Schorkopf

Mohr Siebeck

Julian Dörr, geboren 1983; Studium der Volkswirtschaftslehre und der Politikwissenschaft; 2016 Promotion; Research Fellow am Forschungskolleg normative Gesellschaftsgrundlagen (FnG) der Universität Bonn; Geschäftsführer der Aktionsgemeinschaft Soziale Marktwirtschaft.

Nils Goldschmidt, geboren 1970; Studium der Wirtschaftswissenschaften und Katholischen Theologie; 2001 Promotion; 2008 Habilitation; seit 2013 Professor für Kontextuale Ökonomik und ökonomische Bildung an der Universität Siegen; Vorsitzender der Aktionsgemeinschaft Soziale Marktwirtschaft; stellv. Vorsitzender des Wilhelm-Röpke-Instituts, Erfurt; Affiliated Fellow am Walter Eucken Institut, Freiburg.

Frank Schorkopf, geboren 1970; Studium der Rechtswissenschaft; 1999 Promotion; Aufenthalte als wiss. Mitarbeiter am Max-Planck-Institut für Völkerrecht, beim Bundesverfassungsgericht und an der Universität Bonn; 2007 Habilitation; seit 2009 Professor für Öffentliches Recht und Europarecht an der Georg-August-Universität; seit 2016 Ordentliches Mitglied der Akademie der Wissenschaften zu Göttingen.

ISBN 978-3-16-155685-2 / eISBN 978-3-16-155697-5
DOI 10.1628/978-3-16-155697-5

ISSN 2569-457X / eISSN 2569-4588
(Die Einheit der Gesellschaftswissenschaften im 21. Jahrhundert)

Die Deutsche Nationalbibliothek verzeichnet diese Publikation in der Deutschen Nationalbibliographie; detaillierte bibliographische Daten sind im Internet über *http://dnb.dnb.de* abrufbar.

© 2018 Mohr Siebeck Tübingen. www.mohrsiebeck.com

Das Buch wurde von Martin Fischer in Tübingen aus der Stempel Garamond gesetzt, von Hubert & Co. GmbH & Co. KG. BuchPartner in Göttingen auf alterungsbeständiges Werkdruckpapier gedruckt und gebunden.

Printed in Germany.

Vorwort

Die Digitalisierung prägt wie kein zweiter Begriff die aktuelle Diskussion über Entwicklungstendenzen in der Gesellschaft und besonders in der Wirtschaft. Die Stichworte hierbei sind Industrie 4.0 und Share Economy. Gerade in der Ökonomie des Teilens glauben viele, die Lösung für zahlreiche soziale Probleme von Industriestaaten erkannt zu haben: Durch die gemeinschaftliche Nutzung von Gütern würde nicht nur die wirtschaftliche Effizienz gesteigert, sondern auch die Umwelt durch den geringeren Ressourcenverbrauch geschont, ein gerechterer Konsum ermöglicht und die voneinander entfremdeten Menschen einer ‚herzlosen‘ Marktgesellschaft könnten wieder zusammenfinden. Die Share Economy verheißt die Ablösung des reinen Gewinnstrebens durch eine vorrangig ethische Orientierung. Das neu erwachte Interesse an einem nachhaltigeren und moralisch-überlegenen Konsum sieht in der Share Economy den Hoffnungsträger einer alternativen Wirtschaftsweise. Aber kann sie diesen Heilsversprechungen tatsächlich gerecht werden?

Der Blick auf die wenigen verfügbaren Daten ist ernüchternd. Zwar boomen die Angebote der Share Economy, doch ist ‚Teilen statt Haben‘ gesamtwirtschaftlich noch von geringer Bedeutung. Jüngere Studien zeigen, dass beispielsweise Leistungen des privaten Carsharings bislang lediglich von zwei Prozent der Bevölkerung genutzt wurden, drei Prozent haben auf Plattformen Unterkünfte angeboten und sechs Prozent private Unterkünfte gebucht, immerhin haben zehn Prozent schon auf diese Weise eine Mitfahrgelegenheit gefunden. Umso überraschender ist es, dass ein Großteil der Deutschen die Share Economy überaus positiv bewertet. Somit gilt: Die Share Economy mag die Wirtschaftsstruktur und das Konsumentenverhalten langfristig verändern, dieser Prozess steht jedoch erst am Anfang. Hinzu kommt, dass die Share Economy in ihren unterschiedlichen Formen ein schwer greifbares Phänomen und es nicht einfach ist, die Auswirkungen und Interdependenzen präzise zu erfassen. Zu vielschichtig und komplex sind die Prozesse. Der fehlende Konsens über das Phänomen ist sowohl bei der Benennung (in diesem Band wird einheitlich von der Share Economy gesprochen), als auch bei der Definition feststellbar – es mangelt an einer ‚shared definition‘.

Ursächlich für die Konfusion kann auch die sprachliche Unschärfe sein. Das ‚Teilen‘ hat im Deutschen im Wesentlichen zwei Bedeutungen: Zum einen können physische Güter geteilt werden, die temporär den Besitzer wechseln, jedoch immer Eigentum der verleihenden Person bleiben. Zum anderen werden auch Gedanken, Ideen, Erfahrungen, Meinungen und Wissen mitgeteilt. Im digitalen Zeitalter geschieht dies sehr dynamisch über soziale Netzwerke und Online-Enzyklopädien. Dieses ‚Sharing' unterscheidet sich aber vom physischen Teilen, da hier immaterielle Güter anderen Personen zur Verfügung gestellt werden, die man selbst parallel weiter nutzen kann. Eine solche Form des Teilens geht aber möglicherweise mit schwierigen Urheberrechtsverhältnissen sowie ungeklärten Verwendungs- und Ausschlussmöglichkeiten einher. Das Foto meiner Urlaubserinnerungen steht, sobald ich es im Internet öffentlich geteilt habe, allen für lange Zeit zur Verfügung. Das ist offenkundig etwas anderes, wie wenn mein Nachbar mir Werkzeug borgt oder ich gebrauchte Waren bei Ebay kaufe. Auch kann Teilen einen religiösen und moralischen Anklang bekommen, das Gebot der Nächstenliebe verlangt nach der Tugend des Teilens wie es Sankt Martin nach der Überlieferung tat. Deswegen ist es sinnvoll, sich Gedanken darüber zu machen, dass Teilen nicht gleich Teilen ist – eine klare Begriffsabgrenzung und Definition sind notwendig.

Unabhängig von diesen terminologischen Schwierigkeiten hinterlässt die zunehmende Nutzung von Angeboten der Share Economy – vorrangig die der zweiseitigen Märkte, bei der der Plattformbetreiber lediglich als Vermittler auftritt – Spuren in Politik, Recht und Gesellschaft. Spätestens seit dem Verbot der Beförderungsdienstleistung von Uber in Deutschland und der Schaffung eines Zweckentfremdungsverbotes gegen das gewerbliche Anbieten von Wohnungen in vielen deutsche Städten etwa mittels Airbnb, ergeben sich vielfältige Fragestellungen, die die normativen Grundlagen der Gesellschaft berühren: Wie können die positiven Effekte der Share Economy genutzt und wie die negativen verhindert werden? Welcher Regulierungsbedarf ist erforderlich? Wie können Wettbewerbsverzerrungen zwischen der ‚Old Economy' und der Ökonomie des Teilens vermieden werden? Sollten nicht-kommerzielle Angebote befördert werden? Wie lässt sich geltendes, demokratisch legitimiertes Recht in der digitalen Plattformwelt durchsetzen?

Aus all diesen Gründen drängt es sich auf, die institutionellen Grundlagen und die gesellschaftspolitischen Rahmenbedingungen der Share Economy zu untersuchen. Um solche Aspekte umfassend und adäquat greifen zu können, bedarf es einer breiten Perspektive. Aus dieser Überlegung heraus wurde am 29. und 30. September 2016 an der Georg-August-Universität Göttingen eine Tagung zur Share Economy veranstaltet. Die daraus hervorgegangenen Einblicke, ergänzt um weitere Expertisen, sind im vorliegenden Sammelband zusammengetragen. Dieses Vorhaben wurde ermöglicht durch die finanzielle Unterstützung des Centrums für Europa-, Governance- und Entwicklungsforschung (cege) der Universität Göttingen und der Aktionsgemeinschaft Soziale Marktwirtschaft e.V.

In ihrem Eröffnungsbeitrag „Vom Wert des Teilens. Die Share Economy als Weg zu einer besseren Wirtschaft?" befassen sich *Julian Dörr* und *Nils Goldschmidt* mit dem Zusammenhang zwischen der Share Economy und dem grundlegenden Wunsch, durch eine menschlichere und nachhaltigere Wirtschaftsweise der ‚Überflussgesellschaft' zu entkommen. Der wirtschaftshistorische Blick von *Jan-Otmar Hesse* im Beitrag „Wie neu ist die Share Economy? Anmerkungen zur Geschichte einer Wirtschaftsform" verdeutlicht, dass die Ökonomie des Teilens weder ganz neu noch revolutionär ist, da es zahlreiche Vorläufer (wie etwa das Pfandleihsystem) gibt und diese als alternative institutionelle Lösungsmöglichkeiten schon immer parallel zum Marktmechanismus existierten. *Justus Haucap* und *Christiane Kehder* beschäftigen sich im Artikel „Welchen Ordnungsrahmen braucht die Share Economy?" mit Überlegungen zur Regulierung der Share Economy und mit staatlichen Handlungsoptionen. Die empirische Analyse von *Florian Hawlitschek* und *Timm Teubner* „Vertrauen in der Share Economy. Ein- und Ausblicke aus der Sicht der Wirtschaftsinformatik" befasst sich mit den Motivlagen, Angebote der Share Economy zu nutzen, und dem Faktor Vertrauen als notwendige Voraussetzung, damit sich Menschen überhaupt erst auf diesen Tausch einlassen. Die wirtschaftsethische Perspektive wird von *Ursula Nothelle-Wildfeuer* und *Dominik Skala* in ihrem Beitrag „Innovation, Regulierung und Gemeinwohl – Wirtschaftsethische Annäherung an das Phänomen der Share Economy" aufgegriffen und die moralischen Implikationen der Share Economy in modernen Marktgesellschaften, insbesondere auch aus Überlegungen der christlichen Sozialethik heraus, erörtert. *Markus Ludwigs* diskutiert im Beitrag „Öffentlich-rechtliche Rahmensetzung der Share Economy am Beispiel der Modelle Uber und Airbnb" die gegenwärtige Rechtslage in Deutschland und erläutert die legalen Spielräume für deren Geschäftsmodelle. Anschließend unterzieht *Rüdiger Krause* in „Die Share Economy als Herausforderung für Arbeitsmarkt und Arbeitsrecht" die Vermittlung von Dienstleistungen hinsichtlich der arbeits- und sozialrechtlichen Verantwortlichkeiten einer kritischen Analyse und prüft angesichts dieser Befunde die Fortentwicklung des Arbeitsrechts. Im Anschluss thematisiert *Reinhard Loske* in seinem Text „Die Share Economy: Nachhaltigkeitstreiber oder Konsumstimulator? Politische Gestaltungsbedarfe in der Ökonomie des Teilens" insbesondere den Aspekt der Nachhaltigkeit und geht der Frage ihrer Gemeinwohl- sowie Gewinnorientierung nach. Zum Abschluss bindet *Frank Schorkopf* diese verschiedenen Ansätze, Blickwinkel und Einsichten zusammen und folgert im „Epilog: Welchen institutionellen und gesellschaftspolitischen Fußabdruck hat die Share Economy?", dass die vielschichtigen Wandlungsprozesse einer bewussten gesellschaftlichen Gestaltung bedürfen, dazu jedoch ein öffentlicher Diskurs erforderlich ist. In diesem, die Beiträge verbindenden Gedanken kann man die zentrale Erkenntnis der interdisziplinären Überlegungen in diesem Band sehen.

Bonn, Siegen und Göttingen,
im Juni 2018

Julian Dörr
Nils Goldschmidt
Frank Schorkopf

Inhaltsverzeichnis

Vom Wert des Teilens

Die Share Economy als Weg zu einer besseren Wirtschaft?

Julian Dörr / Nils Goldschmidt

1 Gesellschaft im Überfluss

Der streitbare, wiewohl brillante amerikanische Ökonom John Kenneth Galbraith beschäftigte sich in seinen Werken mit dem Zusammenspiel von Marktwirtschaft und Gesellschaft. Eine seiner Grundthesen lautete, dass der technische Fortschritt und immer komplexere Produkte Unternehmen dazu zwingen würden, zu wachsen, um eben diesen neuen Technologien und Produkten gerecht werden zu können. Die immer komplizierter und größer werdenden Unternehmensgebilde, bleiben – so Galbraith – nicht ohne Folgen für das Individuum, für den Einzelnen. Die sich in den Unternehmen entwickelnde „Technostruktur" (Galbraith 1958/1970, 104), also eine neue Klasse von spezialisierten Mitarbeitern, vereint eine große Macht auf sich, weil die Firmen zunehmend auf einen solchen Führungs- und Bürokratie-apparat angewiesen sind. Die Technostruktur ist aus Eigennutzerwägungen stets bestrebt ihren Einfluss durch Ausweitung der Unternehmenstätigkeit und der Produktion zu vergrößern. Darüber hinaus – da die Nachfrage nicht im gleichen Maße mit der Technologie mitwächst, die Firmen jedoch ihre Großstrukturen durch vergleichsweise höhere Preise finanzieren müssen – müssen Unternehmen mit Hilfe subtiler Marketingmaßnahmen ihre Güter am Markt platzieren. Auf diese Weise werden die Präferenzen von den Konsumenten manipuliert und es werden Waren und Dienstleistungen konsumiert, die eigentlich weder gebraucht noch gewollt sind, also nicht wirklich „einem dringenden Bedarf" entsprechen (Galbraith 1958/1970, 147). Das Resultat des „Prozesses der Bedürfnisschöpfung", wie Hans Otto Lenel die Galbraith'sche Logik treffend bezeichnet (Lenel 1959, 429), ist eine *Gesellschaft im Überfluss* (Galbraith 1958/1970). Die Probleme sind nach Galbraith weitreichend: Die modernen Großunternehmen erhalten eine immense (Markt-)Macht, gefährden den fairen Wettbewerb und unterhöhlen die Konsumentensouveränität sowie die Marktwirtschaft insgesamt. Abhilfe schaffen nach Galbraith nur ‚Gegen-mächte' (‚countervailing power') wie Gewerkschaften und staatliche Stellen, die sich der Macht der Produzenten und Unternehmen zum Wohle der Konsumenten entgegenstellen (Galbraith 1952/1980). Nur so könnte wieder ein ‚soziales Gleichgewicht' entstehen.

Nun ist Galbraiths ‚Schreckensvision' einer vollständig vermachteten und von Großkonzernen beherrschten Wirtschaft, wie er sie vor gut 50 Jahren entworfen hat, so nicht eingetreten. Dennoch: Dass wir in einer Konsumgesellschaft und in den westlichen Nationen wohl auch in einer Überflussgesellschaft leben, ist offenkundig. Auch die Macht von Großkonzernen, insbesondere auch im technologischen Bereich, wie die Fälle Microsoft und Google zeigen, ruft Unbehagen hervor. Bereits der Ordoliberale Lenel urteilte damals in diesem Sinne, dass Galbraiths „Warnungen vor dem Kult des materiellen Lebensstandards und der Produktionszunahme als solcher, ohne Rücksicht auf ihren Inhalt, trotz mancher Übertreibungen Beachtung" verdienen (Lenel 1959, 434). Galbraiths Forderung nach ‚Gegenmächten' ist in alternativen Kreisen nach wie vor aktuell, wobei – und das ist zumindest in dieser Hinsicht neu – viele im Konsumenten selbst eine Gegenmacht sehen; einem Konsumenten, der sein Konsum selbst bestimmt, sich nicht abhängig macht von den großen Konzernen und der seinen Konsum moralisch und ökologisch verantworten möchte. Aus diesem Grund könnte man in Galbraith einen geistigen Wegbereiter einer Share Economy sehen, die sich einer einfachen, mitmenschlichen Wirtschaftsweise verpflichtet weiß, einer Wirtschaftsweise, die Güter gut und nachhaltig teilt statt sich der – so zumindest wahrgenommenen – Profit- und Machtgier von Unternehmen auszusetzen. Es ist also das schwierige Verhältnis von Macht, Manipulation und (geteiltem) Eigentum, das hier aufscheint. Kurzgefasst: Führt der moderne Kapitalismus zu Marktmacht und zu Konzentration von Eigentum, so könnte eine Lösung darin liegen, Eigentum zu teilen und so moralisch bewusst und nachhaltig zu nutzen sowie Marktmacht zu brechen. So wird die Ökonomie des Teilens, etwa von Lawrence Lessig, der den Ausdruck der Share Economy im gegenwärtig gebrauchten Sinn wieder in die Diskussion einbrachte, als eine alternative Wirtschaftsform eingeschätzt (Lessig 2008).

Folgender Beitrag geht der Frage nach, inwiefern die – möglicherweise – auch politische Ermöglichung und die vermehrte Nutzung von Sharing eine Lösung für die ‚Gesellschaft im Überfluss' sein kann. Hierzu soll zunächst das Phänomen der Share Economy näher beleuchtet werden (Abschnitt 2 und 3). Dies erscheint dringlich, da oftmals aufgrund einer Begriffsunschärfe verschiedene Diskurse miteinander vermischt werden. Ebenso erklärungsbedürftig erscheint der mediale Hype um die Ökonomie des Teilens (Abschnitt 4), denn dass die Share Economy kein randständiges Thema mehr ist, zeigen sowohl die steigende Anzahl an wissenschaftlichen Publikationen hierzu also auch die Bedeutung auf der politischen Agenda (z. B. Wissenschaftlicher Beirat beim Bundesministerium für Wirtschaft und Energie 2017; Deutscher Bundestag 2017; Lehmann et al. 2017; Bundesministerium für Arbeit und Soziales 2016, Europäische Kommission 2016; Monopolkommission 2016). Schlussendlich gilt es zu erörtern, welche regulatorischen Maßnahmen derzeitig von der Politik ergriffen werden. Da diese zwischen den Extremen Verbot und Laissez-faire schwanken, ist eine differenzierte Diskussion wünschenswert. Angesichts der eher unentschlossenen staatlichen Ordnungspolitik soll mit Hilfe einiger Kernideen der Sozialen Marktwirtschaft eine Perspektive eingebracht werden, an die die Share Economy mit ihren ökonomischen und vor allem auch überwirtschaftlichen Aspekten anschlussfähig sein könnte (Abschnitt 5).

2 Die Wurzeln des Sharing

Für die Share Economy existiert keine einheitliche Definition, die jedoch nötig wäre, um differenziert das Phänomen erfassen und diskutieren zu können (Dörr 2017). Ursächlich hierfür ist die Vieldeutigkeit des Begriffs. Das Phänomen der Share Economy als gemeinsame, temporäre Nutzung von Waren, Dienstleistungen, sozialen Kontakten, Informationen und Rechten umfasst zwei Komponenten, die der Kooperation und die des Teilens. Im Anstieg der Share-Economy-Angebote wird oftmals der Beleg entweder für die Wiederentdeckung menschlicher Kooperation (Buczynski 2013) oder für die Wiedergeburt des Teilens „aus dem Geist des Neoliberalismus" (Sützl 2017, 28) gesehen.

Die (unentgeltliche) Zusammenarbeit, um Ziele besser zu erreichen, scheint im Menschen tief verankert (Pagel 2013) und ist bereits in vormodernen Gemeinschaften nachzuweisen (Sahlins 2017). Auch ist Kooperation kein Alleinstellungsmerkmal der Ökonomie des Teilens, sondern spiegelt sich freilich auch bei marktlichen Tauschprozessen wider. Deshalb ist das Element der Zusammenarbeit zwar wichtiger Bestandteil des Sharing, jedoch erscheint die Beschäftigung mit dem Merkmal der gemeinsamen Nutzung vielversprechender, um sich dem Phänomen zu nähern. Die Share Economy wird von vielen als Gegenentwurf zur ‚Standard Economy' verstanden (Koopman et al. 2015). Im traditionellen Verständnis von Wirtschaft werden durch den Tausch von Gütern gegen Güter oder Geld dauerhaft Eigentumsrechte an andere Individuen übertragen. Bei der Share Economy hingegen tritt der Gedanke des Teilens in den Vordergrund. Dadurch erklärt sich auch die alternative Bezeichnung des „kollaborativen Konsums" (Botsman und Rogers 2011), der verstanden werden kann als „those events in which one or more persons consume economic goods or services in the process of engaging in joint activities with one or more others." (Felson und Spaeth 1978, 614, die den Begriff erstmals prägten) In dieser Hinsicht könnte die Arbeitsteilung in einer Gesellschaft als ursprüngliche Form der Share Economy betrachtet werden. Unabhängig davon wie die verschiedenen Formen der Share Economy klassifiziert werden (z. B. Botsman und Rogers 2011; Belk 2010) ist das Teilen somit das konstituierende Merkmal. Dadurch, dass Teilen semantisch zahlreiche Aktivitäten umfasst, von Gedanken oder Erinnerungen teilen bis hin zum biblischen Brot teilen, ist der Begriff vieldeutig belegt. Beispielsweise werben die Ausrichter der Olympischen Spiele 2024 in Paris mit dem Slogan ‚Made for Sharing‘ und meinen damit das Teilen des sportlichen Projektes mit der ganzen Welt. Ziel sei, die Stadt und die menschlichen Werte, die sich damit verbinden, für alle zu öffnen (Schubert 2017). Ein solch umfassendes Verständnis hat offensichtlich wenig mit der Share Economy zu tun. Im engeren Sinne geht es bei der Share Economy immer um das zeitweilige Überlassen von Gütern. Aufbauend auf dieser grundlegenden Einsicht sind Abgrenzungen zu artverwandten Phänomenen sinnvoll.

Angesichts der zentralen Merkmale von Kooperation und Teilen könnte die Share Economy in gedanklicher Verbindung mit Gemeingütern, also Gütern von deren Gebrauch keiner ausgeschlossen werden kann, gebracht werden (Habermann 2015). Solche Commons treten je nach Rivalitätsgrad im Konsum in den Ausprägungen ‚öffentliche Güter‘ und ‚Allmendegüter‘ auf. Die Vermischung der Konzepte von Share Economy und Gemeingütern erfolgt aufgrund einer Begriffsunschärfe. So behandelt Jeremy Rifkin mit dem Konzept der „kollaborativen Commons“ (Rifkin 2014, 9), das er als das neue dominierende Wirtschaftssystem prognostiziert, nicht die Ökonomie des Teilens, sondern tatsächlich die freiwillige Transformation von Privatgütern in Kollektivgüter. Wenn beispielsweise jemand sein eigenes Wissen anderen über eine Onlineplattform (wie Massive Open Online Courses oder Wikipedia) zur Verfügung stellt, verliert er auf diese Weise die ‚Macht‘ über den Ausschluss bestimmter Personen. Anders als es Rifkin vertritt, umfasst die Share Economy im eigentlichen Sinne ausschließlich private Güter, von deren Gebrauch Menschen gegebenenfalls auch exkludiert werden können. Das Eigentum liegt bei einer Person oder einem Unternehmen, der Besitz hingegen wechselt und wird also temporär geteilt. Bei der Share Economy sind somit Eigentumsrechte üblicherweise geklärt, bei Allmendegütern ist dies üblicherweise nicht der Fall – wobei die Differenzierung freilich nicht immer trennscharf ist (Abbildung 1). Trotzdem sollte der Trend zur vermehrten Erstellung und dem Gebrauch von Gemeingütern (Helfrich und Heinrich-Böll-Stiftung 2009, 2012) abgegrenzt werden von der Share Economy. Es handelt sich dabei um zwei getrennte Diskurse, auch wenn beide im Kontext gemeinsamer Nutzungssysteme stattfinden.

Auch lassen sich einigen Formen des Teilens (wie etwa beim Potluck Dinner) sozial-kulturelle Funktionen zuordnen (Belk 2010). Ebenso ist das Verschenken von Gütern erforscht (so grundlegend zur Sozialordnung in, auf Gabentausch beruhenden, Stammesgesellschaften bereits Mauss 1923/2013; dazu auch Cheal 1998). Hierbei handelt es sich um eine einseitige Übertragung von Gütern ohne direkte Gegenleistung, die jedoch durchaus mit einer gewissen Reziprozität einhergehen kann. Die Gegenseitigkeit findet oftmals mit zeitlicher Verzögerung statt und muss nicht zwingend eine Wertäquivalenz aufweisen (Stegbauer 2011, 29 ff.).

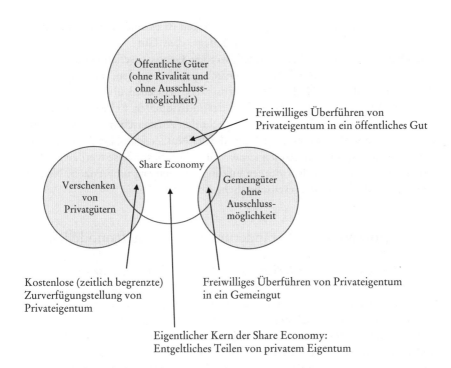

Freiwilliges Überführen von
Privateigentum in ein öffentliches Gut

Kostenlose (zeitlich begrenzte)   Freiwilliges Überführen von Privateigentum
Zurverfügungstellung von   in ein Gemeingut
Privateigentum

Eigentlicher Kern der Share Economy:
Entgeltliches Teilen von privatem Eigentum

Abb. 1: Abgrenzung des Begriffs der Share Economy von weiteren Formen
des alternativen Wirtschaftens (Quelle: Eigene Darstellung).

Eine Sonderrolle kommt Genossenschaften zu, die wohl die älteste Form des
gegenseitigen Helfens in einem marktlichen Umfeld darstellen. Genossenschaften
organisieren Menschen als Mitglieder in Form eines „gemeinschaftlichen Geschäftsbetriebs" (GenG § 1), um die gemeinsamen Belange, wie den gemeinsamen Erwerb oder die wirtschaftliche oder soziale Förderung ihrer Mitglieder,
besser erreichen zu können. Genossenschaftsmitglieder sind einerseits weiter
selbständig (etwa als Bauern, Handwerker, Gewerbetreibende oder Privatpersonen), andererseits binden sie sich freiwillig in die gemeinsam getragene
Unternehmung ein (Eichwald und Lutz 2011). Die organisationale Landschaft
der Genossenschaften ist vielfältig und reicht von Absatz-, Gütereinkauf- und
Bezugsgenossenschaften bis hin zu Verkehrs-, Kredit- und Baugenossenschaften.
Während die Schnittmenge mit der Share Economy darin liegt, dass durch eine
Kooperation gemeinsame Ziele überhaupt erst verwirklicht oder kostengünstiger erreicht werden können, unterscheidet sich Genossenschaft vom Sharing
durch ihre stark institutionalisierte Form der Zusammenarbeit (zur Institu-
tionalisierung in Form des Genossenschaftsgesetzes: Greve und Lämmert 2001).
Mitglieder einer Genossenschaft gehen dabei eher mittel- und langfristige pri-

vatrechtliche Vertragsbeziehungen ein, hingegen ist es eine zentrale und spezifische Eigenschaft der Ökonomie des Teilens, dass Güter zumeist sofort und zeitlich begrenzt zur Verfügung gestellt werden. Genossenschaften können – wie die Share Economy – durchaus als Versuch gesehen werden, die Idee „kleiner Regelkreise" (Renner 2002, 53 ff.) umzusetzen, bei denen überschaubare Einheiten in Wirtschaft und Gesellschaft das individuellen Leben strukturieren sollen. Auch die Share Economy ermöglicht den Austausch mit einer Vielzahl, erst einmal anonymer Marktteilnehmer, die der Nutzer später bei der Geschäftsdurchführung persönlich kennen lernen wird. Auf diese Weise werden die Vorteile einer gemeinsamen Ressourcennutzung von den eng umgrenzten Nahverhältnissen auf eine gesamtgesellschaftliche Ebene gehoben.

3 ‚Ubernomics'? Veränderung von Geschäftsmodellen

Durch das Teilen wird es möglich, nicht oder nur teilweise genutzte Ressourcen anderen Nutzern zeitweilig zur Verfügung zu stellen. Auf diese Weise entstehen neue Märkte des Teilens und neue Geschäftsmodelle, während traditionelle Geschäftsstrategien sich zunehmend einer Konkurrenz ausgesetzt sehen. Ressourcen werden – im Idealfall – durch das Teilen effizienter genutzt. Hierbei kann das Teilen von Gütern durch Mieten, Pachten, Leasen oder (unentgeltliches) Verleihen erfolgen. Insgesamt zeigt sich eine hohe Bandbreite an Angeboten, sodass Share Economy als umfassende „Dachmarke" für die Vielzahl an Varianten und Anwendungen begriffen werden kann (Heinrichs 2014, 16). Die temporäre Nutzung erstreckt sich über verschiedene Bereiche, insbesondere der Mobilität durch Vermietung unternehmenseigener Autos, Roller und Fahrräder (Carsharing-Angebote wie DriveNow, Sharing von Elektrorollern wie Coup oder Leihräder wie Mobike) sowie von anderen Waren, wie Werkzeuge, Haushaltsgeräte (z. B. Otto Now) und sogar Regenschirmen (Sharing E Umbrella) und Kleidern (Kleidersharing wie Kleiderkreisel). Die Share Economy beschränkt sich jedoch nicht nur auf materielle Güter, sondern umfasst ebenso Dienstleistungen, Informationen und Rechte (Dörr 2017). Streaming-Dienste (wie Netflix) bieten gegen ein Entgelt das Recht an, bestimmte mediale Inhalte zu konsumieren ohne Eigentümer dieser zeitweilig überlassenen Musiktitel oder Filme zu werden. In ähnlicher Weise können auch Informationen temporär überlassen werden, wie dies etwa beim Zugriff auf tagesaktuelle Datenbanken, bei Portalen für Preis- und Angebotsvergleiche oder bei redaktionell betreuten und zusammengestellten zeitlich begrenzten Empfehlungen der Fall ist. Neben Rechten und Informationen werden auch soziale Kontakte gehandelt. Dabei kann es sowohl um die Vernetzung von Nachbarschaften (z. B. nebenan.de) hinsichtlich der gemeinschaftlichen Gestaltung von Freizeit und nachbarschaftlicher Hilfe als auch um die Suche nach persönlichen Beziehungen (Partnerschaftsbörsen wie Bumble, eDarling, Parship) gehen. In gewisser Weise stellen sich hierbei Individuen selbst (zeitwillig) zu Verfügung.

Die Share Economy wird zumeist mit solchen, oben beschriebenen Angeboten von Dienstleistungen in Verbindung gebracht, die wiederum zwei Ausprägungen aufweisen. Zunächst sind Unternehmungen zu finden, die Kunden zeitlich begrenzte Dienste anbieten, die durch eigene Mitarbeiter erbracht werden (z. B. Lieferung von Essensbestellungen durch angestellte Fahrer, wie dies Foodora durchführt). Plattformen treten hingegen als Vermittler von Dienstleistungen an. Diese sind im Bereich der Mobilität (z. B. Uber, Lyft), der Übernachtungsvermittlung (wie Airbnb, booking.com, HRS), der Handwerks- und Putzdienste (etwa Homebell, Thermondo, Homejoy), der Gastronomie (z. B. Lieferando, Delivery Hero), der Finanzierung (Crowdinvestment), sozialer Dienstleistungen (entgeltliche Vermittlung von Betreuern, die älteren Menschen im Haushalt helfen wie bei Careship) oder sonstigen Anwendungsgebieten angesiedelt (z. B. bietet CoCarrier die Koordinierung von Kunden und Reisenden, die im Auftrag Pakete oder Dokumente in ungenutzten Stauräumen transportieren). Insbesondere dieser Sektor der Dienstleistungen floriert – und das nicht nur bei Nutzern, sondern auch bei den Risikokapitalgebern (Jacobsen 2017). Hierbei wird die Dienstleistung nicht von der Internetplattform selbst erbracht, sondern von dritter Seite. Die Plattform vermittelt lediglich, hat also die Funktion eines klassischen Maklers. Dieses Geschäftsmodell könnte man als ‚Ubernomic‘ charakterisieren, benannt nach einem der prominentesten Unternehmen in diesem Bereich.[1] Uber besitzt selbst keine Fahrzeuge, sondern vermittelt Fahrer, die mit privaten Kraftfahrzeugen auf eigene Rechnung arbeiten, an Kunden, die mittels der digitalen Plattform Taxidienstleistungen nachfragen. Dieser Teil der Share Economy ist eine Teilmenge der zweiseitigen Märkte, die zwei Nutzergruppen zusammenbringen und indirekte Netzwerkeffekte durch die Plattform aufweisen (Evans 2003). Jedoch sind nicht alle zweiseitigen Märkte Bestandteile des Sharings, so findet bei Ebay beispielsweise eine Eigentumsübertragung von Gütern statt.

Ordnungspolitisch herrscht in diesem Bereich der Share Economy der größte Handlungsbedarf: Da sich die Plattformen als Vermittler häufig der Haftung für ihre Koordination und Empfehlungen entziehen können, wird das Risiko verlagert. Anstatt des Maklers sind nun die Anbieter der Dienstleistung und der Kunde in der Verantwortung, während die Plattform einen nicht unbeträchtlichen Teil der Transaktionssumme als Provision einbehält.[2] Diese Les-

---

[1] Tatsächlich nennt sich die volkswirtschaftliche Abteilung bei Uber, in der Wirtschaftswissenschaftler daran arbeiten, ökonomische Theorien für die Praxis von Uber nutzbar zu machen, genauso.

[2] Wie komplex und vielschichtig zweiseitige Märkte für die Regulierungsanforderungen sind, zeigt das Beispiel der Vermittlung von Geldanlagen: Ist eine solche Empfehlung bereits eine Beratung (mit entsprechender Haftung für Kapitalverluste) oder lediglich eine Information,

art, als Technologiefirma lediglich Makler zu sein (auf die sich die Plattformen meist zurückziehen), wurde jedoch im Fall von Uber durch den Europäischen Gerichtshof (EuGH) zurückgewiesen. Der EuGH entschied Ende 2017, dass die Vermittlung privater Fahrer eine Verkehrsdienstleistung im Sinne des Europarechts und damit Uber eine Transportfirma sei. Somit sind die Dienstleistungen des Unternehmens denen von Taxi-Anbietern gleichgestellt und unterliegen denselben Regelungen (Europäischer Gerichtshof 2017; siehe Ludwigs in diesem Band, 121). Über den Schutz beider Marktseiten hinaus müssen auch gesamtvolkswirtschaftliche Effekte berücksichtigt werden, da – bedingt durch das Auftreten von Netzwerkeffekten – eine Tendenz zur Vermachtung auftritt und die Gefahr von Finanzierungsblasen besteht, die durch die massiven Investitionen von Risikokapitalgebern in Geschäftsmodelle mit einem lediglich erwarteten Gewinn entstehen. So wies Uber 2017 einen Umsatz von rund sieben Milliarden US-Dollar, bei einem Verlust von 645 Millionen US-Dollar (Primack 2017). Zeitgleich weist Uber eine Marktkapitalisierung von 70 Milliarden US-Dollar im Jahr 2015 auf; zuletzt auch mit einer Beteiligung des deutschen Medienkonzerns Axel Springer, der bereits einen Anteil an Airbnb hält (O.V. 2017a; Macmillan und Demos 2015).

Diese Art von Marktplätzen ist allerdings nicht neu (zu einer Übersicht eigentumsersetzender Nutzungsansätze: Gsell 2015). Plattformen wie Savvy oder Helpling, die gegen Provision Online-Bildungsstunden bzw. Reinigungsservices vermitteln, folgen dem bewährten Geschäftsmodell Anbieter und Nachfrager zu koordinieren (hierzu ausführlich Hesse in diesem Band, 21, der dies etwa am Beispiel des Kleidertausches nachzeichnet). Auch begrifflich lässt sich die teilende Ökonomie weiter zurückverfolgen. Martin Weitzman beschreibt in seinem Buch *The Share Economy* von 1984 die Grundzüge einer ,Beteiligungswirtschaft', bei der Arbeiter an den Unternehmensgewinnen partizipieren und auf diese Weise Arbeitslosigkeit und Inflation zu vermeiden helfen können (Weitzman 1987). Es finden sich zahlreiche Beispiele für die gemeinsame Nutzung von Ressourcen, wie Mitfahrzentralen, Babywaagen, Cloud Computing, Autoverleih oder Lesezirkel (ausführlich Haucap 2015; Botsman und Rogers 2011).

Obwohl somit die Share Economy viele Eigenschaften mit älteren Erscheinungen des Wirtschaftens gemein hat, ist jedoch ein neuer Aspekt hervorzuheben: Infolge der digitalen Durchdringung der Welt sind die Voraussetzungen gegeben, in der eine Share Economy die Vermittlung nicht nur beschleunigt, sondern auch viele neue Bereiche erobern kann und sich nicht nur auf teure und unregelmäßige oder einmalig benutze Güter beschränkt. Ressourcen, die nicht dauerhaft von ihrem Eigentümer selbst genutzt werden, können über das Internet und Vermittlungsplattformen vergleichsweise einfach temporär anderen

---

bei der der Kunde selbst entscheidet wie er sein Geld anlegt, verbunden mit entsprechenden Haftungszurechnungen?

Nutzern zur Verfügung gestellt werden (Haucap 2015). Plattformen, auf denen Dienstleistungen gehandelt werden, werden entweder selbstorganisiert oder kommerziell betrieben (daher auch die Benennung Plattform-Kapitalismus). Das Internet reduziert aber nicht nur die Such- und Transaktionskosten deutlich und fungiert somit als Katalysator der Ökonomie des Teilens, sondern kann zudem das Vertrauen zwischen den Tauschpartnern stärken, indem Online-Bewertungssysteme eingeführt werden (dazu ausführlich Hawlitschek und Teubner in diesem Band, 77). Freilich kann man im Internet auch ‚herkömmliche Güter' bewerten, aber das Angebot individueller, privater Anbieter von geteiltem Eigentum im Internet und die parallele, virtuelle Bewertung von diesen Angeboten scheinen natürliche Verbündete zu sein. Diese Form der Bewertungen helfen die inhärenten Probleme von Leihmärkten, adverse Selektion und Moral hazard, zu lösen und schaffen die Voraussetzung für deren Ausbreitungsdynamik (Horton und Zeckhauser 2016).

4 Die Share Economy als neues, alternatives Modell des Wirtschaftens?

Da die Share Economy in gegenwärtiger, digital-flankierter Form ein relativ junges Phänomen ist, existieren nur wenige theoretisch-methodische Untersuchungen hierzu in der Literatur. Ebenso sind wissenschaftlich fundierte empirische Erhebungen zur realen Bedeutung der Share Economy bislang die Ausnahme. Eine Studie von PwC kommt zu dem Ergebnis, dass zwar 44 Prozent der US-Amerikaner Angebote aus dem Bereich der Share Economy kennen, jedoch lediglich 19 Prozent solche Dienste bereits genutzt haben (PwC 2015). Eine Umfrage in der Schweiz kam zu dem Resultat, dass sogar 55 Prozent der Konsumenten im Laufe der nächsten 12 Monaten Dienste der Share Economy nutzen möchten (Deloitte 2015). Die Hauptadressatengruppe in den USA ist hierbei die Altersgruppe zwischen 18 und 24 Jahren, die zudem ein relativ hohes Haushaltseinkommen zwischen 50 000 und 75 000 US-Dollar aufweist (PwC 2015). Dies legt den Gedanken nahe, dass es sich bei der Share Economy um ein Alters- und auch um ein Schichtenphänomen handelt: Junge, gut verdienende Menschen nutzen diese Angebote signifikant häufiger als andere Gruppen. Die gesamtwirtschaftliche Bedeutung ist ebenfalls nicht zu unterschätzen: Nach der Studie von Deloitte wurden weltweit bislang rund zwölf Milliarden Euro in Start-up-Unternehmen investiert, die im Bereich der Share Economy tätig sind (Deloitte 2015). Angebote der Share Economy werden in Deutschland insgesamt sehr positiv bewertet. Etwa 66 Prozent der Befragten einer repräsentativen Umfrage sehen darin eine Möglichkeit Geld zu sparen und zugleich die Umwelt zu schonen. Etwa 20 Prozent der Befragten gibt an, schon einmal Plattformen zum Kleider(ver)leihen genutzt zu haben – allerdings ist hier auch das Ver- und Ankaufen über Anbieter wie Ebay miterfasst. Trotz dieser Zahlen: Die Deutschen haben prinzipiell eher wenig Erfahrung mit der Ökonomie des Teilens und die Zahl der tatsächlichen Nutzer ist gering. So nutzen bislang nur zwei Prozent der Bevölkerung Carsharing, zehn Prozent können es sich immerhin vorstellen, vorwiegend junge Menschen zwischen 16 und 24 Jahren (Scholl et al. 2017, 6 ff.). In Deutschland waren im Jahr 2016 über 1,7 Millionen Menschen bei Carsharing-Anbietern angemeldet, was einem Zuwachs von rund 36 Prozent im Vergleich zum Vorjahr entspricht (Bundesverband CarSharing 2016).

Diesen Zahlen steht die Berichterstattung in den Medien entgegen: Die mediale Aufmerksamkeit für die Share Economy ließe etwas Anderes erwarten (hierzu beispielsweise O. V. 2013). Die Ökonomie des Teilens erhält in den Medien eine erstaunliche Aufmerksamkeit. Die mediale Berichterstattung scheint sich allerdings auf eine gewisse Polemik anstatt auf eine sachliche Auseinandersetzung zu beschränken. Wie ist das zu erklären? Ein wesentlicher Grund hierfür mögen die Versprechungen einer neuen Wirtschaftsweise sein, also die Hoffnung, nachhaltiger, umweltbewusster und individueller zu leben (Dörr und Goldschmidt 2015). Oder anders formuliert: In der Kritik steht eine Konsumkultur, die sich durch ein steigendes Konsumniveau und die Tendenz, Güter schneller zu substituieren, auszeichnet und unsere Welt und unser Denken bis heute in weiten Teilen prägt (Trentmann 2016, 916). Wie stark das Bedürfnis nach alternativen Wirtschaftsweisen ist, zeigen die unterschiedlichen Bestrebungen alternative Ökonomien zu denken und auch der jüngste Boom von Genossenschaften (z. B. Notz 2014; Gellenbeck 2012).

Es lässt sich jedoch festhalten: Die teilende Ökonomie entspringt auch einem alternativen Zeitgeist und Trends sind die Nahrung medialer Aufmerksamkeit. Diese ideologische Aufladung der Share Economy unterscheidet sie wesentlich zu früheren Praktiken, Güter zu teilen, bei denen eher Kostenaspekte im Vordergrund standen. Nicht wenige sehen in den jetzigen neuen Wirtschaftsformen sogar Vorboten eines neuen Wirtschaftssystems. So forderte jüngst Paul Mason eine Alternative zum bisherigen Wirtschaftssystem und skizziert als einen wesentlichen Bestandteil dieses Postkapitalismus die „kollaborative Allmendeproduktion": „Neue Formen der Eigentümerschaft, neue Formen des Kredits, neuartige Verträge: in den vergangenen zehn Jahren ist eine Subkultur entstanden, die von den Medien als ‚Sharing Economy' bezeichnet wird." (Mason 2016, 16) Zugleich verspricht die teilende Ökonomie eine intensivere Zusammenarbeit der Individuen auf Basis intrinsischer Motive anstatt monetärer Entlohnung und somit mehr menschliche Wärme und eine Erhöhung des sozialen Kapitals (in Tradition von Bourdieu 1983 und Putnam 1993).

Der gegenwärtig wahrgenommene Bedeutungszuwachs der Share Economy kann als Kumulation einer längeren Entwicklungslinie gesehen werden. Die Ausgangslage ist die Befürchtung vor den negativen Folgen eines ungebremsten Wirtschaftswachstums. Nachdem bereits Galbraith in den 1960er Jahren die

Überflussgesellschaft thematisiert hatte, gewann diese Überzeugung mit den Schlagworten der *Grenzen des Wachstums* (Meadows et al. 1972) und des *Small is beautiful* (Schumacher 1973/1993) an Einfluss und setzt sich in der heutigen Debatte als kritische Auseinandersetzung mit der Logik des Wachstums fort (Binswanger 2009). Insbesondere der Degrowth-Ansatz sieht nachteilige Effekte: Da das Wirtschaftswachstum direkt an den Ressourcenverbrauch gekoppelt sei, bedeute eine ungehemmte Zunahme eine entsprechende Schädigung der Natur und der Abnahme der begrenzten, natürlichen Ressourcen. Zentrales Ziel müsse die Rücknahme zumindest einer bestimmten Art von Wachstum sein, nämlich der Verzicht auf ökologisch schädliche Produktionsweisen und Konsumentscheidungen (Kallis 2011; Kallis et al. 2010; Latouche 2009; für einen Literaturüberblick: Pennekamp 2011). Die Vertreter der Postwachstumsökonomie fordern deshalb einen absoluten Rückgang des Wirtschaftswachstums durch eine andere Art des Wirtschaftens (Paech 2012). Auch der jetzige Papst fordert eine Einschränkung des westlichen Lebensstandards. Dieser Suffizientarismus findet sich in der Enzyklika *Laudato Si* als eine Forderung nach alternativem und unentgeltlichem Wirtschaften. Bereits Papst Benedikt XVI. machte sich in seiner Enzyklika *Caritas in veritate* für den Gedanken des Teilens (bei ihm unentgeltlich verstanden) stark. Er schreibt, „dass in den geschäftlichen Beziehungen das Prinzip der Unentgeltlichkeit und die Logik des Geschenks [...] im normalen wirtschaftlichen Leben Platz haben können und müssen." (Benedikt XVI. 2009, Nr. 36; siehe ausführlich zur Position der katholischen Soziallehre Nothelle-Wildfeuer und Skala in diesem Band, 101) In diesen Kontext fügt sich ebenfalls die kontrovers geführte Debatte über die Vermögens- sowie Einkommensverteilung und die Frage nach den moralischen Grenzen des Marktes (Tirole 2017, 33 ff.).

Die Ökonomie des Teilens kann als Element einer Lösungsstrategie für die oben skizzierten Entwicklungen und Problemlagen betrachtet werden. Ob durch die Share Economy aber immer tatsächlich ein Gegentrend im Sinne einer alternativen Wirtschaftsweise gesetzt werden kann oder ob die Entkopplung von Konsum und Eigentum nicht auch zugleich eine Beschleunigung des Konsums bewirkt, da ohne die Last des Eigentums der Genuss erst entfesselt wird (z. B. Ulrich 2008), wäre zu diskutieren. Auch hier gilt, was vor mehr als 100 Jahren bereits Thorstein Veblen beschrieben hat. Nach Veblen hat Konsum nicht allein den Zweck der Bedürfnisbefriedigung, sondern in den Konsumentscheidungen spiegelt sich der Wunsch wider, soziales Prestige mit zu erwerben (Veblen 1899/2011). Dieser ‚demonstrative Konsum' oder ‚Geltungskonsum' lässt sich ebenfalls bei der Share Economy feststellen. Der öffentliche Refrain dabei ist: Wer mehr teilt, kauft weniger, lebt bewusster und ein ‚collaborative lifestyle' steigert tendenziell die Lebensqualität. Waren es in der Darstellung von Veblen die Neureichen, die durch den Verbrauch von Überflüssigem ihren Wohlstand und ihre (monetäre) Macht demonstrativ zeigen wollten, so sind es heute Jüngere mit (über)durchschnittlichen Haushaltseinkommen, die durch die Zuschaustellung einer alternativen Lebensweise soziales Ansehen gewinnen wollen. Die Nutzung von Angeboten der Share Economy muss also sichtbar erfolgen, um sich von den anderen abzugrenzen. Dieser geteilte und zur Schau gestellte Konsum der Share Economy kann zumindest teilweise durchaus als der Beginn eines neuen Konsumismus gesehen werden, nicht unähnlich zur Demokratisierung des Massenkonsums in den 1950er und 1960er Jahren. Seit jenen Jahren hat sich eine Kultur des Besitz-Anhäufens und des Wegwerfens herausgebildet:

Our drive for material wealth entailed the exclusion of our most basic social needs, such as family and community bonds, personal passions and social responsibility. We thought we could fill these needs through shopping and buying and accumulating more and more stuff. Some critics describe our era of hyper-consumerism as 'autistic capitalism'. (Botsman und Rogers 2011, 38 f.)

Auch kann die generelle Preissenkung für Dienstleistungen durch die Share Economy sogar zu einer erhöhten Nachfrage führen, da sich nun Bevölkerungsgruppen solche Güter leisten, die sie vorher nicht oder wenig konsumiert haben. Infolge dieses Anstiegs kann auch die Schädigung der Umwelt ansteigen im Vergleich zur Ausgangssituation. Beispiel für diesen sogenannten Rebound-Effekt ist der Taxi-Markt in den New York: Statt weniger Abgase durch weniger Verkehr infolge des Teilens von Autos zu produzieren, stieg die Umweltbelastung, weil mehr New Yorker auf Dienste wie Uber zurückgreifen. Waren es im Juni 2013 noch 14,8 Millionen Fahrten, so zählte man im Juni 2015 rund 17,5 Millionen Taxi-Fahrten. Insbesondere stieg die Anzahl an Fahrten in den Randbezirken New Yorks (Eichhorst und Spermann 2015, 11). Selbst wenn es zu keiner steigenden Nachfrage, sondern sogar zu einem Rückgang der gesamtwirtschaftlichen Produktion durch Teilen kommen sollte, so ist die Schaffung neuer Märkte und damit einer neuen Nachfrage er erwarten (Miller 2015). Es bleibt also abzuwarten, ob die Share Economy zu einem nachhaltigen Konsum führt oder den langfristigen Trend des Konsumismus noch beschleunigt.

Um damit ein ambivalentes Zwischenfazit zu ziehen: Die Ökonomie des Teilens erscheint einerseits als die bessere, die saubere, die menschlichere Wirtschaft. Zweifellos hat sie Potenzial um einen Beitrag für nachhaltiges Wirtschaften zu liefern (Heinrichs 2014). Losgelöst von der Macht der Großkonzerne finden sich Menschen zusammen, um gemeinsam Wege zu einer nachhaltigen und ressourcenschonenden Bedürfnisbefriedigung zu finden. Und zweifellos wird sie von vielen Konsumenten in diesem Bewusstsein genutzt. Zudem braucht die Share Economy im Idealfall weniger Ressourcen oder sie nutzt diese effizienter. Es klingt geradezu ein neues Bündnis von Moral und Effizienz an. Andererseits hat die Share Economy einen ausgeprägt kommerziellen Charakter. Dies gilt für den Konsum, aber auch für das unternehmerische Handeln. Die meisten Unternehmen der Share Economy handeln nicht ethisch-gemeinnützig und idealistisch, sondern suchen eine Mobilisierung bisher brachliegender Ressourcen, um Geld zu verdienen. In dieser Perspektive ist die Share Economy lediglich ein Geschäftsmodell von vielen. Sie besetzt Nischen, macht Dinge und Gedanken zu handelbaren Gütern und schafft neue Märkte. In diesem Sinne ist das Phänomen der Share Economy auch keine Revolution. Folglich ist der überschwänglichen These von Rifkin sicher nicht zuzustimmen, dass die Ära des Eigentums (und damit des Kapitalismus) zu Ende geht und stattdessen ein Zeitalter des *Access* beginnt – womit er den Zugang zu Netzwerken bezeichnet, die der Bedürfnisbefriedigung dienen (Rifkin 2007, 2014).

5 Share Economy als die bessere Soziale Marktwirtschaft?

Fest steht: Die Share Economy wird wahrscheinlich über das gegenwärtige Niveau hinaus ein wichtiger Bestandteil des täglichen Wirtschaftens werden. Unternehmen und Verbraucher werden sich auf sie einstellen, indem sich Verbrauchsgewohnheiten dauerhaft ändern und Firmen Produkte auch mit Hinsicht auf die Anforderungen ‚teilender‘ Transaktionen designen. Angesichts dieser zunehmenden Bedeutung drängen sich auch Gedanken über die Notwendigkeit politischen Handlungsbedarfs auf. Eingeschränkt sind die Handlungsmöglichkeiten des Staates jedoch dadurch, dass digitale Plattformen häufig grenzüberschreitend agieren und Entscheidungen außerhalb des betreffenden Landes getroffen werden (Wissenschaftlicher Beirat beim Bundesministerium für Wirtschaft und Energie 2017). Die Diskussion wird von zwei gegensätzlichen Positionen beherrscht: Während etwa Arbeitnehmervertreter wie der DGB im Zusammenhang mit den Arbeitsmarkteffekten von einer „moderne[n] Sklaverei" sprechen und eine strikte Regulierung der Share Economy fordern (Dettmer und Sauga 2014, 65), fürchten Arbeitgeberverbände hingegen eine zu strenge Handhabung. BDI-Präsident Dieter Kempf sieht in Deutschland die Gefahr neuer Regulierungsbemühungen und das Problem, dass „neuen Entwicklungen [oft] mit Verboten" begegnen wird (Schmitz und Ramthun 2017, 26). Aus dieser polarisierten Diskussion folgen entsprechende ordnungstheoretische und -politische Widersprüchlichkeiten: So sind finden sich im Bereich der Share Economy sowohl Laissez-faire-Lösungen als auch Totalverbote, wie beispielsweise die Untersagung der unregulierten Taxidienstleistung von Uber in zahlreichen Ländern (Dörr 2017).[3] Wie die konkrete Marktgestaltung jedoch aussehen soll, wird man nicht pauschal beantworten können – nicht zuletzt aufgrund der jeweiligen Spezifika von Share-Economy-Märkten. Denn: Zweiseitige Märkte unterscheiden sich untereinander u. a. darin, wie weit sich der Plattformbetreiber in die Vertragsbeziehung zwischen Anbieter und Nachfrager

---

[3] So entzog die Transportbehörde der Stadt London zum 30.09.2017 die Lizenz, weil sie Uber vorwirft, den Regelrahmen für private Taxifahrten nicht befolgt zu haben; siehe O. V. 2017b.

(durch Höchstpreisvorgaben o.ä.) einbringt. Hiervon hängt beispielsweise das Urteil ab, inwiefern es sich bei Tätigkeiten der Share Economy um eine echte Selbstständigkeit oder aber eine Scheinselbstständigkeit (geringe Freiheitsgrade bei der Vertragsgestaltung) handelt. Erst wenn dieser Aspekt der jeweiligen Marktspezifika in den Blick genommen wird, kann dem erwähnten Vorwurf der ‚modernen Sklaverei‘ nachgegangen und die Marktgestaltung anschließend in einen kohärenten Ordnungsrahmen eingebracht werden.

Es mag zunächst überraschend klingen, aber man kann in wettbewerbspolitischer Perspektive Parallelen zwischen der Share Economy und einigen Kerngedanken der Sozialen Marktwirtschaft sehen. Natürlich geht es in der Sozialen Marktwirtschaft nicht um das Teilen von Eigentum, sondern um die Einschränkung von wirtschaftlicher Macht – um durch einen echten, fairen Wettbewerb Wohlstand für alle zu schaffen. Für die Vordenker der Sozialen Marktwirtschaft war die Bekämpfung von Macht, gerade auch von Großkonzernen und Kartellen, durch eine Wettbewerbsordnung der beste Weg, zu einem ‚sozialen Gleichgewicht‘ im Sinne, auch wenn nicht im Geiste Galbraiths zu kommen. Franz Böhm sprach vom Wettbewerb als dem „genialsten Entmachtungsinstrument der Geschichte" (Böhm 1961, 22). Share Economy kann zu einem machtfreieren Marktgeschehen einen Beitrag leisten. Durch die zunehmende Erschließung neuer Anbieter bekommen die hergebrachten Unternehmen Konkurrenz und die Nutzer eine größere Auswahl. Sowohl durch die Ausweitung des Anbieterkreises (z.B. für Übernachtungsgelegenheiten durch Airbnb oder Wimdu) als auch durch die Erweiterung von Produktsegmenten (etwa durch Carsharing) vergrößert sich die Auswahlmöglichkeit des Konsumenten und Verbraucherwünsche können besser befriedigt werden (Demary 2015). Mehr Wettbewerb bedeutet ceteris paribus ein Sinken der Preise und einen Anstieg der Qualität. Der Zugewinn an Wettbewerbsintensität kann so eine soziale Wirkung entfalten, indem sie verkrustete, vermachtete Strukturen aufbricht. Als Beispiel kann erneut das Taxifahren dienen – bei allen Schwierigkeiten, die man hier sehen kann und die wir oben bereits thematisiert haben (hierzu ausführlich auch Haucap und Kehder in diesem Band, 39). In wettbewerbspolitischer Sicht kann man wie folgt argumentieren: Durch die strikte Regulierung im Taxigewerbe und den damit einhergehenden relativ hohen Preisen (Monopolkommission 2014, 114ff.) wurde eine klassische Diskriminierung zwischen Anbietern im Markt und potentiellen Anbietern außerhalb des Marktes geschaffen. Neue Dienste wie Uber oder MyTaxi, bei aller Kritik im Detail, können helfen solche geschützten Bereiche aufzubrechen und nach der Sinnhaftigkeit von Markteintrittsbeschränkungen (wie z.B. die Notwendigkeit einer Ortskundeprüfung des Taxifahrers für den Personenbeförderungsschein in Zeiten von Navigationssystemen)[4] und der Praxis der Lizenzvergabe zu fragen. Nicht selten

---

[4] Erst Ende 2017 hat das Bundesverkehrsministerium den Nachweis der Ortkunde für

führen diese Vorgaben zu quasi-staatlich regulierten Preisen, die ursprünglich dem Verbraucherschutz dienten, nun aber – zum Schaden der Konsumenten – jeglichen Preiswettbewerb verhindern (Haucap 2015).

Folglich sollte der Gesetzgeber Bedingungen für eine Share Economy schaffen, statt den Rufen von Interessengruppen zu folgen, die ihre Rent-Seeking-Quellen zu schützen suchen. Dies erscheint auch aus einem weiteren Grund geboten. Weil es sich bei dem Marktplatz der Share Economy zumeist um zweiseitige Märkte handelt, ist die Anzahl der Marktnutzer entscheidend. Soll die Share Economy also Konsumenten besserstellen können, so müssen Rahmenbedingungen geschaffen und Regulierungen abgebaut werden, um die Teilnehmerkreise beider Marktseiten möglichst zu vergrößern. Aus ordnungsökonomischer Sicht ist es nötig, ein Gesamtkonzept für die Integration der Share Economy in die Standard Economy zu verfolgen. Hier herrscht Nachholbedarf – auch hinsichtlich einer effektiven Regulierung der Share Economy selbst. Denn der bisherige Status von Waren und Dienstleistungen der Share Economy ist in den meisten Ländern mehr als vorteilhaft. Werden Standards und Gesetze ungleich angewendet oder umgangen, so ist ein unfairer Wettbewerb zwischen gewerblichen und privaten Anbietern zu befürchten (Peitz 2014). Hierbei verschwindet verschwimmt auch die Grenze zwischen Privatleben und Gewerbe und einzelne können zu Mini-Unternehmern und Konsumenten zu ‚Prosumenten‘ werden. Deshalb bedarf es Unterscheidungskriterien zwischen privaten und gewerblichen Aktivitäten, etwa durch Bagatellgrenzen – dies erscheint insbesondere im Fall der Vermietung der eigenen Wohnung wichtig: Wann wird aus einer Gelegenheitsvermietung ein systematisches hotelähnliches Angebot? Daneben werden für den Konsumenten sinnvolle Schutzregelungen außer Kraft gesetzt (Haucap 2015) und den Konsumenten wesentlich mehr abverlangt, da er zwischen mehr Anbietern und einer Mehrzahl von Informationen durch (Preis-)Vergleiche Entscheidungen treffen muss.[5] Die dynamische Preisbildung, die es auch in der Standard Economy gibt, erlangt im Zuge der Digitalisierung eine neue Dimension. Differenziert wird nicht nur nach Nachfragemenge und Tageszeit, sondern auch nach individueller Zahlungsbereitschaft (gemessen etwa anhand des Betriebssystems mit dem die Plattform besucht wird) und räumlicher Verortung. So betreibt Uber ein Surge Pricing, bei dem zu Zeiten erhöhter Nachfrage (Silvester, Großveranstaltungen oder Katastrophenfälle) auch die durchschnittlichen Preise steigen. Darüber hinaus liegt eine unklare Rechtslage vieler Tausch- und Leih-

---

Mietwagenfahrer aus der Fahrerlaubnis-Verordnung gestrichen – diese Neuerung gilt jedoch weiterhin nicht für Taxifahrer.

[5] In der politischen Diskussion findet sich der Gedanke analog zur amerikanischen Federal Trade Commission dem deutschen Bundeskartellamt Befugnisse hinsichtlich des Verbraucherschutzes im Internet zuzuordnen. Damit könnte man Verbraucherschutzinteressen effektiver durchsetzen, da dann neben dem Mittel des Zivilprozesses durch Verbraucherschutzverbände auch ein hoheitlicher Vollzug (mit den Mittel des Bußgeldes, der Untersagung und der Analyse einzelner Wirtschaftszweige) eintritt.

geschäfte vor (mit Blick auf Versicherungs- und Verbraucherschutz, hinsichtlich steuerlicher Fragen sowie ungesicherter Eigentumsrechte). So gilt es beispielsweise über den Schutz im Bereich der Finanzdienstleistungen und des ‚grauen Finanzmarktes‘ nachzudenken, vor allem bei der Schwarmfinanzierung, bei der relativ geringe Einzelbeträge einer größeren Menge, der ‚Crowd‘ (in den Formen des ‚Crowdfunding‘, des ‚Crowdinvesting‘ und des ‚Crowdlending‘), gesammelt werden (Veit 2016). Auch werden Befürchtungen mit Blick auf den Arbeitsmarkt geäußert. Viele Anbieter (z. B. Testbirds oder Clickworker) vermitteln Aufträge an sogenannte ‚Crowdworker‘, die als freie Mitarbeiter beispielsweise Produkttests, Recherchen sowie Schreib- und Konstruktionsarbeiten durchführen. Da sich die Plattformen lediglich als Vermittler sehen, verlagern sich Risiken automatisch auf den Anbieter. Durch einen potentiellen ruinösen Preiskampf sowie das damit verbundene Befördern eines Niedriglohnsektors besteht die Gefahr der prekären Selbständigkeit (zur Diskussion: Eichhorst und Spermann 2015; Krause in diesem Band, 147). Angesichts einer solchen allgemeinen Verunsicherung besteht aus ordnungsökonomischer Sicht wirtschaftspolitischer Handlungsbedarf. Ein Mindestmaß an Regulierung ist notwendig.

Hinter der Ökonomie des Teilens steht – und hierin unterscheidet sie sich von der Sozialen Marktwirtschaft – kein gesamtstaatliches und auch kein gesamtwirtschaftliches Modell. Schwerpunkt der Share Economy sind die zweitseitigen Märkte, bei denen Dienstleistungen erbracht werden. Solche Dienstleistungen, aber auch der klassische Bereich des Teilens von eigenen Gütern, funktionieren insbesondere dort gut, wo viele Menschen diese Dienste nachfragen und vor allem anbieten. In diesem Sinne sind real geteilte Güter wohl auch eher ein Phänomen der Großstädte, da nur dort das Angebot an Tauschgegenständen und Tauschwilligen groß genug ist. Auf einen anderen Aspekt sei abschließend hingewiesen: Eine Share Economy ist innovativ – inwieweit sie selbst aber innovative Waren und Dienstleistungen entwickelt, bleibt abzuwarten. Dass eine Ökonomie des Teilens beispielsweise zu neuen, wirksameren Medikamenten führt, bleibt zu bezweifeln. Aus dem Phänomen der Share Economy lässt sich dennoch für die ordnungstheoretische Diskussion ein doppelter Impuls ableiten. Erstens ist die Ökonomie des Teilens nicht lediglich eine von vielen Spielarten wirtschaftlicher Transaktionen zur Bedürfnisbefriedigung, sondern bis zu einem gewissen Grad ein erhoffter Weg, übergeordnete Ziele zu erreichen, die uns moralisch geboten erscheinen. Erst wenn diese Perspektive berücksichtigt wird, kann es gelingen, den Prozess der Digitalisierung und den damit einhergehenden Strukturwandel sowie die sich veränderte gesellschaftliche Bedingungslage zu erfassen. Zweitens muss der Hype um eine Share Economy als Ansporn verstanden werden, unsere Wirtschaft und unsere Wirtschaftspolitik im Sinne einer Wirtschaft für den Menschen zu justieren. Dieses Ansinnen teilt die Share Economy wiederum mit der Sozialen Marktwirtschaft – statt eine Konfrontation zu suchen, muss es darum gehen, der Ökonomie des Teilens einen sinnvollen Rahmen zu geben, um ihre Chancen zu realisieren und Risiken zu vermeiden. Wenn die Diskussion um die Share Economy hilft, diesen Aspekt wieder stärker in den Vordergrund zu rücken, hätte sie dem modernen Wirtschaftsleben, aber auch den Wirtschaftswissenschaften bereits einen wichtigen Dienst erwiesen.

Literaturverzeichnis

Belk, Russel (2010), "Sharing", *Journal of Consumer Research* 5/36, 715–734.

Benedikt XVI. (2009), „Enzyklika Caritas in veritate", in: Sekretariat der Deutschen Bischofskonferenz (Hg.), *Verlautbarungen des Apostolischen Stuhls* 186, Bonn.

Binswanger, Hans Christoph (2009), *Die Wachstumsspirale*, Marburg.

Böhm, Franz (1961), „Demokratie und ökonomische Macht", in: Institut für ausländisches und internationales Wirtschaftsrecht an der Universität Frankfurt (Hg.), *Kartelle und Monopole im modernen Recht*, Karlsruhe, 2–24.

Botsman, Rachel/Rogers, Roo (2011), *What's Mine is Yours: How Collaborative Consumption is Changing the Way We Live*, New York.

Bourdieu, Pierre (1983), „Ökonomisches Kapital. Kulturelles Kapital. Soziales Kapital", in: Reinhard Kreckel (Hg.), *Soziale Ungleichheiten*, Göttingen, 183–198.

Buczynski, Beth (2013), *Sharing is good. How to Save Money, Time and Resources through Collaborative Consumption*, Gabriola Island.

Bundesministerium für Arbeit und Soziales (2016), *Weißbuch Arbeiten 4.0*, Berlin.

Bundesverband CarSharing (2016), *Datenblatt CarSharing in Deutschland*, Berlin.

Cheal, David (1998), *The Gift Economy*, London.

Deloitte (2015), *The sharing economy: Share and make money. How does Switzerland compare?*, Zürich.

Demary, Vera (2015), *Competition in the Sharing Economy*, IW Policy Paper No. 19/2015, Köln.

Dettmer, Markus/Sauga, Michael (2014), „‚Moderne Sklaverei'. Interview mit Reiner Hoffmann", *Der Spiegel* 34/67, 65.

Deutscher Bundestag (2017), *Drucksache 18/11285. Entwurf eines Gesetzes zur Bevorrechtigung des Carsharing (Carsharinggesetz – CsgG)*, 18. Wahlperiode 22.02.2017, Gesetzentwurf der Bundesregierung, Berlin.

Dörr, Julian (2017), „Sharing is Caring? Entwicklungsperspektiven der Share Economy", in: Detlef Aufderheide/Martin Dabrowski (Hgg.), *Digitale Wirtschaft und Sharing Economy*, Berlin, 123–144.

Dörr, Julian/Goldschmidt, Nils (2015), „Share Economy: Vom Wert des Teilens", *Frankfurter Allgemeine Zeitung* 303/2015, 18.

Eichhorst, Werner/Spermann, Alexander (2015), *Sharing Economy – Chancen, Risiken und Gestaltungsoptionen für den Arbeitsmarkt*, IZA Research Report No. 69, Bonn.

Eichwald, Berthold/Lutz, Klaus J. (2011), *Erfolgsmodell Genossenschaften. Möglichkeiten für eine werteorientierte Marktwirtschaft*, Wiesbaden.

Europäischer Gerichtshof (2017), *Urteil des Gerichtshofs, 20.12.2017, Rechtssache C-434/15*, Luxemburg.

Europäische Kommission (2016), *Europäische Agenda für die kollaborative Wirtschaft*, Mitteilung vom 2.6.2016, COM(2016) 356 final, Brüssel.

Evans, David (2003), "The Antitrust Economics of Multi-Sided Platform Markets", *Yale Journal on Regulation* 2/20, 325–381.

Felson, Marcus / Spaeth, Joe (1978), "Community Structure and Collaborative Consumption. A Routine Activity Approch", *American Behavioral Scientist* 4/21, 614–624.

Galbraith, John Kenneth (1952/1980), *American Capitalism. The Concept of Countervailing Power*, Oxford.

– (1958/1970), *Gesellschaft im Überfluss*, München.

Gellenbeck, Konny (Hg.) (2012), *Gewinn für alle. Genossenschaften als Wirtschaftsmodell der Zukunft*, Frankfurt a. M.

Greve, Rolf / Lämmert, Nadja (2001), „Quo vadis Genossenschaftsgesetz? Ein Überblick über aktuelle Diskussionsvorschläge", in: Theresia Theurl / Rolf Greve (Hgg.). *Genossenschaftsrecht in Europa*, Aachen.

Gsell, Martin (2015), *Vom „Nutzen statt Besitzen" zur Sharing Economy: Eine Systematisierung der Ansätze*, Öko-Institut Working Paper, Freiburg i.Br.

Habermann, Friederike (2015), „Commonbasierte Zukunft. Wie ein altes Konzept eine bessere Welt ermöglicht", *APuZ – Aus Politik und Zeitgeschichte* 35–37/65, 46–52.

Haucap, Justus (2015), „Ökonomie des Teilens – nachhaltig und innovative? Die Chancen der Sharing Economy und ihre möglichen Risiken und Nebenwirkungen", *Wirtschaftsdienst* 2/95, 87–105.

Heinrichs, Harald (2014), „Sharing Economy: Potenzial für eine nachhaltige Wirtschaft", *ifo Schnelldienst* 21/67, 15–17.

Helfrich, Silke / Heinrich-Böll-Stiftung (Hgg.) (2009), *Wem gehört die Welt? Zur Wiederentdeckung der Gemeingüter*, München.

– (Hgg.) (2012), *Commons. Für eine neue Politik jenseits von Markt und Staat*, Bielefeld.

Horton, John / Zeckhauser, Richard (2016), *Owning, Using and Renting: The Economics of the Sharing Economy*, NBER Working Paper No. 22029, Cambridge.

Jacobsen, Nils (2017), „Neue Finanzierungsrunde: Airbnb ist bereits 31 Milliarden Dollar wert – und schreibt endlich schwarze Zahlen", *Meedia*, Online erschienen am 09.03. 2017.

Kallis, Giorgos (2011), "In defence of edgrowth", *Ecological Economics* 5/70, 873–880.

– / Schneider, François / Martinez-Alier, Joan (2010), "Crisis or opportunity? Economic degrowth for social equity and ecological sustainability", *Journal of Cleaner Production* 6/18, 511–518.

Koopman, Christopher / Mitchell, Matthew / Thierer, Adam (2015), *The Sharing Economy: Issues Facing Platforms, participants, and Regulators*, Federal Trade Commission Staff Report, Washington D. C.

Latouche, Serge (2009), *Farewell to growth*, Cambridge.

Lehmann, Klaus-Dieter / Ebert, Johannes / Ströhl, Andreas / Blaumer, Nikolai (2017) (Hgg.), *Teilen und Tauschen*, Berlin.

Lenel, Hans Otto (1959), „Nationalökonomie für das Zeitalter des Überflusses", *ORDO – Jahrbuch für die Ordnung von Wirtschaft und Gesellschaft* 11, 429–434.

Lessig, Lawrence (2008), *Remix: Making Art and Commerce Thrive in the Hybrid Economy*, New York.

Macmillan, Douglas / Demos, Telis (2015), "Uber Valued at More Than $50 Billion", *The Wall Street Journal*, Online erschienen am 31.07.2015.

Mason, Paul (2016), *Postkapitalismus. Grundrisse einer kommenden Ökonomie*, Berlin.

Mauss, Marcel (1923/2013), *Die Gabe. Form und Funktion des Austausches in archaischen Gesellschaften*, Frankfurt a. M.

Meadows, Dennis/Meadows, Donella/Zahn, Erich/Milling, Peter (1972), *Die Grenzen des Wachstums. Bericht des Club of Rome zur Lage der Menschheit*, Stuttgart.

Miller, Stephen (2015), "First Principles for Regulating the Sharing Economy", *Harvard Journal on Legislation* 146/53, 149–202.

Monopolkommission (2014), *Hauptgutachten XX. Eine Wettbewerbsordnung für die Finanzmärkte*, Bonn.

– (2016), *Hauptgutachten XXI. Wettbewerb 2016*, Bonn.

Notz, Gisela (2014), „Die sozialistische Genossenschaftsbewegung als die dritte Säule der Arbeiterbewegung. Geschichte und Perspektiven", in: Axel Weipert (Hg.), *Demokratisierung von Wirtschaft und Staat. Studien zum Verhältnis von Ökonomie, Staat und Demokratie vom 19. Jahrhundert bis heute*, Berlin, 100–118.

O.V. (2013), "The Rise of the Sharing Economy", *The Economist*, Online erschienen am 09.03.2013.

– (2017a), "Hard driving. Uber is facing the biggest crisis in its short history", *The Economist*, 25.03.2017, 56–57.

– (2017b), „London entzieht Uber die Lizenz", *Süddeutsche Zeitung*, Online erschienen am 22.09.2017.

Paech, Niko (2012), *Die Befreiung vom Überfluss. Auf dem Weg in die Postwachstums-ökonomie*, München.

Pagel, Mark (2013), *Wired for Culture: The Natural History of Human Cooperation*, London.

Peitz, Martin (2014), „Die Entzauberung von Airbnb und Uber", *ifo Schnelldienst* 21/67, 6–8.

Pennekamp, Johannes (2011), *Wohlstand ohne Wachstum. Ein Literaturüberblick*, MPIfG Working Paper 11/1, Köln.

Primack, Dan (2017), "Exclusive: Inside Uber's financials", *AXIOS*, Online erschienen am 23.08.2017.

Putnam, Robert (1993), *Making Democracy Work. Civic Traditions in Modern Italy*, Princeton.

PwC (2015), *The Sharing Economy*, Delaware.

Renner, Andreas (2002), *Jenseits von Kommunitarismus und Neoliberalismus. Eine Neuinterpretation der Sozialen Marktwirtschaft*, Grafschaft.

Rifkin, Jeremy (2007), *Access. Das Verschwinden des Eigentums*, Frankfurt a.M.

– (2014), *Die Null-Grenzkosten-Gesellschaft. Das Internet der Dinge, kollaboratives Gemeingut und der Rückzug des Kapitalismus*, Frankfurt a.M.

Sahlins, Marshall D. (2017), *Stone Age Economics*, London.

Schmitz, Gregor P./Ramthun, Christian (2017), „,Merkel muss offensiv Wahlkampf führen'. Interview mit Dieter Kempf", *Wirtschaftswoche* 11/2017, 24–26.

Scholl, Gerd/Gossen, Maike/Holzhauer, Brigitte (2017), *Teilen digital. Verbreitung, Zielgruppen und Potenziale des Peer-to-Peer Sharing in Deutschland*, Berlin.

Schubert, Christian (2017), „Paris setzt auf den Trump-Effekt", *Frankfurter Allgemeine Zeitung*, Online erschienen am 04.02.2017.

Schumacher, Ernst Friedrich (1973/1993), *Small is Beautiful: A Study of Economics as if People Mattered*, London.

Stegbauer, Christian(2011), *Reziprozität. Einführung in soziale Formen der Gegenseitigkeit*, 2. Aufl., Berlin.

Sützl, Wolfgang (2017), „Teilen. An der Grenze des Tausches", in: Klaus-Dieter Lehmann/Johannes Ebert/Andreas Ströhl/Nikolai Blaumer (Hgg.), *Teilen und Tauschen*, Berlin, 21–29.

Tirole, Jean (2017), *Economics for the Common Good*, Princeton.

Trentmann, Frank (2016), *Herrschaft der Dinge. Die Geschichte des Konsums vom 15. Jahrhundert bis heute*, München.

Ulrich, Wolfgang (2008), *Habenwollen: Wie funktioniert die Konsumkultur?*, Frankfurt a. M.

Veblen, Thorstein (1899/2011), *Theorie der feinen Leute. Eine ökonomische Untersuchung der Institutionen*, Frankfurt a. M.

Veit, Julian (2016), „Crowdlending. Anforderungen an die rechtskonforme Umsetzung der darlehensweisen Schwarmfinanzierung", *Bank- und Kapitalmarktrecht* 184/2016, 194–193.

Weitzman, Martin L. (1987), *Das Beteiligungsmodell: Vollbeschäftigung durch flexible Löhne*, Frankfurt a. M.

Wissenschaftlicher Beirat beim Bundesministerium für Wirtschaft und Energie (2017), „*Sharing Economy*" *und Wirtschaftspolitik*, Berlin.

Wie neu ist die Share Economy?

Anmerkungen zur Geschichte einer Wirtschaftsform

Jan-Otmar Hesse

1 Einleitung

Die Share Economy beflügelt derzeit die Phantasie der Kritiker des Kapitalismus. Paul Mason meint hierin das Zeichen einer vollständig neuen Wirtschaftsform zu entdecken, welche schon bald kapitalistische Produktionsweisen vollständig verdrängen wird (Mason 2016). Er denkt dabei gar nicht so sehr an Uber und Airbnb, von denen sicher mit einiger Berechtigung behauptet werden kann, dass diese „mit dem Teilen überhaupt nichts zu tun haben" (Eckhardt und Bardhi 2015). Mason bezieht sich hingegen auf die sozialromantischen Vorstellungen von Karl Marx, der in den Formen der gemeinschaftlichen Bewirtschaftung von Land eine solidarische, jenseits der auf Privatbesitz an Produktionsmitteln fußende Wirtschaftsform sah, die durch den Kapitalismus einst zerstört worden sei. Weil sich durch die technischen Fortschritte insbesondere im IT-Bereich eine kapitalistische Produktionsweise bald nicht mehr rechne – so Mason – sei der Übergang zu gemeinwirtschaftlichen Formen der Produktion letztlich unausweichlich. Das schlagzeilenträchtige Erscheinen von immer neuen Formen der Share Economy – von der Open-Source-Software über das Couchsurfing bis zum Urban Gardening und Carsharing-Plattformen wie Drivy, bei der tatsächlich Privat-Pkws zur Mitbenutzung verfügbar gemacht werden – gilt in dieser Interpretation als ein Anzeichen des nahenden Niedergangs der kapitalistischen Wirtschaftsweise.

Der Ursprung des Begriffs der Share Economy geht freilich auf weniger umstürzlerische Visionen zurück. Bei Martin L. Weitzman ging es noch um die Gewinnbeteiligung von Arbeitnehmern in Form von Aktienbesitz (‚shares'), um eine moderate Veränderung der Eigentümerstruktur innerhalb einer zutiefst kapitalistischen Wirtschaftsweise also (Weitzman 1984). Auch die Schrift der Publizisten Rachel Botsman und Roo Rogers geht nicht etwa vom Niedergang des Kapitalismus aus, sondern von dessen Verbesserung durch eine Zunahme des ‚gemeinschaftlichen Konsums', weil hierdurch der agonale Charakter des Wettbewerbsprinzips unterlaufen werde (Botsman und Rogers 2010). Der gegenwärtige Boom der Share Economy erscheint dabei weniger als eine originäre

Innovation, sondern als eine graduelle Verschiebung zwischen der kooperativen und der privatkapitalistischen Wirtschaftsweise. Der Blick in die (europäische) Wirtschaftsgeschichte kann eine solche Perspektive nur nachdrücklich unterstützen. Schon der Verweis auf Karl Marx macht deutlich, dass die heute unter dem Begriff der Share Economy zusammengefassten Phänomene keineswegs neu und schon gar nicht revolutionär sind, sondern ihrerseits eine lange Geschichte haben, und zwar als Bestandteil des Kapitalismus und nicht etwa als dessen Widerpart.

Der Hinweis auf die historischen Ursprünge folgt dabei nicht dem Motiv einer bildungsbürgerlichen Belehrung der Visionäre der Gegenwart, sondern als Nachweis dafür, dass es nach meinem Dafürhalten im Kapitalismus immer auch um die Konkurrenz verschiedener Organisationsweisen der Produktion ging und auch in Zukunft gehen wird. Dies schließt gemeinwirtschaftliche Formen der Produktion notwendig mit ein. Daher sollen sich die folgenden Anmerkungen auch nicht etwa in einer bloßen Aufzählung historischer Vorformen der Share Economy erschöpfen, sondern vielmehr jeweils diskutieren, welche ökonomischen Vorteile die jeweiligen Produktionsweisen historisch hatten und wie sich diese in Konkurrenz zu anderen Organisationsformen veränderten. Drei historische Themenkomplexe werden hierzu ausführlicher betrachtet werden: Die Allmende-Wirtschaft, die Pfandleihsysteme und das Genossenschaftswesen. In einem vierten Abschnitt wird abschließend untersucht, worin eigentlich das Neue der gegenwärtigen Share Economy besteht und auf welche Weise diese Innovationen historische Formen gemeinschaftlicher Wirtschaftsweisen zurückbringen könnten.

2 Die Allmende-Wirtschaft: Fluch und Segen der vorindustriellen Landwirtschaft

Im ersten Band des *Kapitals* analysierte Karl Marx die Geschichte der Zurückdrängung gemeinschaftlicher Formen der Landbewirtschaftung im Zuge der Industriellen Revolution in England unter dem Begriff der „ursprünglichen Akkumulation". Hierunter versteht er den „historischen Scheidungsprozess von Produzent und Produktionsmittel" (Marx 1867/1977, 742) und damit den Impuls, der den Übergang vom Feudalismus zum Kapitalismus angestoßen hat. In England sei dieser Prozess in Reinkultur zu beobachten gewesen, als seit dem 16. Jahrhundert „große Menschenmassen plötzlich und gewaltsam von ihren Subsistenzmitteln losgerissen und als vogelfreie Proletarier auf den Arbeitsmarkt geschleudert" worden seien (Marx 1867/1977, 744). Der Auslöser hierfür sei die Ausdehnung der Schafzucht zur Wollproduktion und die hierzu notwendige Umwandlung von Acker- in Weideland gewesen. Mit diesem Ziel wurden zunächst die zahlreichen freien Bauern ohne größeren eigenen Grundbesitz, die auf das Gemeindeland zur Subsistenzwirtschaft angewiesen waren, vertrieben und das Gemeindeland von größeren Grundbesitzern ‚usurpiert'. Eine zweite Welle der ‚Expropriation' der auf die Nutzung des Gemeindelands angewiesenen landlosen Bauern erfolgte nach der Aufteilung des Kirchenlandes unter den großen Landbesitzern nach der Glorious Revolution 1688. Schließlich fand Ende des 18. Jahrhunderts mit dem ‚Gesetz für die Einhegung des Gemeindelandes' auf Betreiben der Großgrundbesitzer eine gesetzlich sanktionierte und schließlich parlamentarisch legalisierte Flurbereinigung statt, die den Rest des Gemeindelandes in Privateigentum überführte. Das Gemeindeland, das noch im 16. Jahrhundert die Hälfte der landwirtschaftlichen Nutzfläche in England betragen hatte, war Anfang des 19. Jahrhundert vollständig in den Privatbesitz von Großgrundbesitzern übergegangen.

Marx kam es bei seinen Ausführungen über diesen Prozess nicht so sehr darauf an, die unterschiedlichen Bewirtschaftungsformen hinsichtlich ihrer Produktivität oder ihrer sozialen Komponenten zu vergleichen, sondern er wollte die grundsätzliche Trennung von Produktionsmitteln und Arbeitskraft, die hierdurch ausgelöst wurde, historisch herleiten, ganz unabhängig davon, ob sie durch die Privatisierung von Kirchenland oder Gemeindeland erfolgte. Zudem legte er Wert darauf, die Gewalttätigkeit, mit der dieser Prozess durchgesetzt wurde, möglichst plastisch zu schildern und bediente sich hierzu langer Quellenzitate über die Zerstörung der dörflichen Siedlungsstrukturen in der englischen Landwirtschaft, die Vertreibung von Familien und die Kriminalisierung und gesetzliche Sanktionierung der entstandenen Working poor, welche zwangsläufig in die Armut und die Bettelei getrieben wurden, weil die Industrie, die ihre Arbeitskraft aufnehmen konnte, erst am Ende des 18. Jahrhunderts entstand.

Als eine Produktionsweise, zu der moderne Gesellschaften zurückkehren könnten, sieht Marx die vorindustrielle Landwirtschaft nicht an. „Sie ist nur verträglich mit engen naturwüchsigen Schranken der Produktion und der Gesellschaft. Sie verewigen wollen, hieße […], die allgemeine Mittelmäßigkeit zu dekretieren'" (Marx 1867/1977, 789). In der weiteren Entwicklung des Kapitalismus gerät nach Marx bekanntermaßen aber auch die kapitalistische Produktionsweise in eine Krise und hieraus können schließlich wieder kooperative Produktionsformen hervorgehen: Die Überwindung des Kapitalismus „stellt nicht das Privateigentum wieder her, wohl aber das individuelle Eigentum auf Grundlage der Errungenschaften der kapitalistischen Ära: Der Kooperation und des Gemeinbesitzes der Erde und der durch die Arbeit selbst produzierten Produktionsmittel" (Marx 1867/1977, 791). Insofern könnte Marx' Geschichte der „ursprünglichen Akkumulation" tatsächlich als ein Hinweis interpretiert werden, dass die Überwindung des Kapitalismus mit dem Aufleben gemeinschaftlicher Wirtschaftsformen einhergeht.

Die wirtschaftshistorische Forschung hat sich zwischenzeitlich ausführlich mit dem von Marx beschriebenen Prozess der Auflösung von Allmende-Wirtschaften beschäftigt und dabei einige entscheidende Erkenntnisse gewonnen. So konnte die Meinung, die ‚enclosures‘ (also die Privatisierung von Weide- und Ackerflächen durch die Umfassung mit Mauern und Hecken) hätte zu einer Entvölkerung des Landes geführt, korrigiert werden. Die Beschäftigung in der Landwirtschaft blieb mit ca. 1,5 Millionen Personen zwischen 1700 und 1850 in etwa stabil (Allen 2004, 105). Allerdings veränderte sich die Beschäftigungsstruktur nachhaltig, weil zunehmend Frauen und Kinder durch Knechte und Lohnarbeiter ersetzt wurden. Eine Abwanderung der familiären Produktionseinheiten und der Einzug von unternehmerischer landwirtschaftlicher Produktion waren mithin zu beobachten. Aber eine Kausalität dahingehend, dass die kapitalistische Produktionsweise die Allmende-Wirtschaft zerstört habe, ist schon deshalb nach neueren Forschungen nicht mehr haltbar, weil bereits um 1750 (also vor dem Beginn der industriellen Revolution) wohl 75 Prozent der landwirtschaftlichen Nutzfläche eingehegt war.[1]

Die wirtschaftshistorische Forschung hat sich insbesondere mit der Frage beschäftigt, in welcher Weise die Veränderung der Eigentumsstruktur mit der großen Produktivitätssteigerung verbunden war, die die englische Landwirtschaft leisten musste, um eine stark wachsende Bevölkerung zu ernähren. Diese wuchs nämlich in England zwischen 1700 und 1850 um etwa das Dreifache und erst mit Beginn des 19. Jahrhunderts wurde England zum Nettoimporteur von Nahrungsmitteln. In der Forschung ist daher auch von einer ‚agricultural revolution‘ die Rede, die der Industriellen Revolution in England vorausgegangen sei. Und diese Revolution habe nur – so argumentierten bereits die zeitgenössischen Vertreter der Einfriedungsbewegung – durch die Flurbereinigungen des 18. Jahrhunderts erreicht werden können. Die stark zersplitterte Besitzstruktur hätte die zentralen Innovationen in der Landwirtschaft (z.B. die Einführung der Fruchtwechselwirtschaft und die Aussaht von Leguminose) sowie die Verbesserung der Viehzucht unterbunden. Die Allmende-Wirtschaft in der englischen Landwirtschaft sei demnach nicht etwa durch die expansive Eigendynamik der kapitalistischen Produktionsweise verschwunden, sondern durch ihre Unfähigkeit, die für die Ernährung einer schnell wachsenden Bevölkerung notwendigen Produktivitätssteigerungen hervorzubringen.

Auch diese Sichtweise der älteren wirtschaftshistorischen Debatte kann sich auf zeitgenössische Stimmen stützen. In Deutschland – wo zeitgleich freilich vollkommen andere institutionelle Verhältnisse herrschten – war die ‚dürre

---

[1] Wichtig ist allerdings die Veränderung des gesetzlichen Rahmens: Waren Einhegungen zuvor überwiegend auf der Grundlage eines einstimmigen Beschlusses der Landeigentümer einer dörflichen Gemeinde vorgenommen worden, wurden sie seit den 1760er Jahren immer häufiger als parlamentarisches Gesetz durchgeführt. Hierzu mussten nur gut 75 Prozent der Landeigentümer eine Petition an das Parlament schicken, die dann einen Einhegungs-Kommissar einsetzte, der die Aufteilung des Landes übernahm. Es kam zu rund 3 000 parlamentarisch bestimmten Einhegungen von ‚open fields‘ und weiteren 2 000 Aufteilungen von Gemeindeland (Allen 2004).

Allmendekuh' ein geflügeltes Wort, das die Unterlegenheit dieser Wirtschaftsform plastisch vor Augen führte (Radkau 2002, 90). Jüngere Untersuchungen
über die Produktivität der landwirtschaftlichen Allmende-Wirtschaft in England kommen hingegen heute zu einem anderen Schluss:[2] So lässt sich heute
sehr gut zeigen, dass auch in der englischen Allmende-Wirtschaft bereits im
17. und 18. Jahrhundert die damals neuesten Anbaumethoden (insbesondere
die Fruchtwechselwirtschaft) angewendet wurden. Selbst die wissenschaftlich
entwickelten Viehzüchtungen mit ihrem höheren Fleischertrag und der An-
bau von Hackfrüchten fand in der Allmende eine ähnliche Verbreitung wie auf
den ,eingehegten' landwirtschaftlichen Nutzflächen. Robert C. Allen, einer der
besten Kenner der englischen Industrialisierungsgeschichte, schätzt den Beitrag
der Einhegungen zum Produktivitätswachstum der britischen Landwirtschaft
zwischen 1700 und 1850 auf gerade einmal 14 Prozent. Er ist zudem der Meinung,
dass die größte Produktivitätssteigerung erst nach 1800 stattgefunden habe, als
die Einhegungsbewegung bereits abgeschlossen gewesen sei (Allen 2004, 114).

Ein deutlicher Befund, dass die Allmende-Wirtschaft über- oder unterlegen
gegenüber privatkapitalistischen Produktionsformen in der Landwirtschaft
sei, lässt sich somit heute aus der britischen Industrialisierungsgeschichte nicht
mehr ableiten. Aber auch Marx' ursprünglicher Befund, dass der Übergang zu
kapitalistischen Produktionsweisen die kooperativen verdrängt habe und die
„ursprüngliche Akkumulation" in Spanien, Portugal, Holland, Frankreich und
England nacheinander zu beobachten gewesen sei (Marx 1867/1972, 921), lässt
sich kaum noch vertreten. Hierzu haben insbesondere die Forschungen von
Elinor Ostrom beigetragen, die auf die Kontinuität der Allmende-Wirtschaft
innerhalb der kapitalistischen Produktionsweise hingewiesen hat (Ostrom
1990). Als Politologin geht es Ostrom dabei vor allem um die Steuerung und
Koordination von gegenwärtigen Gemeinschaftsgütern, die ganz besondere
Probleme mit sich bringen. Historische Untersuchungen findet man in den
Forschungen von Ostrom daher nicht. Ihre Forschungen gehen auch nicht von
der Landwirtschaft aus, sondern von großtechnischen Systemen und der öffentlichen Infrastruktur, die ihrer Meinung nach mit der Diktion der neoklassischen
Wirtschaftstheorie nur sehr unvollständig als öffentliche Güter charakterisiert
worden sind. Ostrom zeigt hingegen, dass der Antagonismus von Staat und Pri-
vatwirtschaft zur Beschreibung der wirtschaftlichen Probleme von Wasser- und
Energieversorgungssystemen ungeeignet ist, und dass es zahlreiche Beispiele
gibt, in denen eine Selbstverwaltung solcher Einrichtungen wesentlich bessere
Ergebnisse bringt sowohl als die Verstaatlichung als auch als die Privatisierung
(Ostrom 2010).

Wirtschaftshistorische Studien sind aus dieser Forschungsrichtung der
jüngeren ökonomischen Theorie bislang nicht entstanden. Die Geschichte der

---

[2] Der Stand der jüngeren Diskussion ist sehr gut zusammengefasst bei Kopsidis 2006, 203 ff.

europäischen Landwirtschaft würde sich hierzu überaus gut anbieten, denn mit der Industriellen Revolution waren dort gemeinwirtschaftliche Strukturen keineswegs verschwunden, sondern lebten zu unterschiedlichen Zwecken immer wieder auf, sei es in Form genossenschaftlich organisierter Lagerstädten von Ernteüberschüssen, von größeren Drainage- oder Bewässerungsprojekten oder bei der fundamentalen Maschinisierung der Landwirtschaft nach dem Zweiten Weltkrieg, die in der Bundesrepublik für die vielen kleinen und mittleren Bauern nur über die Beteiligung an den Maschinenringen möglich waren, von denen der erste 1958 in Bayern gegründet wurde. Ohne diese Unterstützung wäre für einen Großteil der Landwirte der Einsatz von Erntemaschinen und Spezialmaschinen zur Bodenbearbeitung nicht oder erst sehr viel später möglich gewesen. Folgt man also den Forschungen Ostroms, so ist die Allmende-Wirtschaft weder ein Gegenmodell zum Kapitalismus, das einst von diesem verdrängt worden ist, noch eine Vision für dessen Überwindung, sondern eine alternative Organisationform von ganz bestimmten Allokationsformen in der ökonomischen Moderne, die die privatkapitalistische Produktionsweise immer schon ergänzt hat und weiterhin gut ergänzen kann.

3 Pfandleihsysteme: Die „Zirkulation des Gebrauchten"

Zu einem zweiten Thema bei der Suche nach historischen Vorläufern der heutigen Share Economy gibt weniger die tatsächliche Eigentumsform, als vielmehr die heutige Praxis Anlass. Eine Vielzahl der unter dem Begriff subsumierten Internetportale beschäftigen sich mit der gemeinschaftlichen Nutzung von Ausstattungsgegenständen, etwa von Garten- oder Haushaltsgeräten – wie z.B. bei pumpipumpe.de oder bei fairleihen.de (Hofer 2014). Selbst das Ausleihen von Kleidung wird in diesem Zusammenhang als der neueste Schrei deklariert (Wiebking 2016), obwohl gerade bei diesem Thema schlicht ein Gespräch mit den Großeltern hätte aufklären können, dass der Ball oder gar die Hochzeit in einem gemieteten Frack noch in den 1960er und 1970er Jahren überhaupt nichts Ungewöhnliches war und zwar nicht nur in den armen Familien. Erst mit der Pulverisierung der Preise für Kleidung seit den 1970er Jahren – die dazu führte, dass heute sogar Menschen, die weniger wohlhabend sind als Karl Lagerfeld, es sich leisten könnten, ihre Unterwäsche nur einmal zu tragen – wurde der Kauf neuer Bekleidung zur Normalität, von welcher sich die Anbieter von exaltierter Leihkleidung nun abheben wollen. Zwar ist diese Form der Wiederverwendung bereits benutzter Konsumgüter nicht Bestandteil der Share Economy im engeren Sinne, weil es hier nicht um die tatsächliche gemeinschaftliche Nutzung von Dingen geht, sondern um die kaskadenförmige Wiederverwendung und ggf. Umnutzung von Gegenständen über deren Produktlebenszyklus hinweg. Das

Secondhand-Geschäft stellt aber einen wichtigen Bestandteil der Share Economy dar und soll deshalb in diese historischen Anmerkungen eingeschlossen werden. Die gegenwärtige Renaissance von Wiederverwendungspraktiken lässt allzu schnell in Vergessenheit geraten, dass der größte Teil des Konsums der privaten Haushalte in der europäischen Moderne durch den Konsum von Gebrauchtwaren bestimmt war. Die Trödler- oder Tandlermärkte der europäischen Großstädte waren fest institutionalisierte Anlaufstellen der konsumtiven Versorgung (Lemire 1998; Stöger 2011; Fontaine 2008). Im Verbund hiermit existierte ein großes Netzwerk an Reparatur und Instandsetzungsbetrieben, die Kleidung vor dem Weiterverkauf flickten und umarbeiteten, Schuhe wiederherstellten, Kuckucksuhren und andere Ausstattungsgegenstände reparierten (Reith 2002; Reith und Stöger 2014). Hierbei handelte es sich keineswegs um ein reines Armutsphänomen. Zwar galt der Beruf des Lumpensammlers als ein prekäres und zuweilen auch zwielichtiges Gewerbe und die Trödelmärkte wurden überwiegend von ärmeren Bevölkerungsgruppen frequentiert. Aber auch die besser gestellten sozialen Gruppen bedienten sich gebrauchter Güter, die sie aber häufig von fest etablierten Händlern und nicht zuletzt von der Pfandleihe erhielten. Das galt insbesondere für modische Ballgarderobe, aber auch für warme Winterkleidung. Überhaupt zeigt sich bei einer näheren Untersuchung der Konsummuster – so zeigen insbesondere die Forschungen von Laurence Fontaine – dass es beispielsweise im frühneuzeitlichen Paris selbst in besser gestellten Haushalten durchaus üblich war, saisonale Garderobe gegen Bargeld zu verpfänden bzw. zu leihen, so dass ein Teil des großstädtischen Kleiderschrankes tatsächlich gar nicht als Eigentum gehalten wurde. Waren die Kleidungsstücke einmal in der Pfandleihe gelandet, so wurden sie von dort häufig (was allerdings ein krimineller Akt war, über den wir vor allem aus Gerichtsakten informiert sind) entgeltlich weiter verliehen, so dass es gewissermaßen zu einer unfreiwilligen Share Economy kam – mit sehr interessanten Verwicklungen. Die folgende von Fontaine erzählte Begebenheit trug sich in Paris im Jahr 1735 zu:

> Herr Malbay hatte eines seiner Kleidungsstücke gegen 3 Louis und 12 Livre Zins bei Herrn Laffosse verpfändet. Als er es am Ende des Zeitraums zurück erhielt, war es abgenutzt und ‚mit Liebesbriefen in den Taschen und einem Schuldschein über 444 Livre zugunsten eines gewissen Desarsis' versehen. (Fontaine 2004, 90)

Der Konsum von gebrauchten Gütern und die Pfandleihe waren dabei vor allem deshalb auch für die wirtschaftliche Entwicklung Europas von großer Bedeutung, weil sie die Lebenshaltungskosten drastisch senkten (Schätzungen gehen von 30–50 Prozent aus) und so an anderer Stelle den massenhaften Konsum neuer Produkte ermöglichten, der für den Übergang zur modernen kapitalistischen Wirtschaft entscheidend war. Die gemeinschaftliche und wiederverwertende Nutzung von Kleidung und Schuhen war dabei die mit Abstand wichtigste Konsumpraxis, die innerhalb von Familiennetzwerken natürlich noch größere Bedeutung hatte. Pfandleihe und Trödelmärkte erstreckten sich aber auf ein wesentlich größeres Güterbündel, insbesondere Schmuck und Uhren, Waffen, Kunstgegenstände, Geschirr und Möbel (Stobart und van Damme 2010). Wirtschaftshistorische Studien, die zeigen welchen Umfang (beispielsweise gemessen an der nationalen Wertschöpfung) dieser Sektor hatte und wie sich dieser im Zeitverlauf veränderte, fehlen bislang vollständig. Allerdings ist davon auszugehen, dass er mit dem Übergang zu den Massenkonsumgesellschaften nach dem Zweiten Weltkrieg deutlich zurückgegangen ist und letztlich nur noch der Gebrauchtwagenmarkt als ein auch in quantitativer Hinsicht bedeutsamer Markt der Wiederverwendung übrigblieb. Im übertragenen Sinne wurden hierbei aber wiederum Common-resource-Strukturen im Sinne Elinor Ostroms entwickelt, nämlich die gesellschaftlich gewünschten Sammlungen zunächst von Altmetall und anderen wichtigen Ressourcen während der Weltkriege (Weber 2013). Hierzu gehörten immer wieder auch Lumpen und Altkleider. Mit dem drohenden Müllkollaps der ‚Wegwerfgesellschaft' und dem Bedeutungsgewinn der Umweltbewegung wurden das Recycling auf immer weitere Bereiche des Konsums ausgedehnt und Batterien, alte Elektrogeräte und schließlich Plastikmüll systematisch gesammelt (Strasser 1999; Stokes et al. 2013), was man vor dem Hintergrund der hier zu thematisierenden Fragestellung durchaus als das gesellschaftliche Sharing von Rohstoffen interpretieren könnte. Wenn derartige institutionelle Strukturen damit nur mittelbar als Vorgeschichte der Share Economy zählen können, so lassen sie sich genau wie die Allmende-Wirtschaft und die anschließend zu erläuternde Geschichte der Genossenschaftsbewegung gleichermaßen als Komplementäre der klassischen kapitalistischen Produktionsweise interpretieren. Über Gebrauchtmärkte und andere Formen der Mehrfachnutzung von Ressourcen wurden in Abhängigkeit von Preis- und Nachfragestrukturen auf den Primärmärkten mit alternativen Allokationsstrukturen Effizienzeffekte erzielt, die den Kapitalismus ergänzten und nicht etwa ersetzten.

4 Das Genossenschaftswesen: Konsum, Sparen und Wohnungsbau

Ein weiterer wichtiger Teilbereich in der modernen Wirtschaftsgeschichte, in dem das Teilen und der gemeinschaftliche Konsum praktiziert werden, war das Genossenschaftswesen. Ich konzentriere mich im Folgenden auf eine Skizze der deutschen Genossenschaftsbewegungen, wo es eine lange Tradition in diesem Sektor gibt, die aber eben keineswegs singulär ist. Genossenschaften sind seit der Mitte des 19. Jahrhunderts ein wichtiger Bestandteil der Wirtschaft in Deutschland. Sie agieren insbesondere in vier Geschäftsbereichen: im Bankensektor, als Konsumgenossenschaften, als landwirtschaftliche Einkaufs- und Produktionsgenossenschaften sowie im Wohnungsbau. Historisch hatte die Genossenschaftsbewegung in Deutschland drei Quellen: Sie ging zum einen aus der Arbeiterbewegung hervor, in der sehr früh das Prinzip der wirtschaftlichen Selbsthilfe aufkam. In diesem Zusammenhang entstanden vor allem viele Konsumgenossenschaften, bei denen der politische Gedanke der Stärkung der Konsumentenmacht und des Widerstandes gegen kapitalistische Großbetriebe einen hohen Stellenwert hatte (Novy und Prinz 1985). Zum anderen wurden Genossenschaften in Deutschland nach den politischen und ökonomischen Krisen der Jahre 1847 und 1848 zum Instrument bürgerlicher Sozialpolitik. In diesem Zusammenhang waren vor allem die Initiativen des Politikers Hermann Schulze-Delitzsch wichtig. Seine Aufmerksamkeit galt in erster Linie den städtischen Handwerksbetrieben, welche durch die Entstehung von industriellen Großbetrieben im 19. Jahrhundert bedroht waren. Durch die Assoziation von kleinen Gewerbetreibenden, Handwerkern und Arbeitern sollte das Kleingewerbe auch im Industriezeitalter aufrechterhalten werden. Viele der von Schulze-Delitzsch initiierten Genossenschaften agierten als handwerkliche Produktionsgenossenschaften, bei denen die Kreditbeschaffung ein wichtiges Standbein wurde (Berger 2008). Eine dritte Quelle stellte die Landwirtschaft dar. Friedrich Wilhelm Raiffeisen, Bürgermeister in einer vergleichsweise armen, ländlichen Region, hatte im Hungerjahr 1847 begonnen Nahrungsmittel, vor allem Brot, in genossenschaftlicher Organisation herstellen zu lassen, um damit die ärmeren Bevölkerungsschichten versorgen zu können. Raiffeisen verfolgte später mit seinen Organisationen den Zweck, Kredite für die landwirtschaftliche Produktion bereitzustellen. Diese wurden von den wohlhabenden Einwohnern einer Gemeinde in die Genossenschaft eingebracht und von den ärmeren Landwirten in Anspruch genommen, die vorher durch hohe Zinslasten ruiniert worden waren. Auf diese Weise konnte Raiffeisen die Produktionskosten und damit auch die Nahrungsmittelpreise in der Region senken. Es entstanden aus diesem Zweig des Genossenschaftswesens landwirtschaftliche Einkaufs- und Produktionsgenossenschaften sowie ein ländliches Kreditgewerbe (Engelhardt 1985; Kluge 2007). Ungeachtet der jeweiligen Herkunft basierten die unterschiedlichen, meist lokal operierenden Genossenschaften auf dem Grundprinzip der Share Economy: Es wurden gemeinschaftliche Strukturen oder auch Einrichtungen aufgebaut und betrieben, die die Mitglieder (Arbeiter, Bauern, Handwerker) in die Lage versetzen sollten, ihre ökonomischen Interessen besser und zu niedrigeren Kosten durchzusetzen.

Seit den 1860er Jahren erlebte die Organisationsform der Genossenschaft in Deutschland einen Aufschwung. Insbesondere die Zahl der Konsumgenossenschaften stieg rapide an, was sich auch in der Gründung des ersten Genossenschaftsverbandes als einer politischen Interessenvertretung 1859 manifestierte, der auf Initiative Hermann Schulze-Delitzschs zustande kam und dem die meisten Konsumgenossenschaften der Arbeiterbewegung beitraten. 1870 zählte der Verband bereits 111 Genossenschaften mit 45 000 Mitgliedern. Zur Jahrhundertwende war die Zahl auf 568 Unternehmen mit als 522 000 Mitgliedern stark gestiegen (Novy und Prinz 1985, 20). Dies ging nicht zuletzt auf das 1867 erstmals in Preußen kodifizierte Genossenschaftsgesetz zurück, welches die zentralen Grundsätze der gemeinwirtschaftlichen Organisationsweise festlegte: Als Genossenschaften galten danach „Gesellschaften, [...] die die Förderung des Kredits, des Erwerbs oder der Wirtschaft ihrer Mitglieder mittels gemeinschaftlichen Geschäftsbetriebs bezwecken".[3] Die Generalversammlung aller Genossen wurde zum obersten Beschlussorgan erhoben, wobei jedes Mitglied eine Stimme hatte. Die gesetzlichen Bestimmungen über die interne Struktur der Genossenschaften (das Kopfstimmrecht und die Selbstorganschaft) begründeten die spezifische Entscheidungsstruktur deutscher Genossenschaften und die damit verbundenen institutionellen Vorteile gegenüber konventioneller Unternehmensorganisation (Klose 2007, 127–137). Nach den Erfahrungen des Gründerkrachs 1873, bei dem nicht nur viele Aktiengesellschaften, sondern auch einige Genossenschaften bankrottgingen, wurde 1889 noch eine Haftungsbeschränkung eingeführt, während vorher alle Genossen mit ihrem Gesamtvermögen haftbar waren. Außerdem wurde den Genossenschaften das Geschäft mit Nichtmitgliedern verboten, was den Genossenschaftsgedanken stärkte und weitere Anreize zur Mitgliedschaft in einer Genossenschaft gab.

Allerdings verfolgten die Genossenschaften durchaus sehr unterschiedliche politische Ziele. Während die Konsumvereine der Arbeiterbewegung letztlich dem Zweck dienten, Kartelle oder Monopole auf der Nachfrageseite des Konsumgütersektors zu schaffen, zielten die von Schulze-Delitzsch initiierten Produktionsgenossenschaften gerade auf die Stärkung der Anbietermacht, insbesondere auf die Stärkung der mittelständischen Handwerksbetriebe gegenüber den Großunternehmen. 1903 kam es daher zum Bruch zwischen den Genossenschaften der Arbeiterbewegung (bei denen es sich überwiegend um Konsumgenossenschaften handelte) und den handwerklichen Genossenschaften, die sich nun zum Zentralverband deutscher Konsumvereine zusammenschlossen (Engelhardt 1985, 565). Gemeinwirtschaftliche Organisationsstrukturen – so wird hier deutlich – können also durchaus sehr unterschiedlichen politischen und wirtschaftspolitischen Grundüberzeugungen dienen. Die aus der Arbeiterbewegung stammenden lokalen Konsumgenossenschaften gründeten 1894 eine zentrale Einkaufsgenossenschaft (die Großeinkaufsgenossenschaft, GEG). Eine ähnliche Organisation wurde durch die mittelständischen ‚Kolonialwarenhändler' 1911 mit der Einkaufsgenossenschaft der Kolonialwarenhändler (Edeka) geschaffen, der 5 000 und 1922 dann schon 50 000 Einzelhändler angehörten (Spiekermann 2005, 96). Nach dem Ersten Weltkrieg gewannen nicht zuletzt

---

[3] § 1 des Preußischen „Gesetz betreffend die privatrechtliche Stellung der Erwerbs- und Wirtschaftsgenossenschaften" vom 27.03.1867. Dazu auch Klose 2007, 127.

durch die Politisierung der Bevölkerung aber auch durch die Ernährungskrise der unmittelbaren Nachkriegszeit insbesondere die Konsumgenossenschaften der Arbeiterbewegung an Bedeutung. Die im Zentralverband der Konsumvereine organisierten Genossenschaften verfügten nach 1924 über 3,3 Millionen Mitglieder, verteilt auf 1 154 Genossenschaften, was immerhin ca. fünf Prozent der Bevölkerung der Weimarer Republik entsprach (Engelhardt 1985, 565). Geht man davon aus, dass immer nur ein Familienmitglied auch Mitglied der Genossenschaft sein musste, profitierte wohl ein Fünftel bis ein Viertel der Bevölkerung von den Einrichtungen der Konsumgenossenschaften mit ihren umfangreichen Gemeinschaftseinrichtungen, die über Produktionsbetriebe, Distributionsstrukturen und weit verzweigte Ladennetze verfügten. Hierbei geriet die Leistungsfähigkeit der Institutionenstruktur an eine Grenze, denn die Beschlussfassung nach dem Kopfstimmenprinzip in einer Gesellschafterversammlung blockierte die Entwicklung der Institutionen und wurde daher im Verlauf der 1920er Jahre verändert. Es begann die schrittweise Aufkündigung der Genossenschafts- und Gemeinwirtschaftsidee und damit auch die Entfernung der Institutionen von einer Share Economy. Nach dem Zweiten Weltkrieg setzte sich dieser Entfremdungsprozess beschleunigt fort (Klose 2007, 140 f.).[4]

Im Nationalsozialismus als ‚Inseln des Kommunismus‘ verbrämt und später gleichgeschaltet oder ganz aufgelöst (Novy und Prinz 1985, 213), erlebten die Genossenschaften im Wirtschaftswunder in allen vier Wirtschaftsbereichen (Konsumgenossenschaften, Banken, Landwirtschaft und Wohnungsbau) zunächst eine neuerliche Blüte. Das Genossenschaftsgesetz von 1954 hatte den rechtlichen Status wiederhergestellt, und in der prosperierenden Wirtschaft des Wiederaufbaus waren die Genossenschaften wichtige Helfer. Mit dem Größenwachstum insbesondere der Konsumgenossenschaften schwanden aber zugleich die institutionellen Vorteile der gemeinwirtschaftlichen Produktionsstruktur, zumal die gesetzlich garantierten Privilegien schrittweise abgebaut wurden. Erst 1973 konnte eine Novelle des Genossenschaftsgesetzes verabschiedet werden, die vor allem die internen Strukturen von Genossenschaften den Anforderungen professioneller Unternehmensführung anpassen sollte, während sich die traditionellen gemeinwirtschaftlichen Entscheidungsstrukturen im Wirtschaftsaufschwung als nachteilig erwiesen hatten. Das konnte den Bedeutungsverlust genossenschaftlicher Wirtschaftsformen allerdings nur noch bedingt stoppen. Insbesondere große Konsumgenossenschaften hatten sich schon vorher in reguläre Aktiengesellschaften umgewandelt (z. B. Reichel 2004). Die weitere Zentralisierung von Einkauf, Schulung, Investition und Unternehmensleitung führte 1974 zur Umwandlung selbst des aus den Gewerkschaftsunternehmen

---

[4] In der Novelle des Genossenschaftsgesetzes von 1926 wurde beispielsweise eine Versammlung von Vertretern der Genossen als oberste Entscheidungsinstanz für alle Genossenschaften mit mehr als 3 000 Mitgliedern vorgeschrieben.

hervorgehenden ‚Co-op-Konzerns' in eine Aktiengesellschaft. Gab es in der Bundesrepublik 1962 immerhin noch rund 300 Konsumgenossenschaften mit rund 2,6 Millionen Mitgliedern, so sank ihre Anzahl auf 102 Genossenschaften und 1,1 Millionen Mitglieder im Jahr 1979 (Engelhardt 1985, 565). Jedenfalls bei den großen Konsumgenossenschaften waren spätestens jetzt die politisch motivierten Gründungsgedanken der Genossenschaftsbewegung und die übergeordneten Prinzipien einer Share Economy in den Hintergrund getreten. Nur wenigen Unternehmen dieser Branche geht es heute noch tatsächlich darum, alternative und kooperative Wirtschaftsformen inmitten einer durch Gewinnstreben und Eigennutzorientierung dominierten kapitalistischen Marktwirtschaft zu erhalten. Wenige Unternehmen sahen im Prinzip der ‚Gemeinwirtschaft' die konsequente Organisationsform für die Verfolgung übergeordneter gesellschaftlicher Zwecke, den Umweltschutz oder eine bessere Partizipation der Beschäftigten an den Entscheidungen und beispielsweise auch dem Eigentum ihres Unternehmens.

Allerding ist das Genossenschaftsprinzip auch aus der deutschen Überflussgesellschaft des 20. Jahrhunderts nie ganz verschwunden, offenbar, weil es für bestimmte ökonomische Allokationsprobleme konkurrenzlose Organisationsstrukturen zur Verfügung stellte. In keinem Genossenschaftsbereich wird das so deutlich wie im Wohnungsbau. Ursprünglich zumeist als Sparvereine gegründet (Novy und Neumann-Cosel 1992), die in der Wohnungsnot der deutschen Großstädte am Ende des 19. Jahrhunderts auch Familien mit mittleren Einkommen die Möglichkeit bieten sollten, die Elendsquartiere zu verlassen, entwickelten sich einige der Wohnungsbaugenossenschaften zu Pionieren des ‚Neuen Bauens' in der Weimarer Republik. Dies bedeutete weit mehr als nur die kulturhistorisch verdienstvolle Verbreitung der Wohnarchitektur eines Bruno Traut in Berlin und der städteplanerischen Ideen von Ernst May in Frankfurt. Die Wohnungsbaugenossenschaften planten und bauten nicht nur einzelne ‚Wohneinheiten', sondern gruppierten diese nach dem Konzept der Gartenstadt oder der Stadtkrone um von den Bewohnern selbst verwaltete Gemeinschaftseinrichtungen herum, die viele Aspekte der heutigen Share Economy einschloss, vom Gemeinschaftsgarten bis zum Nachbarschaftsnetzwerk (von Saldern 1985, 1993; Harlander et al. 1988; Arndt et al. 1989). Während des Nationalsozialismus, aber auch in der Zeit des Wiederaufbaus war diese Rolle der Wohnungsbaugenossenschaften in den Hintergrund getreten. Sie war aber nicht vollständig verschwunden und bildete gerade eine Stärke dieser kooperativen Form des Wohnungsbaus. Als sich beispielsweise in den 1980er Jahren in der Bundesrepublik nach Jahrzehnten der ‚Stadtflucht' eine Rückzugsbewegung in die Innenstädte einstellte, waren die großen Wohnungsunternehmen zunehmend mit Vandalismus in ihren Siedlungen konfrontiert. Die kleineren genossenschaftlichen Siedlungen hatten dieses Problem nicht: Wohnungsbaugenossenschaften hatten über Jahrzehnte besseren Zugang zu den Interessen ihrer Bewohner gehabt und konnten auf diese sehr gezielt reagieren. Die Immobilien der Genossenschaften wurden nicht nur besser gepflegt, unter anderem mit einem hohen Maß an Eigeninitiative der Bewohner (Arndt et al. 1989), sie kultivierten auch eine zahlungsfreudigere und engagierte Bewohnerklientel (schon weil der Erwerb eines Genossenschaftsanteils nicht für alle gesellschaftlichen Schichten möglich war), während sich in den Großunternehmen des Wohnungsbaus eine aus Sicht der Wohnungsunternehmen unattraktive Bewohnerklientel sammelte.

Die Genossenschaften erreichten damit in den 1990er Jahren einen unmittelbaren Kostenvorteil gegenüber privaten und anderen gemeinnützigen Wohnungsbauunternehmen. Und als man dies erst einmal erkannt hatte, wurde dieser Kostenvorteil weiter ausgebaut: Genossenschaftliche Wohnungsunternehmen begannen frühzeitig, ihr Aufgabenfeld vom reinen Wohnungsbau und der Wohnungsverwaltung auf umfassende Dienstleitungen für die Mieter auszuweiten. Sehr frühzeitig gingen die Genossenschaften daran, ihre Wohnungen mit Netzwerkverbindungen und sonstigen Segnungen des Informationszeitalters zu versehen. Serviceleistungen für alte Menschen, Krankenpflege oder Einkaufsservice wurde von den Genossenschaften als Gemeinschaftsaufgabe übernommen und organisiert. Im Vergleich mit den heutigen Formen der ,collaborative consumption' und der Share Economy ist der Aspekt des Teilens und der Gemeinschaftsnutzung in heutigen Wohnungsbaugenossenschaften sicher wenig ausgeprägt. Die Tatsache des Gemeinschaftsbesitzes erschöpft sich häufig in einem schnell gekauften Genossenschaftsanteil, während Selbstverwaltung und bewusstes Teilen von Gemeinschaftseigentum im Alltag keine Rolle spielt. Die Verwaltung des Gemeinschaftseigentums wird zum Geschäft einer Genossenschaftsbürokratie, die nicht einmal selbst Mitglied der Genossenschaft sein muss. Insofern wird sich das Wohnen in einer Genossenschaftswohnung heute kaum mehr von einem üblichen Mietverhältnis unterscheiden und der Aspekt der Share Economy ist höchstens theoretischer Natur. Tatsache ist aber eben auch, dass mit genossenschaftlichen Unternehmensformen Grundprinzipien gemeinwirtschaftlicher Organisation seit 150 Jahren fest in der deutschen Wirtschaftsgeschichte verankert waren und jeweils eine Blüte erfuhren, wenn spezifische Allokationsprobleme zu überwinden waren.

5 Der historische Wandel der Share Economy

Die viel gefeierte Share Economy der Gegenwart stellt kein historisch neues und einzigartiges Phänomen dar. Viele Aspekte der gemeinschaftlichen Nutzung von Konsumgütern sowie der Organisation ihrer Distribution haben historische Vorläufer, die weit in die Frühe Neuzeit zurückreichen. Schon die flüchtige Durchsicht der wirtschaftshistorischen Literatur zeigt, dass gemeinwirtschaftliche Organisationsformen der Produktion in vielen Sektoren und unter vielen und unterschiedlichen historischen Rahmenbedingungen eingesetzt wurden. Zum Teil lassen sich hierbei sogar Formen des Teilens und des gemeinschaftlichen Besitzes von Gütern nachweisen, die der engeren Definition der Share Economy genügen. Diese historischen Formen der Gemeinwirtschaft waren dabei nicht notwendig mit gesellschaftspolitischen Zielen der Reform kapitalistischer Wirtschaftsordnungen verbunden, sondern existierten auch ganz unideologisch als institutionelle Lösungsmöglichkeiten von spezifischen Allokationsproblemen, die von ihren Initiatoren oder Nutzern als adäquat oder ‚effizient‘ betrachtet wurden. Beispiele hierfür lassen sich haufenweise beibringen: von der Allmende-Weide in England über die Kleiderkammern in Paris bis hin zur Wohnungsbaugenossenschaft in Berlin. Hätten wir unser Erkenntnisgebiet auf größere Teile der Welt ausgedehnt, wären zahlreiche weitere Beispiele hinzugekommen. Die Wirtschaftsweise des Teilens und des gemeinschaftlichen Konsums bietet spezifische institutionelle Vorteile, die historisch immer wieder erkannt und genutzt wurden. Insofern unterscheidet sich die gegenwärtige Konjunktur der Share Economy durch nichts von vergangenen Konjunkturen.

Der Unterschied besteht also offenbar weniger in der Wirtschaftsform an sich – weshalb sich wohl die Hirngespinste über einen nachhaltigen Strukturwandel des Kapitalismus mittelfristig als Fehlinterpretationen herausstellen werden – sondern in der Verbindung der Share Economy mit der IT-Revolution der letzten Jahre. Nicht das Teilen an sich ist das Neue, sondern die Möglichkeit, dieses mit Smartphones, internetbasierten Bezahlsystemen und Geotracking in historisch einmaliger Weise unkompliziert und kostengünstig zu organisieren. Auf die verbesserten Möglichkeiten des Zugangs zu Gütern und insbesondere Informationen machte Jeremy Rifkin bereits 2001 aufmerksam, wobei sich seine Vorstellung, die Menschen würden sich künftig mit dem Zugang (‚Access‘) zu den Dingen begnügen und daher auf das Eigentum an Dingen verzichten, nicht erfüllte. Die SUV-Welle brach sich erst nach Rifkins Buch Bahn. Uber ist mithin vor diesem Hintergrund ein ganz gewöhnlicher Taxidienstleister und Airbnb ein ganz gewöhnlicher Zimmervermittler, bloß, dass diese Dienstleistungen eben über IT-Systeme eine hochgradig verdünnte Anbieterseite gleichsam sekundenschnell mobilisieren können, was der konventionellen telefon- und funkbasierten Taxizentrale ebenso wenig möglich ist, wie der noch so klug organisierten standardisierten Hotelkette. Es handelt sich nicht um eine strukturelle Veränderung des Kapitalismus oder Anzeichen eines generellen Wandels, sondern um eine technische Erleichterung, die die Vorteile dieser Allokationsform effektiver nutzbar macht. Der auch nur temporäre Zugang zu einem Leihfahrrad konnte erheblich vereinfacht, Haftungs- und Garantiefragen geklärt und die Bezahlung fast kostenlos ermöglicht werden. Um den diskursiven Siegeszug der Share Economy zu begreifen, muss keine nachhaltige strukturelle Veränderung der modernen Wirtschaft ausgerufen, kein Anzeichen einer fundamentalen Veränderung der Wünsche und Verhaltensweisen der modernen Wirtschaftssubjekte proklamiert werden. Er lässt sich sehr einfach als eine durch technischen Fortschritt ausgelöste Veränderung der relativen Preise unterschiedlicher institutioneller Organisationsformen verstehen. Diese Verschiebung führt freilich in unserer Gegenwart zu durchaus beachtlichen und sichtbaren Verwerfungen in der Wirtschaft: Greise Rockstars sind gezwungen, wieder auf Konzerttournee zu gehen, weil durch die massenhafte technische Verbreitung von Musikstücken die Einnahmen aus ihren Verwertungsrechten zurückgehen; das Gruppenticket der Bahn wird zum Tauschobjekt im Internet (Mitfahrgelegenheit gegen Kommunikation); die permanente Verfügbarkeit des kollektiven gesellschaftlichen Wissens in Wikipedia enthebt die Teenager jeglicher Wissensakkumulation und relativiert das Vorbild des Hochschullehrers etc.

Aber hat diese Entwicklung die Ökonomie tatsächlich tiefgreifend erschüttert oder bietet sie auch nur das Potential für eine solche Erschütterung, wie einige Sozialromantiker und Idealisten dies behaupten? Der Aufbau von Plattformen wie Airbnb, die Privatautos, die über Uber ‚geshared' werden, und auch die Verfügbarkeit von Smartphones setzen die klassische, auf den Markttausch von Privateigentum fußende Wirtschaftsordnung immer voraus. Ohne die klassische Marktwirtschaft gibt es keine Share Economy. Das galt im Übrigen auch bereits für die historischen Formen der Share Economy: Das System der Allmende existierte nie unabhängig von einer konventionellen feudalen Landwirtschaft. Die Distribution von Kleidung über Pfandleihe beruhte auf einem klassischen, arbeitsteiligen und mit Privatbesitz an Produktionsmitteln ausgestatteten Geflecht an Reparaturbetrieben und Händlern. Der genossenschaftliche Wohnungsbau organisierte immer nur einen Teil des Marktes, während ein Großteil des Neubaus zumal in der Phase des westdeutschen Wiederaufbaus entweder von gemeinnützigen (staatlichen) Wohnungsbauunternehmen oder von privatwirtschaftlichen Investoren stammte. Und so würde ich auch für die heutige Share Economy behaupten, dass diese ohne eine marktwirtschaftliche Wettbewerbswirtschaft, auf der sie notwendig aufbaut, nicht existieren könnte. Der Schraubenzieher, den ein Nutzer der Plattform fairteilen.de natürlich in Berlin zur Mitbenutzung anbietet, wurde vermutlich für 2,99 Euro auf dem üblichen Wege im Baumarkt um die Ecke beschafft und gelangte über eine ausbeuterische, privatkapitalistische und vermutlich sogar globale Wertschöpfungskette dorthin.

Literaturverzeichnis

Allen, Robert C. (2004), "Agriculture during the Industrial Revolution", in: Roderick Floud/Paul Johnson (Hgg.), *The Cambridge Economic History of Modern Britain. Volume I: Industrialisation, 1700–1860*, Cambridge, 96–116.

Arndt, Michael/Rogall, Holger/Schäfer, Karl (1989), *Wohnungsbaugenossenschaften im Wandel. Vom Leben und Wohnen in der Gemeinschaft*, Berlin.

Berger, Dietmar (2008), „Das Genossenschaftswesen heute – eine Erfolgsgeschichte", in: Förderverein Hermann Schulze-Delitzsch (Hg.), *Hermann Schulze-Delitzsch. Weg, Werk und Wirkung*, Neuwied, 412–430.

Botsman, Rachel/Rogers, Roo (2010), *What's mine is yours. How Collaborative Consumption is Changing the Way We Live*, New York.

Eckhardt, Giana M./Bardhi, Fleura (2015), "The sharing economy isn't about sharing at all", *Harvard Business Review*, Online erschienen am 28.01.2015.

Engelhardt, Werner W. (1985), *Allgemeine Ideengeschichte des Genossenschaftswesens. Einführung in die Genossenschafts- und Kooperationslehre auf geschichtlicher Basis*, Darmstadt.

Fontaine, Laurence (2004), „Die Zirkulation des Gebrauchten im vorindustriellen Europa", *Jahrbuch für Wirtschaftsgeschichte* 2/45, 83–96.

– (Hg.) (2008), *Alternative Exchanges. Second Hand Circulations from the Sixteenth Century to the Present*, New York.

Harlander, Tilman/Meiers, Franz/Hater, Karin (1988), *Siedeln in der Not. Umbruch von Wohnungspolitik und Siedlungsbau am Ende der Weimarer Republik*, Hamburg.

Hofer, Sebastian (2014), „Teilen statt kaufen: Dann klappts auch mit den Nachbarn", *Der Spiegel*, Online erschienen am 09.09.2014.

Klose, Holger (2007), „Die Entwicklung des Genossenschaftsrechtes von 1867 bis heute", in: Thomas Brockmeier/Ulrich Fehl (Hgg.), *Volkswirtschaftliche Theorie der Kooperation in Genossenschaften*, Göttingen, 119–149.

Kluge, Arnd (2007), „Genossenschaften in der Geschichte", in: Thomas Brockmeier/Ulrich Fehl (Hgg.), *Volkswirtschaftliche Theorie der Kooperation in Genossenschaften*, Göttingen, 4–35.

Kopsidis, Michael (2006), *Agrarentwicklung. Historische Agrarrevolutionen und Entwicklungsökonomie*, Stuttgart.

Lemire, Beverly (1998), *Dress, culture and commerce: the English clothing trade before the factory, 1660 – 1800*, Basingstoke.

Marx, Karl (1867/1977), *Das Kapital. Band 1*, Berlin.

Mason, Paul (2016), *Postkapitalismus. Grundriss einer neuen Ökonomie*, Frankfurt a.M.

Novy, Klaus/Neumann-Cosel, Barbara (1992) (Hgg.), *Zwischen Tradition und Innovation. 100 Jahre Berliner Bau- und Wohnungsgenossenschaft von 1892*, Berlin.

–/Prinz, Michael (1985), *Illustrierte Geschichte der Gemeinwirtschaft. Wirtschaftliche Selbsthilfe in der Arbeiterbewegung von den Anfängen bis 1945*, Berlin.

Ostrom, Elinor (1990), *Governing the Commons*, Cambridge.

– (2010), "Beyond Markets and States: Polycentric Governance of Complex Economic System", *American Economic Review* 3/100, 641–672.

Radkau, Joachim (2002), Natur und Macht. Eine Weltgeschichte der Umwelt, München.

Reichel, Clemens (2004), „ASKO-Saarbrücken. Von der Eisenbahner-Konsumgenossenschaft zur ‚Aktiengesellschaft der Verbraucher'", in: Jan-Ottmar Hesse/Tim Schanetzky/Jens Scholten (Hgg.), *Das Unternehmen als gesellschaftliches Reformprojekt. Strukturen und Entwicklungen der „moralischen Ökonomie"*, Essen, 147–167.

Reith, Reinhold (2002), „Reparieren – ein Thema der Technikgeschichte?", in: Reinhold Reith/Dorothea Schmidt (Hgg.), *Kleine Betriebe – Angepasste Technologie? Hoffnungen, Erfahrungen und Ernüchterungen aus sozial- und technikhistorischer Sicht*, Münster, 139–161.

– (2003), „Recycling im späten Mittelalter und der frühen Neuzeit – eine Materialsammlung", *Frühneuzeit-info* 1/14, 47–65.

–/ Stöger, Georg (2014), "Western European urban recycling in a long-term perspective. Reconsidering caesuras and continuities", *Jahrbuch für Wirtschaftsgeschichte* 1/56, 267–290.

Spiekermann, Uwe (2005), „Die Edeka. Entstehung und Wandel eines Handelsriesen", in: Peter Lummel / Alexandra Deak (Hgg.), *Einkaufen! Eine Geschichte des täglichen Bedarfs*, Berlin, 93–102.

Stobart, Jon / Van Damme, Ilja (2010), *Modernity and the second-hand trade: European consumption cultures and practices, 1700–1900*, Basingstoke.

Stöger, Georg (2011), *Sekundäre Märkte? Zum Wiener und Salzburger Gebrauchtwarenhandel im 17. und 18. Jahrhundert*, Wien.

Stokes, Raymond G. / Köster, Roman / Sambrook, Stephan (2013), *The business of waste: The United Kingdom and Germany, 1945 to the present*, Cambridge.

Strasser, Susan (1999), *Waste and Want: A Social History of Trash*, New York.

Von Saldern, Adelheid (1985), „Sozialdemokratie und kommunale Wohnungspolitik in den 1920er Jahren – am Beispiel von Hamburg und Wien", *Archiv für Sozialgeschichte* 25, 183–237.

– (1993), *Neues Wohnen. Wohnungspolitik und Wohnkultur im Hannover der 20er Jahre*, Hannover.

Weber, Heike (2013), "Towards 'Total' Recycling: Woman, Waste and Food. Waste Recovery in Germany, 1914–1939", *Contemporary European History* 3/22, 371–397.

Weitzman, Martin L. (1984), *The Share Economy: Conquering Stagflation,* Cambridge.

Wiebking, Jennifer (2016), „Kleidersharing. Kaufst du noch, oder mietest du schon?", *Frankfurter Allgemeine Zeitung*, Online erschienen am 12.05.2016.

Welchen Ordnungsrahmen braucht die Share Economy?*

Justus Haucap / Christiane Kehder

1 Einleitung

Digitale Plattformen sind nicht nur ein zentraler Trend des digitalen Wandels, sondern auch ein öffentlich und politisch heiß diskutiertes Thema. Im Grunde funktionieren digitale Plattformen ähnlich wie physische Marktplätze: Der Plattformbetreiber vermittelt Anbieter und Nachfrager einer Dienstleistung bzw. eines Produktes und erhält dafür eine Vermittlungsgebühr. Immer mehr digitale Plattformen entstehen inzwischen in allen möglichen Wirtschaftssektoren. Das Betätigungsfeld digitaler Plattformen erstreckt sich über elektronische Handelsplätze wie Ebay und Amazon Marketplace, Reiseportale wie Expedia, Hotelbuchungsportale wie HRS, Vermittlungsportale für Handwerks- und Haushaltsdienstleistungen wie MyHammer und Helpling, die Immobilienvermittlung (etwa bei ImmobilienScout24) bis hin zu neuen Finanzintermediären auf Crowdfunding-Plattformen. Auch Suchmaschinen und soziale Netzwerke funktionieren als Plattformen.

Besondere Aufmerksamkeit haben in jüngerer Zeit Plattformen erfahren, auf denen (auch) Privatleute Dinge entgeltlich oder unentgeltlich teilen können. Häufig ist hier auch von der Share Economy und der Ökonomie des Teilens die Rede (Benkler 2004; Belk 2010; Botsman und Rogers 2010; Rifkin 2014; Demary 2015a; Theurl 2015; Levering und Icks 2016). In der Regel geht es aber nicht um gemeinschaftliches Teilen unter ‚Brüdern und Schwestern‘ aus altruistischen Motiven, sondern um kommerzielle Geschäftsmodelle zur Vermittlung von Produkten oder Dienstleistungen (etwa Einav et al. 2016). Dabei gibt es keine einheitliche Abgrenzung des Begriffs der Share Economy.[1] Teils wird der Begriff – in ziemliche irreführender Weise – synonym mit dem Begriff der Plattformökonomie benutzt, wenngleich es bei zahlreichen Plattformen wie etwa Ebay, Helpling, diversen ‚Crowdfunding-‘ und ‚FinTech-Plattformen‘, Online-Reise- und Hotelvermittlern wie Expedia, booking.com, HRS etc. oder auch Immobilienplatt-

* Für wertvolle Hinweise und Verbesserungsvorschläge danken wir Julian Dörr.
[1] Zum Begriff und zur Entwicklung Benkler 2004, Bardhi und Eckhardt 2012, Allen und Berg 2014, Belk 2014, Haucap 2015, Demary 2015a, Codagnone und Martens 2016, Dittmann und Kuchinke 2015 sowie zur Begriffsklärung insbesondere Schreiner und Kenning 2018.

formen wie ImmobilienScout24 oder elektronischen Gebrauchtwagenmärkten wie mobile.de überhaupt nicht um das Teilen irgendwelcher Ressourcen geht, sondern um die Vermittlung diverser Produkte und Dienstleistungen. Richtig ist zwar, dass die Intermediation in der Share Economy über Plattformen (wie etwa Airbnb) erfolgt, gleichwohl sind die allermeisten Plattformen nicht Teil der Share Economy. Ein Gleichsetzen von Share Economy und Plattformökonomie ist daher falsch. Hinter den Begriffen Plattformökonomie und Share Economy verbergen sich vielmehr eine Vielzahl von völlig unterschiedlichen Geschäftsmodellen, die auch differenziert zu betrachten sind.

In der Share Economy haben sich mittlerweile eine ganze Reihe von Unternehmen etabliert, deren Geschäftsmodell auf dem Grundprinzip des Teilens von Ressourcen beruht. Diese Unternehmen unterscheiden sich jedoch teilweise erheblich im Hinblick auf das, was geteilt wird. In der Fachliteratur gibt es unterschiedliche Definitionen der Share Economy, die an dieser Stelle nicht alle aufgezählt werden sollen (hierzu beispielsweise Demary 2015b; Rifkin 2014; Weber 2014). Typischerweise wird hierbei zwischen den Kategorien Peer-to-Peer (P2P), Business-to-Consumer (B2C) und Business-to-Business (B2B) unterschieden, wobei die P2P-Modelle die eigentlich innovativen und interessantesten Modelle in der Share Economy darstellen (Eichhorst und Spermann 2015, 4), vor allem was den etwaigen (de-)regulatorischen Handlungsbedarf angeht. Privatpersonen bieten ihre Besitztümer wie Wohnungen, PKWs oder Geräte zur gemeinsamen Nutzung an. Nachfrager erwerben ein Nutzungsrecht an der jeweiligen Ressource (oder auch einer damit verbundenen Dienstleistung) und können im Gegenzug darauf verzichten, diese selbst zu besitzen bzw. sich anzuschaffen.

Auch wenn das eigentliche Geschäftsmodell der sogenannten Share Economy immer auf dem Prinzip des Teilens von Ressourcen beruht, so gibt es doch auch Unterschiede zwischen den verschiedenen Sharing-Angeboten. So bieten beim eigentlichen Sharing-Ansatz im engeren Sinne Privatleute ihre Besitztümer wie Wohnungen, Autos oder Geräte anderen Privatleuten zur gemeinsamen Nutzung an (Peer-to-Peer). Als Share Economy im engeren Sinne sollen daher in diesem Beitrag solche Modelle verstanden werden, bei denen Privatleute bestimmte Besitztümer regelmäßig anderen Privatleuten über eine Plattform zur Verfügung stellen. Wenn gewerbliche Anbieter Gegenstände Privatleuten zur kurzfristigen Nutzung entgeltlich überlassen, soll dies nicht als Teil der Share Economy erfasst werden. Das kommerzielle Überlassen von Hotelbetten, Ferienwohnungen, Autos, Baumaschinen etc. begreifen wir somit nicht als Teil der Share Economy, auch wenn umgangssprachlich etwa Carsharing, Bike-Sharing etc. oft zur Share Economy gezählt werden. Letztlich ist aber Carsharing in der Regel nichts Anderes als eine Autovermietung, auch wenn die Preismodelle etwas anders sind, die Standorte der PKWs nicht fix und die Mietdauer oftmals kürzer ist als bei traditionellen Autovermietungen. Diese Entwicklungen werden durch den technischen Fortschritt, die Digitalisierung, begünstigt, jedoch findet beim Car-sharing typischerweise – auch wenn es Ausnahmen gibt – kein Teilen der Autos im P2P-Bereich statt. Vielmehr geht es hier um klassische B2C-Vermietungen, die aufgrund des technischen Fortschritts anders abgewickelt werden als bei klassischen Autovermietungen.

Parallel zum Aufkommen der Share Economy im Sinne der P2P-Vermittlung von Ressourcen zur kollektiven Nutzung hat sich auch ein Trend entwickelt, den man eher als Mieten-statt-Besitzen bezeichnen könnte und auf den sich große Unternehmen wie etwa die Deutsche Bahn oder Automobilkonzerne konzentrieren, um ihren Kunden Autos, Fahrräder oder ähnliches zu vermieten (Business-to-Consumer – B2C). Carsharing ist ein prominentes Beispiel hierfür und bezeichnet eine organisierte gemeinschaftliche Nutzung von Autos, die entweder von festen Mietstationen aus oder innerhalb des öffentlichen Park-raums zur Verfügung gestellt werden (auch Shaheen und Cohen 2013).

Wesentliches Merkmal des Sharing-Ansatzes im engeren Sinne ist, dass die vermittelnden Plattformen die nachgefragten Dienstleistungen nicht mehr selbst produzieren oder einkaufen, sondern diese eben ‚lediglich‘ über Plattformen ver-mitteln, d. h. sie konzentrieren sich nur auf einen Teil der Wertschöpfung. Auch dies trifft auf die meisten Carsharing-Modelle nicht zu, bei denen Plattformen wie z. B. car2go, DriveNow auch Eigentümer der verliehenen Automobile sind. Die Kernidee der eigentlichen Share Economy im engeren Sinne ist jedoch, dass viele Ressourcen (wie etwa PKWs oder Wohnungen) einen beträchtlichen Teil der Zeit vom Eigentümer gar nicht genutzt werden, über intelligente Plattformen aber an eine bestehende Nachfrage vermittelt werden können, so dass deren Aus-lastung verbessert wird. Aus volkswirtschaftlicher Sicht können so erhebliche Effizienzpotenziale gehoben werden, da weniger Verschwendung stattfindet, Fixkosten eingespart und Skaleneffekte realisiert werden. Diese Kernidee steckte auch immer schon hinter dem Mieten-statt-Besitzen-Ansatz, auch hier beruht die Kernidee darauf, dass bestimmte Ressourcen temporär vermietet werden und so die Auslastung verbessert wird.

Teils werden auch andere Dienstleistungsangebote, welche über Plattformen gebucht werden können, wie z. B. Reinigungsdienste über Helpling, Online-Kur-se über Diplomero oder Unterhaltungsangebote über Netflix der Share Economy zugerechnet. Gleichwohl sind diese Dienste untypisch für die Share Economy. Es werden zwar Plattformen zur Vermittlung genutzt, wie auch bei Airbnb und Uber oder bei Ebay, MyHammer oder Amazon Marketplace, jedoch werden bei Helpling, Diplomero oder Netflix nicht von privat zu privat Ressourcen mit freien Kapazitäten geteilt. Vielmehr werden einfach Anbieter und Nachfrager von Gütern und Dienstleistungen über digitale Plattformen zusammengebracht, ein Teilen ansonsten ungenutzter Ressourcen findet jedoch nicht statt.

Im Gegensatz dazu beruht die Idee bei den wohl prominentesten Beispielen der Share Economy im engeren Sinne, nämlich beim Wohnungs-Sharing und auch beim Ride-Sharing, auf dem Verfügbarmachen ansonsten ungenutzter Ressourcen und der Reduktion von Fixkosten, wenngleich es beim Ride-Sharing teils auch ‚nur' um die Vermittlung von Fahrdienstleistungen zu gehen scheint (wie etwa bei CleverShuttle, das selbst die für die Fahrten benutzten Fahrzeuge besitzt), teils aber auch um die stärkere Auslastung von ansonsten ungenutzten Privatautos (wie etwa bei Uber), wenn auch in Kombination (gebündelt) mit der Vermittlung von Fahrdienstleistungen. Unser Beitrag konzentriert sich im Folgenden auf die Beispiele des Wohnungs-Sharings und des Ride-Sharings, da hier tatsächlich Ressourcen von Privatleuten geteilt werden.

Im B2C- und B2B-Bereich ist das Teilen von Ressourcen im Übrigen nichts Neues.[2] Autovermietungen und Hotels etwa, aber auch viele andere Angebote (etwa der bekannte Maschinenring[3]) existieren schon lange ebenso wie Vermittlungsagenturen für Hotels und Mietwagen (etwa Reisebüros). Dasselbe gilt prinzipiell für Bibliotheken, Videotheken, Fitnessstudios und zahlreiche andere Anbieter – wie etwa auch Hotels und Pensionen – bei denen Ressourcen zur temporären Nutzung gewerbsmäßig zur Verfügung gestellt werden. Neu ist vor Allem das *Ausmaß*, mit dem das Teilen von Ressourcen im P2P-Bereich möglich ist. Auch hier ist das Teilen von Ressourcen zwar prinzipiell nichts Neues: Mitfahrzentralen, Wohngemeinschaften und Mitwohnzentralen sind schon immer der Idee gefolgt, Ressourcen und Fixkosten zu teilen. Vor dem Aufkommen professioneller Online-Vermittlungsplattformen war die Konkurrenz für die klassischen B2C-Anbieter durch P2P-Plattformen aber sehr begrenzt und auch vernachlässigbar, sodass in Politik und Öffentlichkeit kaum eine Diskussion über diese Angebote entstand. Die Konkurrenz für gewerbliche Anbieter wie Bahn und Taxis sowie Hotels und Pensionen durch Mitfahr- bzw. Mitwohnzentralen war begrenzt. Erst durch die Digitalisierung und die damit einhergehenden technischen Möglichkeiten ist das rasante Wachstum der Share Economy, also des Teilens von Ressourcen im P2P-Bereich, ausgelöst worden.

Zwei Gründe sind für den (wachsenden) Erfolg der Share Economy im Wesentlichen maßgeblich: Erstens reduziert das Internet die Suchkosten in ganz erheblicher Weise, das Matching von Anbietern und Nachfragern auch für kleine Transaktionen (wie eine kurze Stadtfahrt oder eine Übernachtung) wird durch Onlineplattformen wesentlich einfacher. Und zweitens reduzieren die Plattformen das Problem fehlenden Vertrauens zwischen ehemals weitgehend anonymen Anbietern und Nachfragern. In der Vergangenheit war es aufgrund zahlreicher Informationsprobleme riskant, die eigene Wohnung Fremden zu

---

[2] Schreiner und Kenning 2018, 357 führen – unter Verweis auf Belk und Llamas 2012 – sogar nomadische Jäger und Sammler als frühe Formen der Share Economy an, auch wenn es wohl eher um einen nicht preisgesteuerten Tausch im Sinne von Malinowski 1922/1953 oder Mauss 1925/2011 ging (dazu auch Sahlins 1965, 1972/2011; North 1977, sowie Haucap 2017) als um das Teilen freier Kapazitäten bei Investitionsgütern.

[3] Zur Historie des Maschinenrings auch Geiersberger 1974.

überlassen oder diese im Auto mitzunehmen bzw. bei diesen mitzufahren (etwa beim Trampen), so dass zahlreiche Transaktionen einfach unterblieben. Über Bewertungs- und Reputationsmechanismen kann die Anonymität des Marktes heute jedoch überwunden werden (etwa Tadelis 2016). Vertrauen wird durch Reputationsmechanismen induziert. Nicht zufällig ist etwa bei Uber oder Airbnb wie schon bei Ebay das gegenseitige Bewerten nach einer Transaktion ein zentraler Punkt für das Funktionieren der Plattformen (Horton und Zeckhauser 2016; Bolton et al. 2013; Einav et al. 2016; Haucap 2015, 92).

Durch das vermehrte Angebot von Übernachtungsmöglichkeiten, Fahrdienstleistungen und anderen Dingen durch echte und vermeintliche Privatpersonen ergeben sich jedoch auch eine ganze Reihe von gesellschaftlich wichtigen Fragen: Werden etwa soziale Standards und gesetzliche Regulierungen durch vermeintliche Privatleute umgangen und wird so ein unfairer Wettbewerb zwischen gewerblichen und privaten Anbietern ausgelöst? Werden also etwa im Taxi- oder im Übernachtungsgewerbe gewerbliche Anbieter künstlich benachteiligt? Anders ausgedrückt: Haben private Anbieter nur deshalb einen Wettbewerbsvorteil gegenüber gewerblichen Anbietern, weil sich erstere nicht an Regeln (Steuern, Regulierung etc.) halten? Ist etwa der gesamte Wettbewerbsvorteil der Anbieter in der Share Economy rein künstlich, weil diese Gesetze nicht einhalten (so etwa Rebler 2014)? Hebelt somit die Umgehung bestehender Regulierungen durch neue Anbieter eigentlich sinnvolle Regelungen aus und entstehen so Nachteile für dann rechtlich weniger geschützte Marktteilnehmer wie etwa Auftragnehmer sowie Verbraucher? Sind neue Besteuerungsverfahren nötig, wenn davon auszugehen ist, dass viele Transaktionen von privaten Personen in der sogenannte Share Economy in der Regel nicht oder nur teilweise versteuert werden? Und was bedeuten die neuen Angebote für Verbraucher? (Edelman und Geradin 2016; Dittmann 2016; Codagnone und Martens 2016; Haucap 2015, 92).

Angesichts dieser Fragen ist eine erste Reaktion vieler Politiker auf die neue digitale Konkurrenz in Europa – auch im Interesse der etablierten Anbieter, die sich nur ungern diesem neuen Wettbewerb stellen – abwehrend: Uber und Airbnb ganz verbieten, so manch drastischer Vorschlag. Diese Maßnahmen würden jedoch das Kind mit dem Bade ausschütten. Sie würden die potenziellen Probleme nicht in verhältnismäßiger Weise lösen, sondern zugleich viele volkswirtschaftlich sinnvolle Transaktionen unterbinden. Denn prinzipiell können sich durch ein gemeinsames Nutzen von Ressourcen auch im privaten Bereich sowohl ökonomische als auch ökologische Vorteile ergeben, auch wenn letzteres nicht eindeutig ist, da es – ähnlich wie in den Bereichen Energie und Verkehr – auch Rebound-Effekte geben dürfte.

Im Ergebnis betont dieser Beitrag jedoch die Chancen der Share Economy, gerade für Verbraucher, und plädiert daher für eine Regulierung mit Augenmaß. Einerseits gilt es bestehende Regulierungen – etwa die des Personenbeförderungsgesetzes – ob ihrer Sinnhaftigkeit angesichts des technischen Fortschritts zu überprüfen. Andererseits gilt es, Wettbewerbsverzerrungen zwischen privaten und kommerziellen Anbietern möglichst in Grenzen zu halten. Sinn der Share Economy kann es selbstredend nicht sein, durch Umgehung von sinnvollen Regulierungen und Steuervorschriften Wettbewerbsvorteile zu erlangen. Um Bürokratiekosten gering zu halten und Lösungen praktikabel zu gestalten, plädieren wir zum einen für die Nutzung von Schwellenwerten, ab welchen Anbieter im Sinne einer widerlegbaren Vermutung als gewerblich gelten sollten und dementsprechende Regeln zu befolgen haben. Anbieter unterhalb dieser Grenzwerte (‚Gelegenheitsanbieter‘) sollten hingegen als privat gelten und weniger strikt reguliert werden. Zudem könnten an die Schwellenwerte ebenfalls Meldepflichten der Plattformen gegenüber Behörden geknüpft werden. Zum anderen plädieren wir auch für eine regelmäßige, evidenzbasierte Überprüfung des Rechtsrahmens für gewerbliche Anbieter, um technologischen Entwicklungen gerecht zu werden.

2 Ökonomische Grundlagen der Share Economy

Dem Geschäftsmodell von Unternehmen der Share Economy unterliegt zentral das Prinzip des Teilens von Ressourcen. Charakteristisch für die Ökonomie des Teilens sind zum einen der Verzicht auf Eigentum zugunsten des Erwerbs von Nutzungsrechten auf Seite der Verbraucher (etwa Benkler 2004; Belk 2007, 2010; Bardhi und Eckhardt 2012) sowie die Vermittlung der entsprechenden Ressource über Onlineplattformen (Eichhorst und Spermann 2015, 3; Schwalbe 2014, 13). Die Kernidee ist dabei stets, dass viele Ressourcen (wie etwa PKWs oder Wohnungen) einen beträchtlichen Teil der Zeit ungenutzt bleiben. Über intelligente Onlineplattformen sollen diese ungenutzten Ressourcen an eine bestehende Nachfrage vermittelt werden, so dass deren Auslastung verbessert wird. Aus volkswirtschaftlicher Sicht können so erhebliche Effizienzpotenziale gehoben werden, da weniger Verschwendung stattfindet, Fixkosten eingespart und Skalenerträge realisiert werden. Wesentliches Merkmal der Share Economy ist dabei, dass die agierenden Unternehmen die nachgefragten Dienstleistungen nicht mehr selbst produzieren, sondern diese lediglich über Onlineplattformen vermitteln, d. h. sie konzentrieren sich nur auf einen Teil der Wertschöpfung.

2.1 Ursprung der Share Economy

Dass durch das Teilen von Ressourcen Effizienzpotenziale gehoben werden können, ist in der Ökonomie lange bekannt. So lässt sich das Teilen von Ressourcen insbesondere zwischen Unternehmen schon seit Langem beobachten. In der Landwirtschaft schließen sich beispielsweise regelmäßig landwirtschaftliche Betriebe zu sogenannten ‚Maschinenringen‘ zusammen, um Land- und Forstmaschinen gemeinsam zu nutzen und Arbeitskräfte bei vorliegenden Überkapazitäten zu vermitteln (siehe Hesse in diesem Band, 21). Ein weiteres Beispiel für das Teilen von Ressourcen stellen Lesezirkel für Arztpraxen oder Friseursalons dar. Hierbei handelt es sich um eine Art Abonnement, bei dem Zeitschriften nicht gekauft, sondern für einen gewissen Zeitraum für wartende Patienten und Kunden ausgeliehen oder gemietet werden (Deppe 2008). Auch in anderen Wirtschaftsbereichen finden sich Formen des Teilens von Ressourcen, wie etwa die gemeinsame Nutzung von Infrastrukturen oder Frequenzspektren in der Telekommunikation oder das gemeinsame Betreiben von Kraftwerken im Energiesektor. Ein modernes Beispiel ist das Cloud-Computing, d. h. die gemeinsame Nutzung von IT-Kapazitäten (Bräuninger et al. 2012). Durch das Einsparen von Fixkosten auf Seite der Unternehmen und der besseren Auslastung von Ressourcen werden hierdurch Effizienzpotenziale generiert.

Aber nicht nur zwischen Unternehmen im B2B-Bereich, sondern auch bei Privatpersonen ist das Teilen von Ressourcen prinzipiell nicht neu. Im B2C-Bereich etwa wären Videotheken und Fitnessstudios zu nennen, und auch Hotels und Autovermietungen basieren auf dieser Idee. Weil die Anschaffung der Ressourcen individuell im Verhältnis zur Nutzung zu kostspielig ist, entstehen Anbieter, die das Teilen der Ressourcen organisieren. Und selbst im P2P-Bereich, der aktuell besonders im Fokus der gesellschaftlichen Debatten steht, folgen Mitfahrzentralen, Wohngemeinschaften oder auch Mitwohnzentralen schon lange der Idee, Ressourcen und Fixkosten zu teilen.

Insbesondere private Initiativen, die auf das direkte (selbstlose) Teilen zwischen Privatleuten abzielen, wie beispielsweise das Ausleihen von Werkzeug oder Heimwerkermaschinen (frents.com), der Tausch oder der Verkauf von gebrauchter Kleidung (kleiderkreisel.de) oder die Vermittlung von übriggebliebenen Lebensmitteln (foodsharing.de), werden nicht selten als Ursprung der jetzigen Share Economy angesehen (etwa Codagnone und Martens 2016; Scholl et al. 2015). Eigentlich hat der Verkauf oder auch die unentgeltliche Weitergabe gebrauchter Kleidung oder das Überlassen von Essensresten kaum etwas mit dem Teilen oder der gemeinsamen Nutzung von Ressourcen zu tun. Die Plattformen, mit deren Hilfe der jeweilige Austausch organisiert wird, ersetzen konventionelle Vermittlungstechniken wie etwa schwarze Bretter, Kleiderkammern oder auch Kleinanzeigen. Die Initiatoren bzw. Organisatoren der Plattformen arbeiten in der Regel nicht vorrangig gewinnorientiert, sondern handeln vielmehr aus idealistischen oder auch aus ehrenamtlichen Motiven heraus. Die Nutzung der Plattformen ist teilweise unentgeltlich, teilweise sind geringe Gebühren oder Nutzungsbeiträge zu entrichten (Wedde und Wedde 2015, 1 f.).

2.2 Kommerzialisierung der Share Economy

Die vorstehend beschriebenen Formen des Teilens haben jedoch ansonsten wenig mit den professionellen Vermittlungsplattformen zu tun, die sich im Zuge des rasanten Wachstums der Share Economy entwickelt und sich als tatsächliche Konkurrenz zu traditionellen Gewerben wie dem Taxi- oder dem Übernachtungsgewerbe etabliert haben. Diese professionellen Vermittlungsplattformen haben sich zunehmend kommerzialisiert. Die Vermittlung erfolgt nicht mehr in erster Linie aus idealistischen Motiven, sondern mit klaren Gewinnabsichten der Plattformbetreiber (Wedde und Wedde 2015, 2). Hinter den Plattformen stehen nicht selten weltweit agierende Unternehmen. Gewinne werden erzielt, weil die Plattformbetreiber von ihren Nutzern Gebühren oder eine Provision verlangen.

2.3 Wachstum der Share Economy

Das Teilen von Ressourcen ist zwar wie gesagt nicht neu, jedoch war die Konkurrenz durch Mitfahr- und Mitwohnzentralen vor dem Aufkommen professioneller Online-Vermittlungen für die Bahn und Taxis oder Hotels und Pensionen überschaubar (Demary 2015b). Erst durch die Digitalisierung und die damit einhergehenden technischen Möglichkeiten ist das rasante Wachstum der Share Economy ausgelöst worden (hierzu auch Stephany 2015; Demary 2015a, 96; Yaraghi und Ravi 2017 oder Eichhorst und Spermann 2015). Hierfür sind insbesondere zwei Gründe maßgeblich. So ist es durch die Digitalisierung und der damit einhergehenden technischen Möglichkeiten gelungen, zwei in der Ökonomie wohlbekannte Probleme zu überwinden, die in der Vergangenheit häufig für das Scheitern von privaten Transaktion ursächlich waren (Haucap 2015, 92): Erstens handelt es sich um die Senkung von Suchkosten und zweitens um die Reduktion von Vertrauensproblemen.

Das Internet mit seinen fast unbegrenzten Möglichkeiten Informationen zu erhalten, reduziert Suchkosten in ganz erheblicher Weise (bereits Bakos 1997). Durch Onlineplattformen wird das Matching von Anbietern und Nachfragern wesentlich einfacher, insbesondere auch für kleine Transaktionen wie eine kurze Stadtfahrt oder eine Übernachtung (z. B. Benjaafar et al. 2015).

Die Vermittlungsplattformen reduzieren das Problem fehlenden Vertrauens zwischen ehemals weitgehend anonymen Anbietern und Nachfragern ganz erheblich. Fehlendes Vertrauen zwischen anonymen Anbietern und Nachfragern kann ursächlich dafür sein, dass Transaktionen erst gar nicht zustande kommen. So war es in der Vergangenheit aufgrund zahlreicher Informationsprobleme riskant, die eigene Wohnung Fremden zu überlassen oder diese im Auto mitzunehmen bzw. bei diesen mitzufahren, so dass zahlreiche Transaktionen einfach unterblieben. Dieses Informations- bzw. Vertrauensproblem wird durch die Plattformen gemindert. Über Bewertungs- und Reputationsmechanismen kann die Anonymität des Marktes nahezu überwunden werden. Bewertungsmechanismen professioneller Vermittlungsplattformen leisten einen großen Beitrag, die Anonymität zwischen Anbietern und Nachfragern zu überwinden. Reputationsmechanismen sorgen dafür, dass Vertrauen geschaffen wird. Nicht zufällig ist bei Uber und Airbnb wie schon bei Ebay das gegenseitige Bewerten nach einer Transaktion ein zentraler Punkt für das Funktionieren und den Erfolg der Plattform (Horton und Zeckhauser 2016; Bolton et al. 2013; Einav et al. 2016; Haucap, 2015, 92 sowie Schwalbe 2014, 13). Natürlich sind auch die Bewertungsmechanismen keineswegs perfekt (Tadelis 2016), jedoch sind sie mindestens so gut, dass Nutzer der Plattformen in zunehmenden Maße – denn die Plattformen wachsen durchaus schnell – den Mechanismen vertrauen.

Hinzu kommt, dass über etwaige Missstände der bekannten Plattformen oder Fehlverhalten medial regelmäßig berichtet wird. Während etwa über Fehlverhalten von Uber-Fahrern in Indien, Südafrika oder den USA selbst in deutschen Medien regelmäßig berichtet wird, gibt es eine solche Berichterstattung in deutschen Medien so gut wie gar nicht, wenn es zu Fehlverhalten von Taxifahrern in denselben Ländern kommt. Dasselbe gilt für die Medienaufmerksamkeit gegenüber Airbnb-Gastgebern und -Gästen, bei denen Fehlverhalten schnell medial aufgegriffen wird, während dies bei traditionellen Ferienwohnungen kaum der Fall ist. Durch die Größe der Plattform ist eine mediale Berichterstattung über Probleme deutlich interessanter, sodass auch die Kontrolle der Plattformen durch die Medien ungleich viel intensiver ist als bei traditionellen, oftmals sehr kleinen Anbietern, deren Fehlverhalten nicht berichtenswert ist. Der (globale) Markenname von Airbnb und Uber etwa führt zu einer stärkeren Medienaufmerksamkeit und somit auch zu einer intensiveren ‚Qualitätskontrolle' durch die Öffentlichkeit als dies bei kleinen, lokalen Anbietern der Fall ist.

Onlineplattformen führen somit dazu, dass erstens die Suchkosten reduziert werden und das Matching von Anbietern und Nachfragern erheblich vereinfacht wird und zweitens die Problematik fehlenden Vertrauens deutlich abgemildert werden kann. Daher werden private Transaktionen realisiert, die in der Vergangenheit an eben diesen Transaktionskosten gescheitert sind (Haucap 2015, 92; Allen und Berg 2014; Codagnone und Martens 2016; Demary 2015a, 96).

2.4 Hebung von Effizienzpotenzialen

Die Kernidee der Share Economy im engeren Sinne besteht darin, vorhandene aber ungenutzte Ressourcen (typischerweise langlebige Verbrauchsgüter wie PKWs oder Wohnungen) an eine bestehende Nachfrage zu vermitteln und so deren Auslastung zu verbessern. Aus volkswirtschaftlicher Sicht können so erhebliche Effizienzpotenziale gehoben werden (etwa Santi et al. 2014), da zum einen weniger Verschwendung stattfindet. Außerdem sind zum Aufbau der Plattform sowie für das Marketing im Wesentlichen Anfangsinvestitionen erforderlich, die Grenzkosten eines zusätzlichen Nutzers sind jedoch nahezu Null. Hierdurch wird die Realisierung von Skalenerträgen und ein hohes Wachstum ermöglicht, je stärker sich das Geschäftsmodell (weltweit) etabliert (Eichhorst und Spermann 2015, 5). Durch eine bessere Nutzung von Ressourcen können darüber hinaus auch ökologische Vorteile realisiert werden. Dies lässt sich am Beispiel von Ride-Sharing illustrieren. Je günstiger das Ride-Sharing ist, desto weniger lohnt die Anschaffung eines eigenen PKW, zumindest bei Zweitwagen. Auf Seiten der Verbraucher können hierdurch (nicht unerhebliche) Fixkosten eingespart werden, die mit der Anschaffung von Autos verbunden sind.[4]

3 Prominente Beispiele der Share Economy

Sharing-Modelle gibt es mittlerweile in sämtlichen Bereichen der Wirtschaft. Bei Autos, sowie bei Übernachtungen erfreuen sich die Angebote gerade auch im P2P-Bereich einer besonderen Popularität, da es sich bei Autos und Immobilien um relativ hochwertige Wirtschaftsgüter handelt, sodass die – noch immer vorhandenen – Transaktionskosten der Nutzung von Sharing-Plattformen in einem günstigen Verhältnis zu den erzielbaren Erlösen aus Sicht der Anbieter bzw. Einsparungen aus Sicht der Nachfrager stehen. Je geringwertiger die betreffenden Wirtschaftsgüter sind, desto weniger attraktiv und somit auch populär werden Sharing-Angebote. So haben etwa Sharing-Plattformen für Handwerkszeug oder Gartengeräte bisher lange nicht dieselbe Popularität wie Sharing-Angebote im Bereich Mobilität und Übernachtungen.

Tabelle 1 liefert einen Überblick über Plattformen, die in der Literatur – oft etwas undifferenziert und beliebig – der Share Economy zugeordnet werden (Ortmann 2013), wenngleich sie unserem Verständnis folgend nicht auf dem Teilen von physischen Ressourcen im P2P-Bereich beruhen und somit eigentlich nicht alle Sharing-Angebot im engere Sinne darstellen:

---

[4] Dies gilt natürlich auch für das Carsharing. Hier gibt es bereits Belege dafür, dass Carsharing-Modelle zu einer Reduktion das privaten Automobilbestandes führen (Cervero et al. 2007; Martin et al. 2010).

Transport	*Unterkunft*	*Güter*	*Dienst-leistungen*	*Finanzen*	*Medien*
Uber	Airbnb	Kleiderkreisel	Helpling	auxmoney	Spotify
Carsharing	Instant Offices	Patagonia	Book-a-Tiger	Cashare	Netflix
Nearly New Car	Housetrip	Kleiderkorb	TaskRabbit	Bondora	Amazon Prime
Shared Parking		Preloved	AlleNachbarn		Aldi Life
BlaBlaCar					

Tab. 1: Sharing-Modelle in verschiedenen Wirtschaftsbereichen
(Quellen: Eichhorst und Spermann 2015, 4; PwC 2015).

Eine noch ausführlichere Liste findet sich bei Scholl et al. (2015, Anhang). Im Folgenden werden wir uns jedoch in der Betrachtung auf die zum einen erfolgreichsten, zum anderen in der Öffentlichkeit am stärksten kontrovers diskutierten Modelle des Wohnungs-Sharing und des Ride-Sharing von privat zu privat (P2P) beschränken.

3.1 Wohnungs-Sharing

Die größte P2P-Vermittlungsplattform für Übernachtungsmöglichkeiten ist Airbnb, doch auch andere Plattformen wie etwa 9flats und Wimdu sind auf diesem Markt aktiv. Als Vorreiter von Airbnb, Wimdu, 9flats und Co. kann das sogenannte Couchsurfing gesehen werden: eine Vermittlungsplattform, die dazu dient, einen unentgeltlichen Schlafplatz auf Reisen zu finden oder selbst eine Unterkunft für Reisende anzubieten. Während beim Couchsurfing zentral der soziale Gedanke im Vordergrund steht, geht es bei Airbnb, Wimdu oder 9flats jedoch in erster Linie darum, als Privatanbieter Geld zu verdienen. Private Vermieter können über die Onlineplattform ihre Wohnung oder auch nur einen Teil der Wohnung (etwa ein Zimmer) kurzfristig vermieten, wobei die Plattformen den Kontakt zwischen Vermieter und Gast herstellen und für die Abwicklung der Buchung verantwortlich sind. Für die Qualität des Übernachtungsangebots haften die Plattformen selbst nicht, die Transaktionen werden über die Plattform lediglich vermittelt und abgewickelt. Die Plattformen arbeiten somit rechtlich gesehen nicht wie ein Reiseanbieter oder gar ein Hotel, sondern wie andere Agenturen und Plattformen, die Zimmer oder Ferienwohnungen vermitteln. Der fällige Betrag für die Übernachtung wird vom Gast elektronisch, etwa über eine Kreditkarte oder via PayPal o.ä. bezahlt. Für die Vermittlung berechnet etwa Airbnb den Gästen eine Gebühr von 5–15 Prozent des Übernachtungsbetrags, von Vermietern werden bis zu drei Prozent Provision erhoben (http://www.

airbnb.de/help/article/104.). Sowohl Vermieter als auch Gast stellen sich auf der Plattform mit einer Profilseite dar, dabei wird die Unterkunft textuell und regelmäßig auch mit Fotos beschrieben. Ein Bewertungsmechanismus erlaubt die gegenseitige Bewertung von Vermieter und Gast nach Beendigung der Vermietung.

3.2 Ride-Sharing

Unter den Ride-Sharing-Diensten ist Uber wohl eines der prominentesten als auch umstrittensten Beispiele der Share Economy, nicht zuletzt reflektiert in den diversen Gerichtsverfahren gegen Uber, die das Unternehmen in Deutschland und anderenorts immer wieder in die Medien brachten. Uber ist ein P2P-Online-Vermittlungsdienst für Fahrdienstleistungen. Über die Plattform können Fahrgäste an private Fahrer mit eigenem PKW vermittelt werden (UberPOP), aber auch an Mietwagen mit Fahrer (UberX und UberBLACK) oder an reguläre Taxis (UberTAXI).

Im Gegensatz zur klassischen Mitfahrzentrale, bei der es primär um die Vermittlung von Fahrten geht, bei denen Fahrerin bzw. Fahrer und Fahrgast in dieselbe Richtung wollen, unterliegen kommerzielle Ride-Sharing-Dienste wie Uber zentral dem Gedanken, eine (Zu-)Verdienstmöglichkeit für Fahrer zu schaffen. Dies hat zur Folge, dass nicht mehr nur Fahrten vermittelt werden, bei denen Fahrerin bzw. Fahrer und Fahrgast in dieselbe Richtung fahren wollen, sondern tatsächlich Fahrdienste dezidiert für die Gäste erbracht werden. Damit geht es bei Uber – anders als etwa bei Airbnb – nicht nur um die Nutzung ansonsten ungenutzter Ressourcen, sondern es werden dezidiert auch zusätzliche (Fahr-)Dienstleistungen angeboten. Bei UberPOP wird somit nicht nur das Auto einer Privatperson geteilt, sondern zusätzlich ein Fahrer mitgebucht. In der Realität dürfte es eher selten der Fall sein, dass ein Uber-Fahrer einen Uber-Fahrgast mitnimmt, weil dieser zufällig in dieselbe Richtung fahren will wie der Fahrer selbst (wie es etwa für klassische Mitfahrzentralen oder beim Trampen typisch ist). Vielmehr wird der Fahrer eher wie ein Taxi den Fahrgast ganz gezielt in die gewünschte Richtung bringen und nur deshalb ein Ziel ansteuern, um den Fahrgast dorthin zu transportieren. Auch wenn es bei Uber somit nicht um das Teilen ohnehin getätigter Transporte geht, dürfte es dennoch zu einer höheren Auslastung privater PKW führen, sodass Uber in diesem Sinne der Share Economy im engeren Sinne zuzurechnen ist, auch wenn die PKWs nicht getrennt von Fahrdienstleistungen geteilt werden.

Ein Dienst, der den Begriff Ride-Sharing in dieser Hinsicht eher verdient, ist CleverShuttle, das 2014 gegründet wurde und heute in diversen deutschen Großstädten operiert (http://clevershuttle.org/ueber-uns/). Im Jahr 2017 war CleverShuttle in Berlin, Leipzig, Hamburg und München aktiv, für 2018 ist eine Ausweitung des Angebots in Frankfurt, Dresden und Stuttgart geplant. Kunden werden bei CleverShuttle gemeinsam mit anderen Fahrgästen von professionellen Fahrern befördert, d. h. es findet ein echtes Ride-Sharing statt. Ein Algorithmus erkennt ähnliche Routen und bündelt sie zu einer Fahrt. Diese kostet laut CleverShuttle pro Person im etwa 40 Prozent weniger als ein Taxi (Maier 2017). Die Fahrer sind bei CleverShuttle angestellt, das rechtlich als Mietwagen mit Chauffeur agiert. Damit ist CleverShuttle keine P2P-Plattform, sondern ein klassischer B2C-Anbieter, ähnlich wie Anbieter von Limousinendiensten. Als Mietwagenbetrieb müssen die Fahrzeuge von CleverShuttle gemäß Personenbeförderungsgesetz nach jeder Fahrt zunächst zum Betriebssitz zurückkehren. Daher stehen die Fahrzeuge auf dem Betriebssitz, anstatt über die Stadt optimiert verteilt auf Kunden zu warten. Der Shuttle-Betrieb ist zudem nur per Sondergenehmigung möglich.

Zur Buchung von Fahrten muss bei Uber, CleverShuttle und anderen Ride-Sharing-Diensten die jeweilige App auf dem Smartphone installiert werden. Zudem müssen regelmäßig Kreditkartendaten hinterlegt werden. Die App erlaubt eine Vorabkalkulation des Fahrpreises, wobei der tatsächlich zu zahlende Preis je nach Anbieter auch vom aktuellen Verkehr, möglichen Staus oder anderen Faktoren wie beispielsweise dem Wetter abhängen kann. Nach Beendigung der Fahrt kann der Fahrgast bei Uber den Fahrer bewerten. Die Bezahlung des Fahrpreises erfolgt grundsätzlich elektronisch, wovon Uber im Falle von UberPOP 20–25 Prozent als Vermittlungsprovision einbehält.

Insbesondere das Geschäftsmodell von Uber als P2P-Plattform bereitet dem klassischen Taxi-Gewerbe Sorgen und hat in Deutschland zu massiver Gegenwehr des Taxigewerbes geführt, das unlauteren Wettbewerb befürchtet, da sich Uber nicht an die Regeln des Personenbeförderungsgesetzes (PBefG) halte. Besonders umstritten war der Mitfahrdienst UberPOP, bei dem private Fahrer mit eigenem PKW an Fahrgäste vermittelt werden und damit eine ähnliche Leistung anbieten wie klassische Taxis. Im Zuge der juristischen Verfahren gegen Uber in Deutschland und angesichts des Widerstands seitens der Behörden und der Taxibranche wurde UberPOP in Deutschland (vorerst) eingestellt. Auch gegen Dienste wie CleverShuttle hat die Taxibranche Bedenken, jedoch operiert der Dienst – so wie im Übrigen auch UberBLACK – legal als Mietwagenverkehr mit einer zeitlich befristeten Sondergenehmigung für innovative Fahrdienstleistungen.

4 Vorteile für Verbraucher

Insbesondere für Verbraucher sind die potenziellen Vorteile durch die neuen Angebote der Share Economy groß. Durch das Wachstum der Share Economy sind in vielen Bereichen der Wirtschaft neue Anbieter auf den Markt gedrängt, was zu einer Intensivierung des Wettbewerbs, einer größeren Angebotsauswahl, Innovationen und sinkenden Preisen geführt hat (Demary 2015b; OCU et al. 2016, 12). Im Folgenden wird gezeigt, welche potenziellen Vorteile für Verbraucher aus der Share Economy erwachsen können. Anschließend werden in Abschnitt 5 mögliche Risiken und Gefahren diskutiert, die für Verbraucher und andere Gesellschaftsgruppen einhergehen können.

4.1 Wohnungs-Sharing

Verbraucher profitieren bei Wohnungs-Sharing-Angeboten wie Airbnb, wimdu und 9flats zunächst insbesondere von geringeren Preisen im Vergleich zu Hotels, vor allem wenn sie sich in begehrten Innenstadtlagen befinden. So lag der Durchschnittspreis einer Airbnb-Unterkunft in Berlin mit 55 Euro pro Nacht im Jahr 2015 deutlich unter dem durchschnittlichen Preis für ein Hotelzimmer von 80 Euro pro Nacht (http://airbnbvsberlin.de).[5] Eine Auswertung der Airbnb-Unterkünfte in Berlin ergab außerdem, dass knapp 60 Prozent aller angebotenen Inserate weniger als 55 Euro kosten. Ein vergleichbares Ergebnis lässt sich auch für die deutschen Großstädte Hamburg, Köln und Frankfurt finden (http://airbnbvsberlin.de). Somit dürften vor allem die Bevölkerungsgruppen von geringeren Preisen profitieren, die weniger gut betucht sind. Hinzu kommt, dass man beim Mieten von Wohnungen im Gegensatz zum Hotelzimmer deutlich mehr Platz hat und in der Regel auch eine Küche nutzen kann. Hierdurch können prinzipiell weitere Kosten eingespart werden, da eine Selbstversorgung möglich ist. Oftmals fängt das schon beim Frühstück an, da das Frühstück bei vielen Hotels nicht im Übernachtungspreis enthalten ist. Darüber hinaus erwachsen sicherlich für viele Nutzer auch Vorteile in Bezug auf eine höhere Flexibilität. So muss man sich beispielsweise nicht an feste Frühstückszeiten halten. Wie stark diese Vorteile gegen diesbezügliche Vorteile eines Hotels wiegen, wie etwa ein Zimmerservice oder ein Frühstücksbuffet, kann individuell sehr unterschiedlich sein.

Vor dem Aufkommen von Plattformen wie Airbnb waren Hostels und Pensionen preisgünstige Alternativen zu Hotels, zudem in der Vergangenheit auch sogenannte Fremdenzimmer, die als Urform des Wohnungs-Sharings von privat zu privat gelten können. In Bezug auf die Verbrauchervorteile hat das Mieten privater Wohnungen im Vergleich zu Hostels und Pensionen jedoch den Vorteil einer deutlich größeren Privatsphäre und mehr Ruhe – vergleichbar mit einem Hotel. Zwar besteht in den meisten Hostels regelmäßig auch die Möglich-

---

[5] Eine Studie über die Motive von Nutzern von Übernachtungsvermittlungsportalen wie Airbnb zeigt darüber hinaus, dass der Hauptgrund der Nutzung darin liegt, Geld einzusparen. Diesen Grund gaben 48 Prozent der Befragten an (OCU et al. 2016, 25).

keit Einzelzimmer zu buchen, eine wirklich preisgünstige Alternative zum Hotel stellen jedoch meist die Mehrbettzimmer dar.

Bei Airbnb spielen Bewertungs- und Reputationsmechanismen eine große Rolle für das Funktionieren der Plattform. Vorteile für die Verbraucher erwachsen hierdurch, weil diese Mechanismen einen erheblichen Effekt auf die Transparenz haben und damit die Sicherheit der Nutzer erhöhen. Nicht nur Gäste haben die Möglichkeit die Unterkunft oder den Vermieter zu bewerten, sondern auch Vermieter können ihre Gäste bewerten. Dies schafft Vertrauen auf beiden Seiten – für die Vermieter, da angenehme Gäste leicht von unangenehmen Gästen unterschieden werden können, etwa solche, die Dreck hinterlassen, unachtsam mit dem Mobiliar umgehen oder laut sind, aber auch für Gäste, die über Bewertungsmechanismen genaue Informationen darüber erhalten, was sie bei der Buchung einer bestimmten Unterkunft erwarten können.

Für manche Nutzer spielen sicherlich auch soziale Aspekte beim Mieten einer privaten Unterkunft eine gewisse Rolle. Dies gilt insbesondere für den Fall, wenn lediglich einzelne Zimmer vermietet werden und dadurch die Möglichkeit besteht, die Vermieter kennenzulernen und sich über die Stadt, Freizeitaktivitäten oder Ausgehtipps auszutauschen. Aber auch bei der Vermietung ganzer Wohnungen können soziale Aspekte eine Rolle spielen, da das Wohnen in einer privaten Wohnung meist als persönlicher empfunden wird als in einem Hotel.[6]

Zusammenfassend bleibt festzuhalten, dass das Wohnungs-Sharing von privat zu privat den Verbrauchern klare Vorteile preislicher Natur bietet. Darüber hinaus dürften Verbraucher auch den Komfort privater (Ferien-)Wohnungen schätzen, anders lässt sich die Popularität von Plattformen wie Airbnb bei Verbrauchern kaum erklären.

4.2 Ride-Sharing

Der Taximarkt in Deutschland ist streng reguliert (Monopolkommission 2014; Wissenschaftlicher Beirat beim Bundesminister für Verkehr und digitale Infrastruktur 2017). Neben dem öffentlichen Personennahverkehr (ÖPNV) im engeren Sinne, der vornehmlich in Ballungszentren gut ausgebaut ist, ist Taxifahren[7] neben der Nutzung des eigenen PKWs oft die einzige Möglichkeit, sich schnell und komfortabel fortzubewegen.

Die strikte Regulierung des Taximarktes in Deutschland mit festen Preisen und einer quantitativen Beschränkung der Lizenzen in fast allen deutschen Kom-

---

[6] Evidenz für soziale Motive bei der Nutzung von Airbnb liefern OCU et al. 2015 sowie PwC 2015.

[7] Offiziell gehört auch das Taxi in Deutschland zum ÖPNV, von vielen Bürgern dürfte das Taxi jedoch kaum als Teil der Daseinsvorsorge wahrgenommen werden.

munen hat zur Folge, dass Taxifahren zum einen relativ teuer ist und für viele ein Luxus darstellt (wenn nicht der Arbeitgeber, die Krankenkasse oder sonst jemand anderes zahlt). Die Tarife unterliegen einer Festpreisregulierung, d. h. die Tarifhöhe wird behördlich festgesetzt und darf (zumindest im Pflichtfahrbereich) nicht nur nicht überschritten werden, sondern auch nicht unterboten werden, nicht einmal temporär etwa als ‚Happy Hour' in Zeiten schwacher Nachfrage oder durch günstigere Tarife für Studierende oder Rentner. Taxiunternehmen ist es aufgrund dessen nicht möglich, einen geringeren Tarif anzubieten als es die Preisregulierung vorsieht, selbst wenn dies aus wirtschaftlichen Gesichtspunkten möglich wäre. Darüber hinaus wird der Zugang zum Taximarkt – mit Ausnahme der Städte Hamburg und Berlin – durch eine quantitative Zugangsregulierung begrenzt. Dies bedeutet, dass nicht jeder, der ein Taxiunternehmen gründen will, dies auch ohne weiteres tun kann. Es bedarf hierfür einer Konzession, die nicht allein nach Qualifikation und Fähigkeit, sondern auch nach Taxidichte und anderen Faktoren erteilt wird oder auch nicht. Folge der quantitativen Zugangsbeschränkung ist eine teilweise resultierende Knappheit von Taxis, die sich durch zumindest temporär längere Wartezeiten manifestieren kann und in hohen Schwarz- oder Graumarktpreisen für Taxilizenzen resultiert. Die nicht selten hohen fünfstelligen Euro-Preise für eine Taxilizenz auf dem grauen Markt spiegeln die erwarteten Gewinne der Taxiunternehmen aus der Lizenz wider – Kosten, die letztlich die Verbraucher zahlen. Zusätzliche Elemente der Regulierung sind für die Fahrer eine verpflichtende Ortskundeprüfung, eine Obergrenze an Verkehrsverstößen (gemessen durch Punkte in der Flensburger Verkehrssünderdatei) und ein Gesundheitszeugnis.

Die strikte Regulierung ist nach Ansicht der allermeisten Experten in weiten Teilen nicht mehr zeitgerecht und zum Schaden der Verbraucher als auch der Taxifahrer, während etablierte Taxi-Unternehmen davon profitieren (hierzu Wissenschaftlicher Beirat beim Bundesminister für Verkehr und digitale Infrastruktur 2017; Monopolkommission 2014; Pape und Wein 2015). So ist etwa die verpflichtende Ortskundeprüfung in Zeiten mobiler Navigations-Apps wie Google Maps sicher überholt. Schädlicher für Verbraucher ist jedoch zum einen das Verbot, auch günstiger anzubieten, zum anderen die Beschränkung der Lizenzzahl. Die erheblichen Nachteile für Verbraucher können prinzipiell durch die neuen Mobilitätsangebote der Share Economy aufgebrochen werden und zu Nutzenzuwächsen auf Seite der Verbraucher führen. Durch den Markteintritt neuer Mobilitätsanbieter kommt es zunächst zu einer Intensivierung des Wettbewerbs im Bereich der Personenbeförderung, die eine Ausweitung des Angebots und geringere Preise erwarten lässt (OCU et al. 2016, 12). Insbesondere in Bezug auf den Preis können Verbraucher von diesen neuen Diensten profitieren.[8]

---

[8] In einer Studie über die Motive der Nutzer von neuen Mobilitätsangeboten wie Uber und Co. gaben 54 Prozent aller Befragten an, dass der Hauptgrund der Nutzung darin liegt, Geld

Eine Studie über die potenziellen Verbrauchervorteile durch die Digitalisierung auf Märkten für urbane Mobilität zeigt, dass Preiseinsparungen von bis zu 50 Prozent realisiert werden könnten (hierzu Haucap et al. 2017).[9] Haupttreiber für die Kosteneinsparung ist dabei nicht die Umgehung der Regulierung, sondern die bessere Auslastung der Fahrer und der Autos. Während z.B. Hamburger Taxifahrer im Durchschnitt nur 28 Prozent der Zeit mit Fahrgästen verbringen (somit in 72 Prozent der Zeit keine Fahrgäste haben), schafft Uber es in den meisten Städten aufgrund der eingesetzten Technologie und der flexiblen Preise die Auslastung auf über 50 Prozent zu steigern (hierzu Haucap et al. 2017). Ähnliche Zahlen haben Cramer und Krueger für verschiedene amerikanischer Städte ermittelt (Cramer und Krueger 2016).

Vorteile würden aus dem Ride-Sharing insbesondere für die Bevölkerungsgruppen erwachsen, die sich vor dem Markteintritt dieser günstigen Alternativen kein Taxi leisten konnten. Darüber hinaus kann durch ein vergrößertes Angebot an (günstigen) Fahrdienstleistungen die Mobilität in Randbezirken verbessert werden, in denen das öffentliche Transportwesen aufgrund eines hohen Kostenaufwandes nur schlecht ausgebaut ist. Eine Intensivierung des Wettbewerbs wirkt außerdem der durch die quantitative Zugangsregulierung teilweise resultierenden Knappheit von Taxis entgegen, die sich vor allem in (zumindest temporär) längeren Wartezeiten manifestiert (hierzu auch Santi et al. 2014).

Eine wichtige Bedeutung im Hinblick auf die Generierung von Verbrauchervorteilen nehmen die in die Apps integrierten Bewertungssysteme ein. Aus der Möglichkeit, Fahrer nach Beendigung einer Fahrt zu bewerten, resultiert ein starker Effekt auf die Transparenz des gesamten Gewerbes. Es ist davon auszugehen, dass Bewertungsmechanismen einen nicht unerheblichen Effekt auf die Reputation der Fahrer haben können und diese vor ganz neue Herausforderungen bzgl. des angebotenen Service stellt. Erhöhte Anreize zum Aufbau von Reputation wirken sich positiv auf den Qualitätswettbewerb aus und können insbesondere kleinen Unternehmen eine Möglichkeit bieten, in den Markt einzutreten, was wiederum das Angebot erhöht. Damit profitieren nicht nur die Fahrgäste, sondern auch diejenigen Fahrer, die guten Service anbieten und einen angenehmen Fahrstil haben. Qualitätsverbesserungen sind im Bereich der Sicherheit der Fahrer bzw. der Fahrzeuge zu erwarten, was sich insgesamt positiv auf die Verkehrssicherheit auswirkt. Aber auch im Hinblick auf banalere Aspekte wie Sauberkeit, Freundlichkeit oder Umwege fahrende Fahrer, die nun einfach identifiziert werden können, sind Qualitätsverbesserungen zu erwarten (Haucap et al. 2017). Eine gute Reputation kann darüber hinaus auf Seite der

---

zu sparen (OCU et al. 2016, 25). Dass die Preise beim Ride-Sharing regelmäßig deutlich unter den Taxi-Preisen liegen, belegen Yaraghi und Ravi 2017.

[9] Siehe auch www.businessinsider.com/uber-vs-taxi-pricing-by-city-2014-10.

Fahrer die Beschäftigungsstabilität und das Einkommen erhöhen (Eichhorst und Spermann 2015, 9).

Eine Nutzung der Apps ermöglicht außerdem eine Vorabkalkulation des Fahrpreises. Dadurch wird verhindert, dass Gäste einen überhöhten Fahrpreis bezahlen. Außerdem werden Vergleiche verschiedener Anbieter sehr schnell und einfach verfügbar, wodurch die Suchkosten sowie die Opportunitätskosten der Zeit erheblich reduziert werden. Dies wiederum führt zu geringeren Preisstreuungen und niedrigen Preisen. Grundsätzlich ist eine hinreichende Markttransparenz von entscheidender Bedeutung für einen funktionierenden Preiswettbewerb (Monopolkommission 2014; Haucap et al. 2017).

Die technologischen Neuerungen können insgesamt erheblich dazu beitragen, Informations- und Transaktionskosten zu reduzieren, aufgrund derer eine Vielzahl von Transaktionen früher unterblieben sind (auch Schwalbe 2014, 13). Insbesondere in Bezug auf eine erhöhte Sicherheit im Personenbeförderungswesen ist der Effekt der technischen Innovationen hervorzuheben. So wirkt die Fahrerbewertung disziplinierend auf Fahrer und schafft Anreize sich an Verkehrsregeln zu halten und Fahrgäste sicher an ihr Ziel zu bringen. Die nachträgliche Überprüfung des Streckenverlaufs setzt bei den Fahrern außerdem Anreize, keine unnötigen Umwege zu fahren, um den Fahrpreis künstlich in die Höhe zu treiben. Derartiges Verhalten könnte schnell durch eine entsprechend schlechte Bewertung kommuniziert werden (Haucap et al. 2017).

In Bezug auf die technologischen Neuerungen, die durch die Share Economy und deren Innovationsgeist erst möglich wurden, haben Verbraucher auch von einem gestiegenen Innovationsdruck der klassischen Gewerbe profitieren können, die traditionell eher wenig Sinn für Innovationen hatten. Ein Beispiel hierfür sind die Taxivermittlungs-Apps, die den in vielen Regionen Deutschlands monopolistisch bis oligopolistisch geprägten Taxivermittlungsmarkt und die teilweise marktbeherrschende Stellung vieler Taxizentralen aufgebrochen haben, weil sie den Taxifahrern (endlich) eine Möglichkeit bieten, der von den Zentralen veranschlagten (meist nicht unerheblichen) monatlichen Vermittlungsgebühr zu entgehen (Haucap et al. 2017).

Neben den bereits angesprochenen Vorteilen können Verbraucher darüber hinaus Nutzenzuwächse erwarten, die zunächst weniger offensichtlich sind. So führt eine Intensivierung des Wettbewerbs beispielsweise auch zu besseren Möglichkeiten der Produktdifferenzierung, wodurch sich langfristig verschiedene Preis-Qualitäts-Niveaus beim Angebot von Beförderungsleistungen herausbilden können, die durch die Bewertungsmechanismen schnell und effizient kommuniziert werden. Hierbei sind Aspekte wie umweltbewusstes Befördern denkbar aber auch banalere Dinge wie die Bereitstellung eines Internetzugangs oder einer Tageszeitung während der Fahrt. Verbraucher profitieren außerdem durch die globale Präsenz vieler Plattformen. Da ein und dieselbe App in Städten im In- und Ausland genutzt werden kann, werden sprachliche

Hürden leicht überwunden. Insbesondere für touristische und ortsunkundige Nutzer erwachsen weitere Vorteile in Bezug auf die Vermeidung überhöhter Fahrpreise (dazu Balofoutas et al. 2013) und die Verfolgung des Streckenverlaufs. Mit der Etablierung neuer Angebote im Personenbeförderungswesen können außerdem positive Effekte auf die Einnahmen für bestimmte Bevölkerungsgruppen einhergehen. So kann das Angebot von Fahrdiensten eine Möglichkeit der Einkommenserhöhung für Geringverdiener oder Studierende darstellen und damit einen positiven Effekt auf deren wirtschaftliche Unabhängigkeit entfalten (auch Peitz 2014, 7).[10]

In Bezug auf den urbanen Personennahverkehr wird außerdem schnell klar, dass sich mit den neuen Angeboten aus der Share Economy nicht nur Verbraucherwünsche besser erfüllen lassen, sondern zumindest potenziell auch ökologische Vorteile realisiert werden können (auch Heinrichs 2013, 2014). Je einfacher und günstiger es ist, sich fahren zu lassen statt selbst zu fahren, desto weniger ist es notwendig, selbst ein Auto zu besitzen. Während Taxifahren für viele ein Luxus ist, könnten günstigere Preise Leute dazu bewegen, das eigene Auto häufiger stehen zu lassen oder sogar ganz darauf zu verzichten (zumindest auf den Zweitwagen).[11] Inwieweit daraus positive oder negative Klimaeffekte resultieren, hängt jedoch von einer Vielzahl von Faktoren ab und kann nicht ohne weiteres pauschal beantwortet werden. Verhindert werden diese aus Verbrauchersicht sehr positiven Entwicklungen jedoch momentan durch die nicht mehr zeitgemäße Regulierung des Taximarktes in Deutschland (Monopolkommission 2014; Pape und Wein 2015). Wie bereits erwähnt, wurde der Fahrdienst UberPOP aufgrund der Gegenwehr von Politik und Taxigewerbe in Deutschland eingestellt. Für eine Beurteilung der potenziellen Verbrauchervorteile ist daher anzumerken, dass die heutige Regulierung des Taximarktes antiquiert ist und weder die Fahrgäste noch die Taxifahrer adäquat schützt, sondern einzig und allein dem Schutz der Taxiunternehmen dient. Dies zeigt sich beispielsweise deutlich an der Begrenzung der Lizenzen. In erster Linie schadet diese Begrenzung den Fahrern, die nicht einfach eine Fahrerlizenz bekommen können, selbst wenn ein erhöhter Bedarf an Fahrern besteht, aber auch den Fahrgästen, für die hierdurch das Angebot verknappt wird. Darüber hinaus benachteiligt die Festpreisregulierung die Verbraucher erheblich, da Taxiunternehmen nicht unter den Festpreisen anbieten können, selbst wenn es ihnen aus Kostengesichtspunkten möglich wäre.

Wie groß die Nutzenzuwächse auf Seite der Verbraucher durch neue Mobilitätsangebote wie Uber und Co. sein werden, hängt zum einen stark

---

[10] Laut einer Studie von PwC sehen auf Anbieterseite 31 Prozent der Befragten das zusätzliche Einkommen als größten Vorteil aus der Teilnahme an der Sharing Economy (PwC 2015).

[11] Evidenz dafür, dass auch ökologische Motive hinter der Teilnahme an der Sharing Economy stehen, liefern OCU et al. 2015.

davon ab, wie gut es neuen Anbietern gelingen wird, eine zum Taxigewerbe vergleichbare (oder bessere) Qualität zu günstigeren Preisen anzubieten. Zunächst wird jedoch entscheidend sein, wie die Politik auf den Markteintritt neuer Mobilitätsanbieter reagiert. Sollte es zu einer Reform der Regulierung oder einer Anpassung des Rechtsrahmens für den Taxi- und den Gelegenheitsverkehr kommen, sodass es dem Taxigewerbe künftig möglich sein wird, im Preiswettbewerb mit den neuen Anbietern zu konkurrieren, dann sind weitaus größere Wohlfahrtsgewinne zu erwarten. Denn in diesem Falle können selbst Fahrgäste von gesunkenen Preisen (bzw. einer höheren Qualität) profitieren, die diese alternativen Mobilitätsanbieter nicht nutzen wollen oder können, da sie beispielsweise kein Smartphone besitzen (Haucap et al. 2017).

5 Risiken der Share Economy

Die mit der Share Economy einhergehenden Verbrauchervorteile sind zunächst relativ eindeutig. Durch das vermehrte Teilen von Ressourcen ergeben sich jedoch auch eine ganze Reihe von gesellschaftlich wichtigen Fragen, die den potenziellen Vorteilen gegenübergestellt werden und in Bezug auf eine adäquate Lösung diskutiert werden müssen, damit die potenziellen Vorteile nicht durch negative Effekte untergraben werden.[12] Risiken für Verbraucher werden insbesondere gesehen, wenn die neuen Anbieter gesetzliche Regulierungen oder soziale Standards umgehen und Verbraucher hierdurch benachteiligt oder gar gefährdet werden (Loske 2014; Dittmann und Kuchinke 2015; Rogers 2014; Krause in diesem Band, 147). So besteht die Gefahr, dass durch derartige Verhaltensweisen sinnvolle Regelungen ausgehebelt und so Nachteile für dann rechtlich weniger geschützte Marktteilnehmer wie etwa Auftragnehmer sowie Verbraucher entstehen.[13]

5.1 Wohnungs-Sharing

In Bezug auf Wohnungsvermittlungsportale wie Airbnb werden drei Risiken diskutiert: Erstens ist dies die Frage, ob Portale wie Airbnb der sogenannten Zweckentfremdung von privatem Wohneigentum Vorschub leisten (etwa Schäfer

---

[12] Für eine skeptische und eher ablehnende Sicht der Modelle der Share Economy siehe etwa Dittmann und Kuchinke 2015 oder Peitz 2014, für eine eher optimistische Sicht siehe etwa Brühn und Götz 2014 sowie Einav et al. 2016.

[13] Im Zusammenhang mit den diskutierten Chancen und Risiken der Share Economy für die Gesellschaft haben sich in den letzten Jahren zwei extreme Lager herausgebildet. Die Befürworter erwarten teilweise eine sehr optimistische Entwicklung in Bezug auf Effizienz, Wohlstand und Nachhaltigkeit, wohingegen Kritiker vermehrt auf Monopolisierungstendenzen und soziale Gefahren hinweisen (OCU et al. 2016, 11).

und Braun 2016). Zweitens geht es um externe Effekte, die ggf. dadurch entstehen, dass sich Kurzzeitmieter weniger rücksichtsvoll gegenüber ihren Nachbarn verhalten als Langzeitmieter oder Eigentümer. Und drittens werden teils auch Verbraucherschutzfragen thematisiert wie etwa Sicherheitsstandards.

Die in der Öffentlichkeit am intensivsten erörterte Frage ist die, ob aufgrund von Airbnb und ähnlichen Plattformen Langzeitmieter durch Touristen verdrängt werden, denn Airbnb wird nicht ausschließlich von Personen genutzt, die gelegentlich ihre eigene Wohnung vermieten wollen und die somit dem Grundgedanken der Plattform – dem Teilen von nicht genutztem Wohnraum – entsprechen. Vielmehr bestehen – je nach Stadt und Wohnung – durchaus Anreize, bisherige Mietwohnungen in Ferienwohnungen umzuwandeln. Dadurch würden klassische Mieter ,verdrängt' und populäre Stadtteile drohten ihren Charakter zu verlieren. Die Rechnung ist aus Sicht der Eigentümer einfach: Wenn es gelingt, eine Wohnung hinreichend oft an Kurzzeitmieter wie etwa Touristen zu vermieten, kann ggf. mehr Geld verdient werden als mit Langzeitmietern. Hinweise auf eine solche gewerbliche Nutzung von Airbnb liefern neben Schäfer und Braun, auch eine Studie, die u. a. die Charakteristika von Vermietern bei Airbnb untersucht (http://airbnbvsberlin.de) sowie auch Schäfer und Braun (2016). Dabei wird die Anzahl an Wohnungen, die durch eine einzelne Person vermietet wird, als ein Indiz für eine gewerbliche Nutzung der Plattform gewertet. So ist stark anzunehmen, dass die Vermietung mehrerer Wohnungen durch eine Person allein aus Geschäftsinteresse erfolgt und es weniger um die Überlassung eigenen Wohnraums in Zeiten eigener Abwesenheit geht. Eine Auswertung für Berlin etwa ergab, dass im Jahr 2015 rund zehn Prozent aller Anbieter mehr als eine Wohnung zur Vermietung einstellten. Für Berlin konnten sogar Anbieter identifiziert werden, die über die Stadt verteilt über 40 Wohnungen bei Airbnb angeboten haben. Die kommerzielle Absicht ist in derartigen Fällen offensichtlich. Insgesamt wurden im Jahr 2015 29 Prozent der Airbnb-Wohnungen von Gastgebern angeboten, die mehr als eine Wohnung inserieren.[14] Schäfer und Braun (2016) liefern sehr ähnliche Zahlen. Abbildung 1 illustriert die Anteile der Wohnungen, die von Gastgebern mit mehr als einer Wohnung angeboten werden, am Gesamtangebot bei Airbnb für verschiedene deutsche Städte im Jahr 2015. Wie sich zeigt, wird allerdings die Mehrheit der Wohnungen in den meisten deutschen Städten von Gastgebern angeboten, die nur eine einzige Wohnung anbieten, sodass nicht unmittelbar ersichtlich ist, dass hier ein gewerbliches Angebot besteht.

---

[14] Weitere Indizien für eine kommerzielle Nutzung der Plattform liefern laut der Studie auch die Namen der Anbieter wie „Berlin Aspire", hinter denen sich mit großer Wahrscheinlichkeit keine Privatpersonen, sondern Unternehmen verbergen. Darüber hinaus gibt es Angebote, bei denen mehr als zehn Schlafplätze offeriert werden. Dies wird als Notwendigkeit interpretiert, eine möglichst starke Auslastung pro Fläche anzustreben und so höhere Gewinne zu erwirtschaften – ein weiterer Hinweis für das kommerzielle Interesse der Anbieter.

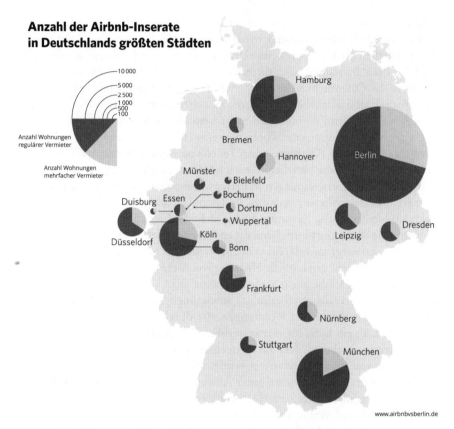

Abb. 1: Anzahl der Airbnb-Inserate in Deutschlands größten Städten
(Quelle: http://airbnbvsberlin.de).

Weiterhin zeigt die Studie, dass der Großteil der Airbnb-Wohnungen der Top-Nutzer in den touristisch attraktiven Szenebezirken liegt (so auch Schäfer und Braun 2016). Gerade in diesen Gegenden ist Wohnraum oftmals ohnehin schon begehrt. Es stellt sich somit die berechtigte Frage, ob Portale wie Airbnb dazu beitragen, den Wohnraum in diesen Bezirken weiter zu verknappen. Ökonomisch betrachtet könnte die Umwandlung von Mietwohnungen und Ferienwohnungen somit Externalitäten erzeugen, sofern der Charakter eines Stadtbezirks eine Art öffentliches Gut darstellt. Während jede einzelne Ferienwohnung den Charakter eines Bezirks nur marginal tangiert, ging ggf. bei einer ‚übermäßigen‘ Verdrängung von dauerhaften Bewohnern der Charme bestimmter Stadtteile verloren. In solchen Situationen kann eine gewisse Begrenzung der Anzahl von Ferienwohnungen in einem Bezirk auch ökonomisch gerechtfertigt werden. Kaum zu begründen wäre jedoch ein vollständiges Verbot, Feriengäste aufzunehmen, da nicht davon auszugehen ist, dass bereits durch wenige Touristen erhebliche Externalitäten verursacht werden. Sollte dies so sein, müssten in solchen Bezirken auch die Ansiedlung von Hotels und Pensionen untersagt werden, was typischerweise nicht der Fall ist.

Neben dem Argument, dass Stadtteile durch zu viele Ferienwohnungen ihren eigentlichen Charakter verlieren, werden auch externe Effekte auf Nachbarn befürchtet, weil Feriengäste sich ggf. systematisch weniger respektvoll verhalten und weniger Rücksicht auf Nachbarn nehmen als Dauermieter. Prinzipiell sind jedoch Feriengäste ebenso verpflichtet Regeln, etwa zur Nachtruhe, einzuhalten und Ruhestörungen zu vermeiden wie Dauermieter. Ebenso sind Feriengäste zur Einhaltung von Hausordnungen verpflichtet, für deren Einhaltung die Vermieter und Eigentümer Sorge zu tragen haben. Bei wiederholten Verstößen etwa durch Ruhestörungen sollte hier mit Ordnungsgeldern gearbeitet werden. Durch Vermittlungsplattformen wie Airbnb und deren Bewertungssysteme können Vermieter sich einen Eindruck über das Verhalten der Feriengäste in der Vergangenheit verschaffen, sodass eine sinnvolle Regelung darin bestünde, die Gastgeber für das Einhalten von Regeln durch ihre Gäste haftbar zu machen.

Drittens werden diverse Verbraucherschutzthemen diskutiert. So stellt sich bei der Vermietung der eigenen Wohnung insbesondere die Frage, ob Sicherheitsstandards umgangen werden und Verbraucher hierdurch prinzipiell höheren Sicherheitsrisiken ausgesetzt werden. Hotels müssen strikte Regeln einhalten was die Sicherheit der Hotelgäste etwa in Bezug auf Brandschutz oder Hygienevorgaben betrifft. Derartige Sicherheitsvorschriften müssen Vermieter bei Airbnb nicht einhalten, wodurch die berechtigte Frage im Raum steht, ob Verbraucher bei einer über Airbnb gebuchten Übernachtung ein erhöhtes Sicherheitsrisiko eingehen. Gleichwohl gelten auch bei über Plattformen vermittelte Wohnungen dieselben Standards wie für Wohnungen, die langfristig vermietet werden, oder für Wohnungen, die Gästen (etwa Freunden, Verwandten etc.) unentgeltlich oder zumindest nicht gewerblich überlassen werden. Die Sicherheitsrisiken scheinen daher eher weniger bedeutsam zu sein, zumindest stehen sie nicht im Zentrum der öffentlichen Debatte.

5.2 Ride-Sharing

Auch wenn Verbraucher durch den Markteintritt neuer Mobilitätsanbieter von vielen Vorteilen profitieren können, ist nicht völlig von der Hand zu weisen, dass sich aus den neuen Angeboten auch gewisse Risiken für Verbraucher ergeben können. Kritisch diskutiert werden im Hinblick auf die neuen Angebote im Bereich Mobilität insbesondere Sicherheitsrisiken, die mit den eingesetzten PKWs als auch mit den Fahrern zusammenhängen, etwa hinsichtlich deren gesundheitlichen Zustandes, Vorstrafen oder Punkten in der Verkehrssünderdatei. Zwar kann die Regulierung des Taximarktes in Deutschland als insgesamt zu

strikt und im Zeitalter der Digitalisierung als antiquiert angesehen werden
(schon Monopolkommission 2014). Dennoch kann ein gewisses Mindestmaß
an Regulierung, insbesondere im Hinblick auf verschiedene Sicherheitsaspekte,
durchaus sinnvoll sein, um ein hinreichendes Vertrauen in neue Mobilitätsangebote zu erzeugen.

Beim Angebot von Fahrdienstleistungen handelt es sich ökonomisch um
ein sogenanntes Erfahrungs- bzw. Vertrauensgut. Charakteristisch für derartige Güter ist, dass Nachfrager die Qualität des Produktes (z. B. die Verkehrssicherheit des PKWs, die Ortskenntnis oder die Ehrlichkeit des Fahrers) nur
schwer im Voraus einschätzen können. Der Anbieter hat auf diesen Märkten
typischerweise einen Informationsvorsprung gegenüber dem Nachfrager. Informationsasymmetrien sind umso größer, je seltener das Gut nachgefragt wird.[15]
Asymmetrische Informationsverteilungen können zu den in der Ökonomie
wohlbekannten Problemen der Negativauslese und des sogenannten Moral
hazards führen und damit Marktversagen begründen. So kann die mangelnde
Möglichkeit, die Qualität im Voraus einzuschätzen, darin resultieren, dass
die Nachfrager sich mit ihrer Zahlungsbereitschaft an der durchschnittlich zu
erwartenden Qualität orientieren. Für Anbieter lohnt es sich in diesem Falle ggf.
nicht mehr, hohe Qualitäten anzubieten, da die Nachfrager dies nicht erkennen
und somit auch nicht honorieren. Dies kann zur Folge haben, dass hierdurch
die Qualität eines Produktes solange sinkt, bis nur noch schlechte Qualität
gehandelt wird. In diesem Falle kann der Markt für gute Qualität zusammen-
brechen (Akerlof 1970). Bezogen auf den Taxi- und generell auf den Markt
für Mobilität kann dies bedeuten, dass bei einem vollständig deregulierten
Markt die Gefahr besteht, dass seriös kalkulierende Fahrer durch unseriöse
verdrängt werden, was sich wiederum negativ auf die Verkehrssicherheit und
andere Standards auswirkt. Ein regulatorischer Eingriff im Sinne einer Durchsetzung gewisser Mindestqualitätsstandards kann daher – zumindest zu Beginn
eines Liberalisierungsprozesses – durchaus hilfreich sein, um ein angemessenes
Sicherheitsniveau für die Fahrgäste und die Verkehrssicherheit insgesamt zu
gewährleisten und Vertrauen in neue Angebote zu schaffen.[16] Bemerkenswert
ist in diesem Kontext allerdings, dass die Verdrängung seriöser Taxifahrer durch
unseriöse Anbieter auch heute im regulierten Taxigewerbe faktisch Realität ist,

---

[15] Bezogen auf den Taximarkt ist dieses Problem somit insbesondere relevant, wenn ein Taxi
am Taxistand nachgefragt oder auf der Straße angehalten wird, weniger dagegen, wenn man
regelmäßig bei einem Taxiunternehmen bestellt.

[16] In Bezug auf die adäquaten Regeln muss jedoch zwischen verschiedenen Marktsegmenten
unterschieden werden. So ist das angesprochene Problem beispielsweise im Funktaximarkt
aufgrund von Wiederholungskäufen und der damit einhergehenden Möglichkeit einer besseren Qualitätsüberprüfung nicht derart gravierend. Informationsprobleme können hier durch
marktbasierte Lösungen adäquat reduziert werden, da hochwertige Taxiunternehmen stets ein
Eigeninteresse besitzen gute Qualität anzubieten und sich so Reputation aufzubauen (Monopolkommission 2014, Tz. 243 f.).

wie eine vom Berliner Senat beauftragte Studie im Jahr 2016 klar beschreibt: „Die übergroße Mehrheit der Berliner Taxis (ca. 77 Prozent) werden von irregulär arbeitenden Unternehmen betrieben. [...] Die wenigen noch regulär arbeitenden Taxibetriebe sind einem dramatischen Verdrängungswettbewerb ausgesetzt" (Linne+Krause 2016, 99). Die Verdrängung seriöser Anbieter durch unseriöse Unternehmen ist somit im heute regulierten Markt aufgrund fehlender Differenzierungsmöglichkeiten anscheinend gravierender als es in einem deregulierten Markt zu erwarten wäre.

Problematisch für Verbraucher wird die Nutzung neuer Mobilitätskonzepte dennoch, wenn Fahrer und Fahrzeuge nicht gewissen Sicherheitsstandards unterliegen und geprüft werden, dies für die Fahrgäste aber nicht transparent erkennbar ist. So ist etwa durchaus bekannt, dass das Portal mitfahrgelegenheit. de mittlerweile auch von privaten Fahrern aus kommerziellem Interesse genutzt wird und organisierte Fahrten mit Kleinbussen von Großstadt zu Großstadt angeboten werden. Weder Fahrer noch Fahrzeuge werden hier überprüft – ob die Fahrgäste dies wissen, dürfte bestenfalls unklar sein. Vergleicht man das Portal mitfahrgelegenheit.de mit dem Fahrdienstvermittler Uber, so zeigt sich, dass bei Uber sowohl Fahrer als auch Fahrzeuge gewissen Sicherheitsüberprüfungen durch die Plattform unterliegen. So müssen Fahrer etwa ein polizeiliches Führungszeugnis und ein Auszug aus der Verkehrssünderdatei vorweisen, die eingesetzten Fahrzeuges müssen bestimmte Sicherheitsstandards beispielsweise in Bezug auf das Alter des Fahrzeugs erfüllen, das zehn Jahre nicht überschreiten darf (Scherff 2014). Dass weniger sichere Angebote zulässig sind, weil die Anbieter (angeblich) kein Gewinninteresse verfolgen, während Angebote mit höheren Sicherheitsstandards untersagt werden, weil diese kommerziell sind, ist aus Verbrauchersicht zumindest unglücklich. Vor allem zeigt sich hier der regulatorische Reformbedarf aus Verbraucherschutzsicht.

Ein anderer Aspekt, der in der öffentlichen Diskussion immer wieder moniert wird, bezieht sich auf die Frage nach Versicherungspflichten. Für Verbraucher kann sich hieraus sicherlich ein Risiko ergeben, wenn versicherungsrechtliche Fragen nicht geklärt sind. Zum einen betrifft dies die Fahrer selbst, wenn die Versicherung im Schadensfall nicht haftet, weil es sich um einen Fahrdienst mit kommerziellem Hintergrund handelt und dies bei der Versicherung im Vorfeld hätte angegeben werden müssen. Zum anderen sind auch die Fahrgäste selbst versicherungsrechtlich nicht abgesichert, wenn derartige Fragen im Vorfeld nicht geklärt wurden. Auch diesbezüglich ist zu sagen, dass der Fahrdienstvermittler Uber etwa hierzu durchaus Vorschriften macht, um die eigene Reputation zu schützen. So muss angeblich ein Nachweis erbracht werden, ob die Versicherung Uber-Fahrten erlaubt und im Schadensfall haftet (Scherff 2014). Anders hingegen verhält es sich wiederum bei den traditionellen Mitfahrportalen, bei denen Fahrer derartige Nachweise in der Regel nicht erbringen müssen. Zwar steht auf der Internetseite von mitfahrgelegenheit.de, dass die Mitfahrer über die

Haftpflicht- / Sozialversicherung des Fahrers mitversichert sind (http://mitfahr gelegenheit.de/help/faqs/passenger/), jedoch ist unklar, ob dies tatsächlich so zutrifft. Insbesondere bei kommerziell organisierten Fahrten ist stark davon auszugehen, dass die Versicherung nicht greift. Einen Nachweis darüber, dass die Versicherung haftet, müssen die Fahrer jedenfalls nicht erbringen, wodurch dieser Aspekt nicht abschließend geklärt werden kann. Auch an diesem Punkt zeigt sich, dass die neuen Anbieter weitaus sicherer sind und gerade verbraucher-schutzrechtliche Fragen stärker adressieren als traditionelle Anbieter.

Das oben bereits angesprochene Problem, dass Fahrer absichtlich Umwege fahren, wird mittlerweile zumindest teilweise durch die Digitalisierung und die damit einhergehenden technischen Neuerungen weitgehend behoben. Der Fahrer hat zwar oft bessere Kenntnis über die Fahrstrecke und die Tarifstruktur, sodass der Kunde – ohne technische Hilfsmittel – nicht immer überprüfen kann, ob tatsächlich die kürzeste bzw. die günstigste Strecke gefahren wird. Für Fahrer kann damit ein latenter Anreiz bestehen, Umwege zu fahren, um die Einnahmen zu erhöhen, und für Fahrgäste war es in der Vergangenheit ohne Ortskenntnis schwierig, ehrliche von weniger ehrlichen Fahrern zu unterscheiden. In der Tat haben Feldexperimente ergeben, dass dieses Unwissen von Taxifahrern nicht selten ausgenutzt wurde (Balafoutas et al. 2013). Durch die Digitalisierung sind jedoch technologische Möglichkeiten entstanden, welche diese Risiken für Ver-braucher erheblich reduzieren und die Informationsasymmetrien abbauen. So erlauben etwa viele Apps eine Vorabkalkulation des Fahrpreises, eine nachträg-liche Streckenverfolgung sowie eine nachträgliche Bewertung des Fahrers, was Fahrer grundsätzlich in ihrem Verhalten disziplinieren sollte. Auch Google Maps erlaubt eine Nachverfolgung der Fahrstrecke, wodurch es für die Fahrgäste ein-facher wird zu kontrollieren, ob ein Fahrer Umwege fährt. Im Übrigen machen diese Apps eine detaillierte Ortskunde des Taxifahrers auch überflüssig. Sollten Fahrgäste dennoch die Ortskunde des Fahrers besonders schätzen, so könnten Fahrer auch bei einer Abschaffung einer verpflichtenden Ortskundeprüfung sich freiwillig einer Ortskundeprüfung unterziehen und dann mit einer solchen Auszeichnung um eben diese Kunden werben.

Gewisse Risiken sind in Bezug auf die neuen Mobilitätskonzepte trotz alledem nicht völlig in Abrede zu stellen, doch zeigt sich, dass diese Gefahren teilweise durch technische Neuerungen behoben werden können, teilweise jedoch auch von den Unternehmen im Wettbewerb selbst adressiert werden. Unklarheit über gewisse Sicherheitsstandards besteht, wie gezeigt wurde, vielmehr bei traditionelleren Konzepten wie mitfahrgelegenheit.de und weniger bei großen Plattformen wie Uber, auch weil diese viel stärker durch die mediale Öffentlich-keit beobachtet werden. Damit scheint ein pauschales Verbot, das letztlich vor allem den Verbrauchern schadet und den Taxifahrern selbst kaum hilft (wohl aber den traditionellen Taxiunternehmen), einmal mehr als denkbar schlechteste Antwort auf die Digitalisierung.

6 Ein Ordnungsrahmen für die Share Economy

Die in der Share Economy entstandenen Geschäftsmodelle stehen regelmäßig in Wettbewerb zu traditionellen Branchen, wie dem Taxi- oder dem Übernachtungsgewerbe. Die Tatsache, dass die neuen Unternehmen nicht selten Regelungslücken zum Angebot ihrer Leistung nutzen und branchenspezifische Vorschriften und Regulierungen häufig übergehen, kann dazu führen, dass sich deutlich unterschiedliche Wettbewerbsbedingungen zwischen neuen und konventionellen Anbietern ergeben, die zu Wettbewerbsnachteilen der alten Anbieter führen. Dies gilt insbesondere dann, wenn es sich eben nicht nur um eine gelegentliche Nutzung der Plattform handelt mit dem Ziel sich eine Nebeneinkunft zu verdienen, sondern tatsächlich kommerzielle Interessen im Vordergrund stehen. Für solche Anbieter müssen zum Schutz eines unverzerrten Wettbewerbs dieselben Vorschriften gelten, wie für Gewerbetreibenden der betroffenen Branche. Sinn und Zweck der Sharing-Modelle kann es selbstredend nicht sein, Steuerhinterziehung oder Schwarzarbeit zu erleichtern und / oder sinnvolle Vorschriften und Regulierungen zu umgehen. Dies bedeutet im Umkehrschluss zwar nicht, dass alle bestehenden Regulierungen sinnvoll sind und 1:1 auf die neuen Anbieter übertragen werden sollten oder müssen. Dennoch muss die Frage nach dem angemessenen Regulierungsrahmen für die Share Economy gestellt werden. Ziel muss dabei sein, Verbraucher sowie Arbeitnehmer angemessen zu schützen und gleichzeitig die Vorzüge eines unverzerrten Wettbewerbs zu entfalten. In diesem Zusammenhang ist zum einen zu prüfen, welche Regulierungen sinnvoll und zeitgemäß, d. h. im Zeitalter der Digitalisierung angemessen und auch für die Share Economy anzuwenden sind und welche Regulierungen reformiert und ganz abgeschafft werden sollten. So kann zumindest für manche der betroffenen Branchen gesagt werden, dass deren Regulierung im Zuge der Digitalisierung gerade nicht mehr angemessen und deshalb neu zu überdenken und an die neuen Gegebenheiten anzupassen ist. Ein prominentes Beispiel hierfür liefert die Regulierung des Taximarktes (hierzu Monopolkommission 2014).

So fasst auch die Monopolkommission (2015) in ihrem Sondergutachten zu wettbewerbspolitischen Herausforderungen auf digitalen Märkten ihre Analyse wie folgt zusammen:

> Aus Sicht der Monopolkommission ist es notwendig, im Einzelfall zu analysieren, ob vor dem Hintergrund der technologischen und wirtschaftlichen Entwicklungen die Regulierung der etablierten Geschäftsmodelle jeweils weiterhin notwendig ist und welcher Regulierung die neuen Geschäftsmodelle ggf. zu unterwerfen sind, um ein level playing field zu schaffen. (Monopolkommission 2015, Tz. 542)

Es müssen daher klare Regeln gefunden werden, ab wann Anbieter den in einer Branche geltenden Vorschriften und Regulierungen unterworfen werden sollten. So ist klar, dass zwischen Gelegenheitstätigkeit und gewerblicher Tätigkeit unterschieden werden muss. Beide Tätigkeiten können in Bezug auf Vorschriften und Regulierung nicht gleichermaßen behandelt werden. Findet tatsächlich nur ein gelegentlicher, gemeinschaftlicher Austausch zwischen privaten Individuen statt, so sollte die Frage nach der angemessenen Regulierung und auch bzgl. wichtiger Verbraucherschutzthemen unbürokratischer gehandhabt werden als wenn es sich um Angebote von professionellen Anbietern handelt. In diesem Fall sind Regulierung sowie die Einhaltung gesetzlicher Bestimmungen und Verbraucherschutzvorgaben von grundlegender Bedeutung, um faire Wettbewerbsbedingungen für alle Anbieter zu gewährleisten. Auch stellt sich für diesen Fall die Frage, inwieweit die Plattformen selbst und nicht nur die (professionellen) Anbieter verpflichtet werden sollten, dass Regulierungsvorschriften und Gesetze eingehalten und durchgesetzt werden (OCU et al. 2016).

Eine etwaige Verpflichtung für die Plattformen, die Einhaltung aller Rechtsvorschriften durch alle Marktteilnehmer durchzusetzen und dafür die Verantwortung zu tragen, dürfte viele Plattformen regelmäßig überfordern. So dürften etwa Informationen darüber, ob Anbieter ihre Einkünfte ordnungsgemäß versteuern, für die Plattformen kaum verfügbar sein. Als besser handhabbare Alternative könnten daher Meldepflichten für die Plattformen in Frage kommen. So könnten Plattformen verpflichtet werden, Informationen über Anbieter ab einer bestimmten Umsatzschwelle an Finanz- und andere Aufsichtsbehörden zu melden. Zwar könnten sich Anbieter einer solchen Meldung ‚entziehen‘, indem sie ihre Umsätze auf verschiedene Plattformen aufteilen. Solchem strategischen Verhalten sind jedoch insofern Grenzen gesetzt, als dass ein ‚Multihoming‘, also die parallele Betätigung auf mehreren Plattformen, nicht immer praktikabel ist und in jedem Fall zusätzliche Transaktionskosten induziert. Somit könnte durch eine an Umsatzschwellen geknüpfte Meldepflicht der Umgehung von Regulierungs- und Steuervorschriften bereits eine Grenze gesetzt werden. Verbunden werden sollte dies mit einer Kennzeichnung, ob ein Anbieter gewerblich oder privat tätig ist. Bei Ebay etwa werden Privatverkäufe und gewerbliche Verkäufer klar gekennzeichnet, sodass Käufer wissen, welche Rechte sie bei einem Kauf haben. Eine ähnliche Kennzeichnung wäre auch bei Airbnb und Uber und damit konkurrierenden Plattformen denkbar.

6.1 Regelungsoptionen

Die Digitalisierung und die damit einhergehenden technischen Möglichkeiten haben dazu geführt, dass die Regulierung vieler Branchen heute hinterfragt werden muss. Dies zeigt sich besonders eindrücklich am Beispiel des Taximarktes. Die momentane Regulierung der Taximärkte stammt zu größten Teilen aus den Zeiten vor der Digitalisierung. Die ökonomische Rechtfertigung für diese Regulierungen, insbesondere für die Festpreisregulierung (Tarifpflicht), die quantitative Begrenzung der Konzessionen sowie die Ortskundeprüfung, ist heute jedoch hinfällig (Monopolkommission 2014; Wissenschaftlicher Beirat beim Bundesminister für Verkehr und digitale Infrastruktur 2017). Konnten Fahrgäste in der Vergangenheit die Qualität von Taxifahrern im Voraus kaum einschätzen, geht dies heute über elektronische Bewertungssysteme und Reputationsmechanismen recht gut. Die Ortskundeprüfung scheint in Zeiten von Navigationssystemen hinfällig und auch die quantitative Beschränkung der Taxikonzessionen in den meisten deutschen Kommunen ist überholt (Monopolkommission 2015, Tz. 543). Wer viel Taxi fährt, der weiß, dass der Besitz eines Personenbeförderungsscheins nicht die Kenntnis des Weges garantiert, was in Zeiten von Google Maps und Navigationssystemen jedoch auch überflüssig ist. Auch Schwarzarbeit ist in der Branche seit Jahren ein bekanntes Problem. Ein Regelsystem mit solch gravierenden Defiziten erscheint nichts besonders schützenswert.

Diese kritische Betrachtung impliziert jedoch nicht, dass alle Regeln überflüssig sind und eine völlige Deregulierung des Marktes angestrebt werden sollte. Da es sich bei einer Taxifahrt um ein sogenanntes Vertrauens- bzw. Erfahrungsgut handelt (Abschnitt 4.1), kann ein regulatorischer Eingriff im Sinne einer Durchsetzung gewisser Qualitätsstandards durchaus sinnvoll sein (auch Schwalbe 2014, 14 f.). Dies betrifft insbesondere Aspekte wie die Sicherheit der eingesetzten PKWs als auch die der Fahrer. Auch über Versicherungspflichten sollte nachgedacht werden, sobald ein gewisses Ausmaß an Personenbeförderungen erreicht wird. Hieran schließt sich sogleich die zweite zu klärende Frage: Wie hoch ist dieses gewisse Ausmaß an Personenbeförderung, ab dem sich Anbieter denselben Regulierungsvorschriften unterziehen müssen, wie Taxifahrer? Wird eine einmalige Fahrt angeboten, beispielsweise rein aus Interesse an der neuen Geschäftsidee, dann ist es sicherlich nicht sinnvoll, dass im Vorfeld eine ausführliche Sicherheitsüberprüfung des eingesetzten PKWs durchgeführt werden muss. Hierfür sollten Standardüberprüfungen ausreichend sein, denen generell alle Autos unterzogen werden müssen, wie die zweijährige Überprüfung durch den TÜV.

Die Frage, ab wann Anbieter branchenüblichen Vorschriften und Gesetzen unterzogen werden sollten, stellt sich nicht nur für die neuen Mobilitätsangebote der Share Economy, sondern muss für alle Geschäftsmodelle beantwortet werden. So stellt sich bei Airbnb die Frage, ab welcher Vermietungshäufigkeit nicht mehr von einer gelegentlichen Vermietung ausgegangen werden kann, sondern vielmehr ein kommerzielles Interesse hinter der Vermietung einer Wohnung steckt. In diesem Fall müssen im Übernachtungsgewerbe bestimmte Sicherheits- und Hygienevorschriften sowie gewisse soziale Standards eingehalten werden, die von Hotels, Hostels oder Pensionen auch erfüllt werden. Wichtig ist hierbei, mit Augenmaß vorzugehen, um nicht etablierte Hotels auf Kosten der Verbraucher zu schützen.

6.2 Einführung von Schwellenwerten

Die Frage, ab wann Anbieter der Share Economy sinnvollen branchenüblichen Vorschriften und Gesetzen unterworfen werden müssen, sollte durch die Einführung von Schwellenwerten beantwortet werden, welche eine widerlegbare Vermutung einer gewerblichen Tätigkeit induzieren. Diese Schwellenwerte können umsatzbezogen sein; denkbar wären aber auch Schwellenwerte, die sich auf die Anzahl der angebotenen Fahrten, die Zahl der Arbeitstage oder -stunden oder die Anzahl der vermieteten Übernachtungen pro Monat oder Jahr beziehen. Sobald bestimmte Schwellenwerte überschritten werden, müssen sich Anbieter dann denselben Vorschriften und Regularien unterwerfen wie alle Gewerbetreibenden der betroffenen Branche, es sei denn, sie weisen nach, dass es sich trotz Erreichen des Schwellenwertes nicht um eine gewerbliche Tätigkeit handelt. Ähnliche schwellenwertbezogene Regelungen haben wir heute bereits, wenn zwischen Minijobs und sozialversicherungspflichtig Beschäftigten unterschieden wird. Auch bei der Umsatzsteuerpflicht wird mit jährlichen Schwellenwerten (von 17 500 Euro) gearbeitet. Ebenso sind im Kartellrecht und in anderen Rechtsbereichen De-Minimis-Klauseln bekannt, unterhalb derer viele Pflichten keine Anwendung finden. Das Arbeiten mit umsatzbezogenen Schwellenwerten könnte somit auch ein Vorbild für die Share Economy sein, denn die Digitalisierung bietet gerade durch kleinste Transaktionen und Umsätze erhebliche Chancen, die Nutzung von Ressourcen erheblich effizienter zu gestalten und damit auch Verbrauchervorteile zu generieren.

Ein Beispiel für eine derartige Regelung liefert die Stadt Amsterdam. In Amsterdam gibt es mittlerweile ein sogenanntes ‚Shared-City-Programm' mit Airbnb. Wohnungsinhabern ist es prinzipiell gestattet, ihre Wohnung für 60 Tage im Jahr für kurze Zeiträume privat zu vermieten, sofern der eigene Mietvertrag dies zulässt. Hierbei müssen jedoch gewisse Regeln eingehalten werden. So ist bei gemieteten Wohnungen eine Einverständniserklärung des Vermieters Voraussetzung für eine kurzfristige Vermietung der eigenen Wohnung. Airbnb behält von den Mietern eine Touristentaxe ein und führt diese an die Stadt ab. Außerdem werden verschärfte Kontrollen gegen ‚illegale' Ferienwohnungen durchgeführt (O. V. 2014). In Berlin gilt seit dem 1. 5. 2018 eine ähnliche 90-Tages-Regel, da das bis zum 30.4.2018 gültige fast vollständige Verbot der Kurzfristvermietung von Privatwohnungen offenbar verfassungsrechtlich als auch europarechtlich problematisch war, die Berliner Bezirksämter jedoch systematisch und mit großer Härte ein Gesetz durchsetzten, das gegen verfassungsrechtlich garantierte Eigentumsrechte von Wohnungseigentümern verstoßen hat.[17] Problematisch ist

---

[17] Dass gerade die Berliner Verwaltung ein gespanntes Verhältnis zu grundgesetzlich geschützten Eigentumsrechten hat, keine Probleme jedoch mit dem rigorosen Durchsetzen verfassungswidriger Gesetze, mag an der sozialistischen Prägung mancher Teile der Verwaltung liegen.

jedoch weiterhin der sehr restriktive Umgang mit Genehmigungen zur kurzfristigen Vermietung von Zweitwohnungen.

Insbesondere im Übernachtungsgewerbe könnte durch das Arbeiten mit Schwellenwerten auch gleichzeitig der bereits angesprochenen Gefahr der Zweckentfremdung entgegenwirkt werden, die daraus resultiert, dass Portale wie Airbnb immer stärker von gewerblichen Anbietern genutzt werden. Um dieses Problem zu adressieren, müssen sinnvolle Regelungen bzgl. einer zugelassenen Nutzung getroffen werden. Ein grundsätzliches Verbot für die Vermietung von privaten Wohnungen ist nicht angemessen, da hierdurch sinnvolles Teilen verhindert würde, selbst wenn keine ‚Zweckentfremdung' droht.[18] Die Festlegung von Schwellenwerten, ab derer die Vermietung von Wohnungen nicht mehr als Gelegenheits-Vermietung angesehen wird, schafft auch für dieses Problem eine sinnvolle Lösung. Darüber hinaus hat der Staat immer Möglichkeiten, die Konditionen, zu denen bestimmte Dienstleistungen erbracht werden, zu beeinflussen (Peitz 2014, 8; Loske 2014). So könnte das Problem, dass in einer Stadt oder einem bestimmten Stadtteil zu viele Wohnungen regelmäßig nur kurzzeitig und zu wenig Wohnungen dauerhaft vermietet werden etwa durch eine Übernachtungspauschale für Kurzzeitgäste behoben werden – diese würde anfallen, egal ob es sich um ein Hotel oder eine Airbnb-Vermietung handelt. Eine derartige Vorgehensweise würde eine marktkonforme Lösung zur Realisierung gesamtwirtschaftlicher Ziele darstellen. Ähnliches wäre bei der Personenbeförderung denkbar in Form einer Abgabe, die von allen gleichermaßen zu entrichten ist.

6.3 Schwarzarbeit und Steuerhinterziehung

Die Share Economy steht bei Kritikern teils auch in Verruf, Steuerhinterziehung und Schwarzarbeit zu erleichtern. Jedoch bietet die Digitalisierung und die damit einhergehenden technischen Möglichkeiten auch prinzipiell ein großes Potenzial, Probleme wie Schwarzarbeit und Steuerhinterziehung erheblich einzudämmen. Dies gilt insbesondere vor dem Hintergrund, dass es sich bei vielen Tätigkeiten der Share Economy um solche handelt, die schon lange kritische Bereiche in Bezug auf Schwarzarbeit und Steuerhinterziehung darstellen, wie das Taxi-, das Übernachtungs- oder das Reinigungsgewerbe. Im Gegensatz zur verbreiteten Barzahlung in diesen Bereichen vollziehen sich Transaktionen in der Share Economy oft bargeldlos und sind daher leichter nachzuvollziehen. Für eine effektive Bekämpfung von Schwarzarbeit und Steuerhinterziehung wäre die Einführung schwellenwertbezogener Meldepflichten für die Plattformen

---

[18] Dass ein grundsätzliches Verbot der Geschäftsmodelle der Share Economy sicherlich nicht im Sinne der Nutzer liegt, zeigen auch Studien, die u. a. auch die hohe Akzeptanz der Share Economy in der Gesellschaft und damit deren Potenzial für die Zukunft verdeutlichen, etwa OCU et al. 2015; PwC 2015.

zu empfehlen. Durch eine automatische Datenübertragung an die Finanz- und Aufsichtsbehörden, die durch die Digitalisierung prinzipiell möglich ist, könnten alle Leistungen ausnahmslos erfasst werden. Bei Uber, Airbnb und Co. werden ohnehin alle Fahrten elektronisch erfasst und abgerechnet. Die Unternehmen müssten jedoch verpflichtet werden, die Daten an die entsprechenden Behörden weiterzugeben.

Im Übrigen sind heute im real existierenden Taxigewerbe Schwarzarbeit und Steuerhinterziehung äußerst verbreitet (Linne+Krause 2016) – die Folge eines dramatischen Politikversagens. Die oben schon zitierte Studie des Berliner Taxigewerbes im Auftrag des Berliner Senats etwa kam zu folgenden Ergebnissen:

> Die übergroße Mehrheit der Berliner Taxis (ca. 77 Prozent) werden von irregulär arbeitenden Unternehmen betrieben. […] Die wenigen noch regulär arbeitenden Taxibetriebe sind einem dramatischen Verdrängungswettbewerb ausgesetzt, der in erster Linie um die Ressource „Fahrpersonal" ausgetragen wird. Zugang zu Fahrpersonal hat derjenige Unternehmer, der seinen Fahrern Zugriff auf Schwarzeinnahmen und – mit Hilfe unzutreffender Lohnnachweise – Zugriff auf staatliche Transferleistungen verschafft. […] Aus der u. a. personell bedingten unzulänglichen Aufsicht konnte sich flächendeckend ein Milieu entwickeln, das mittels Steuerhinterziehung und Sozialbetrug die öffentlichen Kassen in hohem Maße schädigt und eine beispiellose Wettbewerbsverzerrung hervorgebracht hat. (Linne+Krause 2016, 99 f.)

Die Vorstellung, im Taxigewerbe würden sozialversicherte Angestellte zu Mindestlöhnen oder höherer Entlohnung geregelter Arbeit nachgehen, muss ins Reich der romantischen Träumereien verbannt werden. Gleichwohl unterliegen selbst Ökonomen diesem Trugschluss, wenn sie etwa die Realität der Uber-Fahrer mit einem hypothetischen, vom Gesetzgeber erträumten Taxigewerbe vergleichen, das jedoch in der Realität nicht existiert. Diese Art der Analyse ist von Demsetz (1969) vor fast 50 Jahren als Nirwana-Ansatz gebrandmarkt worden. Was also läuft falsch auf dem Taxi-Markt?

Auf dem Markt für wenig qualifizierte Arbeitskräfte herrscht intensiver Wettbewerb. Neben der Gastronomie sowie Reinigungs- und Sicherheitsdiensten ist das Taxigewerbe ein wichtiger Arbeitgeber für wenig qualifizierte Arbeitnehmer mit ungewöhnlichen Berufswegen. Die künstliche Verknappung der Lizenzen führt nun dazu, dass viele Arbeitnehmer um wenige Jobs konkurrieren, da jede Taxi-Lizenz nur 24 Stunden am Tag im Einsatz sein kann und nicht mehr als ein Fahrer pro Taxi simultan benötig wird. Die Folge: Die potenziellen Fahrer konkurrieren sich im Lohn massiv nach unten. Durch den Mindestlohn ist dies vorerst scheinbar gestoppt, aber der Konkurrenzdruck bleibt. Die Folge dürfte sein, dass die Fahrer sich durchsetzen, die die wenigstens Skrupel haben, Regeln zu umgehen. Die Erfahrungen aus Berlin (Linne+Krause 2016) lassen andere Schlüsse jedenfalls als naiv erscheinen. Mit der Digitalisierung hat dies im Übrigen jedoch rein gar nichts zu tun – im Gegenteil: Die Digitalisierung bringt plötzlich Konkurrenz in das Geschäft der oft monopolistisch organisierten

Funkzentralen. Taxifahrer sind viel weniger von einer einzigen Funkzentrale abhängig, wenn sie auf MyTaxi, Uber etc. ausweichen können. Durch den Markteintritt von Uber Taxi, die aktuell etwa fünf Prozent Kommission verlangen, hat MyTaxi die Kommission von zuvor maximal zwölf Prozent auf sieben Prozent gesenkt. Der Wettbewerb wirkt also – und zwar zugunsten der Fahrer! Dass den ehemals monopolistischen Funkzentralen sowie den großen Taxiunternehmen, die oft an den Funkzentralen beteiligt sind, dies nicht gefällt, ist klar. Mit der Sorge um die Verbraucher haben die Proteste jedoch nichts zu tun.

Unabhängig von der Share Economy stellt sich jedoch zumindest mittelfristig die Frage, ob nicht selbständig Arbeitenden, die unterhalb bestimmter Einkommen bleiben, eine gesetzliche Sozialversicherungspflicht auferlegt werden sollte, um Wettbewerbsverzerrungen durch Scheinselbstständigkeiten zu vermeiden. Diese Frage mag zwar durch das Aufkommen von Plattformen wie etwa Helpling noch einmal an Bedeutung gewonnen haben, ist jedoch auch jenseits digitaler Plattformen bedeutsam und kein originäres Thema der Share Economy. Vielmehr gilt es hier für digital wie analog vermittelte Aufträge gleichsam eine Lösung zu finden.

7 Fazit

Unter dem Begriff der Share Economy werden oft sehr unterschiedliche Geschäftsmodelle zusammengefasst, bei denen das Teilen oder gemeinsame Nutzen von Ressourcen nicht immer Gegenstand der Plattform ist. Im vorliegenden Beitrag haben wir uns daher auf Geschäftsmodelle konzentriert, bei denen über Plattformen vermittelt private Ressourcen von privat zu privat geteilt werden. Dies betrifft vor allem das sogenannte Wohnungs-Sharing und das Ride-Sharing, bei denen die Kapazitätsauslastung privater Wohnungen und privater Autos gesteigert wird. Das Carsharing hingegen betrifft regelmäßig die gewerbliche Vermietung von Autos in Unternehmenseigentum an Privat- und Geschäftskunden und ist daher eher mit dem Modell einer klassischen Autovermietung vergleichbar, wenn auch neue Technologien genutzt werden, um Autos auch über sehr kurze Fristen zu vermieten. Ebenso geht es bei Plattformen wie Ebay und Amazon Marketplace, Helpling und vielen anderen nicht um das Teilen privater Ressourcen, sondern ‚lediglich‘ um die moderne Vermittlung von Gütern und Dienstleistungen. Das private Teilen von Ressourcen durch die Möglichkeiten der sogenannten Share Economy ist ökonomisch prinzipiell sehr sinnvoll. Durch eine auch von den betroffenen Branchen betriebene Lobbyarbeit unterstützte Politik wird das private Teilen in Deutschland jedoch erheblich erschwert, obgleich prinzipielle erhebliche Verbraucher- und Effizienzvorteile generiert werden können. Wir plädieren in diesem Beitrag für einen offeneren Regulierungsrahmen, der folgende Charakteristika aufweisen sollte:

Erstens erscheint die Verwendung von Schwellenwerten sinnvoll, um gewerbliche und private Anbieter zu unterscheiden. Solange bestimmte Grenzen der Tätigkeit nicht erreicht werden, sollte eine Tätigkeit als privat gelten, während bei Erreichen der Schwellenwerte Anbieter als gewerblich eingestuft werden, solange sie nicht das Gegenteil darlegen können. Für private Anbieter sollten weniger strikte Anforderungen gelten als für gewerbliche Anbieter.

Zweitens sollten Plattformen transparent machen, ob ein von ihnen vermittelte Anbieter privat oder gewerblich agiert, so wie etwa bei Ebay zwischen privaten und gewerblichen Verkäufen unterschieden wird, sodass Nutzer ihre entsprechenden Rechte ex ante erkennen können.

Drittens sollten der bisherige Regelungsrahmen für die betroffenen Branchen – wie etwa das Personenbeförderungsgesetz für das Taxi- und Mietwagengewerbe – regelmäßig, evidenzbasiert evaluiert und novelliert werden, um Deregulierungspotenziale zu erkennen.

Viertens ist eine Anzeigepflicht auch für private Personen zumindest ab einer gewissen Regelmäßigkeit der privaten Bereitstellung von Ressourcen (wie etwa der eigenen Wohnung) denkbar, um Behörden die Überprüfung und Rechtsdurchsetzung zu erleichtern.

Fünftens könnten die Plattformen mit Informationsübermittlungspflichten etwa an die Finanzbehörden belegt werden, um Steuerhinterziehung zu erschweren.

Ein solcher Rechtsrahmen ermöglicht das private Teilen von Ressourcen in begrenztem Umfang und kann zugleich den gravierendsten Bedenken der Kritiker, wie etwa der sogenannten Zweckentfremdung von Wohnraum, wirkungsvoll entgegenwirken.

Literaturverzeichnis

Akerlof, George A. (1970), "The Market for Lemons: Quality Uncertainty and the Market Mechanism", *Quarterly Journal of Economics* 3/84, 488–500.

Allen, Darcy / Berg, Chris (2014), *The Sharing Economy: How Over-regulation Could Destroy an Economic Revolution*, Melbourne.

Bakos, Yannis (1997), "Reducing Buyer Search Costs: Implications for Electronic Marketplaces", *Management Science* 12/43, 1676–1692.

Balafoutas, Loukas / Beck, Adrian / Kerschbamer, Rudolf / Sutter, Matthias (2013), "What Drives Taxi Drivers? A Field Experiment on Fraud in a Market for Credence Goods", *Review of Economic Studies* 3/80, 876–891.

Bardhi, Fleura / Eckhardt, Giana M. (2012), "Access-Based Consumption: The Case for Car Sharing", *Journal of Consumer Research* 4/39, 881–898.

Belk, Russell (2007), "Why Not Share Rather Than Own?", *Annals of the American Academy of Political and Social Science* 1/611, 126–140.

– (2010), "Sharing", *Journal of Consumer Research* 5/36, 715–734.

– (2014), "You are What You Can Access: Sharing and Collaborative Consumption Online", *Journal of Business Research* 8/67, 1595–1600.

–/ Llamas, Rosa (2012), "The Nature and Effects of Sharing in Consumer Behavior", in: David G. Mick/Simone Pettigrew/Cornelia Pechmann/Julie L. Ozanne (Hgg.), *Transformative Consumer Research for Personal and Collective Well-being*, New York, 625–646.

Benjafaar, Saif/Kong, Guangwen/Li, Xiang/Courcoubetis, Costas (2015), *Peer-to-Peer Product Sharing: Implications for Ownership, Usage and Social Welfare in the Sharing Economy*, SSRN Working Paper, Rochester.

Benkler, Yochai (2004), "Sharing Nicely: On Shareable Goods and the Emergence of Sharing as a Modality of Economic Production", *Yale Law Journal* 2/114, 273–358.

Bolton, Gary/Greiner, Ben/Ockenfels, Axel (2013), "Engineering Trust, Reciprocity in the Production of Reputation Information", *Management Science* 2/59, 265–285.

Botsman, Rachel/Rogers, Roo (2010), *What's Mine is Yours. How Collaborative Consumption is Changing the Way We Live*, New York.

Bräuninger, Michael/Haucap, Justus/Stepping, Katharina/Stühmeier, Torben (2012), „Cloud Computing als Instrument für effiziente IT-Lösungen: Betriebs- und volkswirtschaftliche Potenziale und Hemmnisse", *List Forum für Wirtschafts- und Finanzpolitik* 3–4/38, 172–202.

Brühn, Tim/Götz, Georg (2014), „Die Markteintritte von Uber und Airbnb: Wettbewerbsgefährdung oder Effizienzsteigerung?", *ifo Schnelldienst* 21/67, 3–6.

Cervero, Robert/Golub, Aaron/Nee, Brendan (2007), "City CarShare: Longer-term Travel-Demand and Car Ownership Impacts", *Transportation Research Record: Journal of Transportation Research Board* 1/1992, 70–80.

Codagnone, Christiano/Martens, Bertin (2016), *Scoping the Sharing Economy: Origins, Definitions, Impact and Regulatory Issues*, Institute for Prospective Technological Studies Digital Economy Working Paper 2016/01, JRC100369, Sevilla.

Cramer, Judd/Krueger, Alan B. (2016), "Disruptive Change in the Taxi Business: The Case of Uber", *American Economic Review* 5/106, 177–182.

Demary, Vera (2015a), „Mehr als das Teilen unter Freunden – Was die Sharing Economy ausmacht", *Wirtschaftsdienst* 2/95, 95–98.

– (2015b), *Competition in the Sharing Economy*, IW Policy Paper No. 19/2015, Köln.

Demsetz, Harold (1969), "Information and Efficiency: Another Viewpoint", *Journal of Law and Economics* 1/12, 1–22.

Deppe, Ralf (2008), *100 Jahre Verband Deutscher Lesezirkel: 1908 bis 2008*. Festschrift aus Anlass des 100-jährigen Jubiläums des Verbandes Deutscher Lesezirkel, Düsseldorf.

Dittmann, Heidi (2016), „Der Streitfall Uber: Eine ökonomische Analyse der Probleme und Lösungsansätze", *Wirtschaft und Wettbewerb* 10/66, 466–472.

–/ Kuchinke, Björn A. (2015), „Ordnungsökonomische Aspekte der Sharing Economy", *ORDO – Jahrbuch für die Ordnung von Wirtschaft und Gesellschaft* 66, 243–262.

Edelman, Benjamin G./Geradin, Damien (2016), "Efficiencies and Regulatory Shortcuts: How Should We Regulate Companies like Airbnb and Uber?", *Stanford Technology Law Review* 2/19, 293–328.

Eichhorst, Werner/Spermann, Alexander (2015), *Sharing Economy – Chancen, Risiken und Gestaltungsoptionen für den Arbeitsmarkt*, IZA Research Report No. 69, Bonn.

Einav, Liran/Farronato, Chiara/Levin, Jonathan (2016), "Peer-to-Peer Markets", *Annual Review of Economics* 1/8, 615–635.

Geiersberger, Erich (1974), *Die dritte Bauernbefreiung durch den Maschinenring*, München.

Haucap, Justus (2015), „Die Chancen der Sharing Economy und ihre möglichen Risiken und Nebenwirkungen", *Wirtschaftsdienst* 2/95, 91–95.

– (2017), "The Rule of Law and the Emergence of Market Exchange: A New Institutional Economic Perspective", in: Ulrich von Alemann / Detlef Briesen / Lai Quoc Khanh (Hgg.), *The State of Law: Comparative Perspectives on the Rule of Law*, Düsseldorf, 143–172.

–/ Pavel, Ferdinand / Aigner, Rafael / Arnold, Michael / Hottenrott, Moritz / Kehder, Christiane (2017), „Chancen der Digitalisierung auf Märkten für urbane Mobilität: Das Beispiel Uber", *List Forum für Wirtschafts- und Finanzpolitik* 2/43, 139–183.

Heinrichs, Harald (2013), "Sharing Economy: A Potential New Pathway to Sustainability", *GAIA: Ecological Perspectives for Science & Society* 4/22, 228–231.

– (2014), „Sharing Economy: Potenzial für eine nachhaltige Wirtschaft", *ifo Schnelldienst* 21/67, 15–17.

Horton, John J. / Zeckhauser, Richard J. (2016), *Owning, Using and Renting: Some Simple Economics of the Sharing Economy*, NBER Working Paper No. 22029, Cambridge.

Levering, Britta / Icks, Annette (2016), *Sharing Economy und Mittelstand: Chancen und Herausforderungen*, IfM Bonn Denkpapier 01/16, Bonn.

Linne+Krause (2016), *Untersuchung zur Wirtschaftlichkeit des Taxigewerbes in der Bundeshauptstadt Berlin*, Studie erstellt für die Berliner Senatsverwaltung für Stadtentwicklung und Umwelt, Hamburg.

Loske, Reinhard (2014), „Politische Gestaltungsbedarfe in der Ökonomie des Teilens: Eine Betrachtung aus sozial-ökologischer Perspektive", *ifo Schnelldienst* 21/67, 21–24.

Maier, Jutta (2017), „Ridesharing-Dienst Clever Shuttle greift Taxi-Branche an", *bizz energy*, Online erschienen am 05.10.2017.

Malinowski, Bronislaw (1922/1953), *Argonauts of the Western Pacific*, New York / London.

Martin, Elliot / Shaheen, Susan A. / Lidicker, Jeffrey (2010), "Impact of Carsharing on Household Vehicle Holdings", *Transportation Research Record: Journal of Transportation Research Board* 2143, 150–158.

Mauss, Marcel (1925/2011), *The Gift: Forms and Functions of Exchange in Archaic Societies*, Eastford.

Monopolkommission (2014), *Hauptgutachten XX. Eine Wettbewerbsordnung für die Finanzmärkte*, Bonn.

– (2015), *Sondergutachten Nr. 68. Wettbewerbspolitik: Herausforderung digitale Märkte*, Bonn.

North, Douglass C. (1977), "Markets and Other Allocation Systems in History: The Challenge of Karl Polanyi", *Journal of European Economic History* 3/6, 703–716.

OCU / Altroconsumo / Deco Proteste / Test-Achats / Cibersomosaguas / Quishare (2016), *Collaboration or Business? Collaborative Consumption: From Value for Users to a Society with Values*, Madrid.

Ortmann, Yvonne (2013), „Sharing Economy: Konzepte und Dienste auf einen Blick", *Deutsche Startups*, Online erschienen am 02.07.2013.

O. V. (2014), *Amsterdam and Airbnb Sign Agreement on Home Sharing and Tourist Tax*, *Airbnb*, Online erschienen am 18.12.2014.

Pape, Annika / Wein, Thomas (2015), „Der deutsche Taximarkt – das letzte (Kollektiv-) Monopol im Sturm der ‚neuen Zeit'", *Zeitschrift für Wirtschaftspolitik* 3/64, 362–392.

Peitz, Martin (2014), „Die Entzauberung von Airbnb und Uber", *ifo Schnelldienst* 21/67, 6–8.

PwC (2015), *Share Economy – Repräsentative Bevölkerungsbefragung*, Delaware.

Rebler, Adolf (2014), „Unmoderne Regelungswut oder berechtigte Kontrolle: Genehmigungen nach PBefG in Zeiten von Uber und Wundercar", *ifo Schnelldienst* 21/67, 8–12.

Rifkin, Jeremy (2014), *Die Null-Grenzkosten-Gesellschaft*: Das Internet der Dinge, kollaboratives Gemeingut und der Rückzug des Kapitalismus, Frankfurt a. M.

Rogers, Brishen (2014), "The Social Costs of Uber", *University of Chicago Law Review Online* 1/82, 85–103.

Sahlins, Marshall D. (1965), "On the Sociology of Primitive Exchange", in: Michael Banton (Hg), *The Relevance of Models for Social Anthropology*, London/New York: Routledge, 139–236.

– (1972/2011), *Stone Age Economics*, London.

Santi, Paolo/Resta, Giovanni/Szell, Michael/Sobolevsky, Stanislav/Strogatz, Steven H./ Ratti, Carlo (2014), "Quantifying the Benefits of Vehicle Pooling with Shareability Networks", *Proceedings of the National Academy of Sciences* 37/111, 13290–13294.

Schäfer, Philipp/Braun, Nicole (2016), "Misuse through Short-term Rentals on the Berlin Housing Market", *International Journal of Housing Markets and Analysis* 2/9, 287–311.

Scherff, Dyrk (2014), „Kann mein Auto auch ein Taxi werden", in: *Frankfurter Allgemeine Zeitung*, Online erschienen am 08.09.2014.

Scholl, Gerd/Behrendt, Siegfried/Flick, Christian/Gossen, Maike/Henseling, Christine/ Richter, Lydia (2015), *Peer-to-Peer Sharing: Definition und Bestandsaufnahme*, PeerSharing Arbeitsbericht 1, Berlin.

Schreiner, Nadine/Kenning, Peter (2018), „Teilen statt Besitzen: Disruption im Rahmen der Sharing Economy", in: Frank Keuper/Marc Schomann/Linda Isabell Sikora/ Rimon Wassef (Hgg.), *Disruption und Transformation Management*, Berlin, 355–379.

Schwalbe, Ulrich (2014), „Uber und Airbnb: Zur Mikroökonomik der Sharing Economy", *ifo Schnelldienst* 21/67, 12–15.

Shaheen, Susan A./Cohen, Adam P. (2013), "Carsharing and Personal Vehicle Services: Worldwide Market Developments and Emerging Trends", *International Journal of Sustainable Transportation* 1/7, 5–34,

Stephany, Alex (2015), *The Business of Sharing: Making it in the New Sharing Economy*, New York.

Tadelis, Steven (2016), "Reputation and Feedback Systems in Online Platform Markets", *Annual Review of Economics* 8, 321–340.

Theurl, Theresia (2015), „Ökonomie des Teilens: Governance konsequent zu Ende gedacht", *Wirtschaftsdienst* 2/95, 87–91.

Weber, Thomas A. (2014), "Intermediation in a Sharing Economy: Insurance, Moral Hazard, and Rent Extraction", *Journal of Management Information Systems* 3/31.

Wedde, Peter/Wedde, Irene (2015), *Schöne neue „share economy"*, Bericht der Friedrich-Ebert-Stiftung, Bonn.

Wissenschaftlicher Beirat beim Bundesminister für Verkehr und digitale Infrastruktur (2017), „Die Chancen der Digitalisierung im Taximarkt nutzen: Liberalisieren und Verbraucherschutz stärken", *List Forum für Wirtschafts- und Finanzpolitik* 2/43, 125–137.

Yaraghi, Niam/Ravi, Shamika (2017), *The Current and Future State of the Sharing Economy*, Brookings India IMPACT Series 32017, Neu-Delhi.

Vertrauen in der Share Economy

Ein- und Ausblicke aus der Sicht der Wirtschaftsinformatik*

Florian Hawlitschek / Timm Teubner

1 Quo Vadis Share Economy?

Unter dem Sammelbegriff der Share Economy hat sich in den vergangenen Jahren eine Vielzahl verschiedener Onlineplattformen entwickelt, die teils aus altruistisch-sozial geprägten, teils aus gewinnorientierten Motiven, die gemeinsame Nutzung brachliegender oder wenig ausgelasteter Ressourcen ermöglichen und fördern. Die erfolgreichsten der entstandenen Konzepte basieren meist auf einem kurzfristigen und monetär entlohnten Austausch von Ressourcen zwischen Privatpersonen – so beispielsweise das Angebot von Mitfahr-gelegenheiten über BlaBlaCar oder die Vermietung von privatem Wohnraum über Airbnb (Hawlitschek et al. 2016a; Teubner et al. 2016a). Das Wachstum der genannten Plattformen ist immens. Airbnb zum Beispiel wies in den Jahren 2013 bis 2015 jährliche Wachstumsraten von bis zu 90 Prozent auf (O. V. 2015) und wurde 2017 mit 31 Milliarden US-Dollar bewertet (Thomas 2017). Mittlerweile hat sich eine Vielzahl an Plattformen etabliert, welche den Austausch wenig- oder ungenutzter Ressourcen ermöglicht (Hausemer et al. 2017).

Insbesondere im Kontext der Wirtschaftsinformatik wird die Share Economy aufgrund des rasanten Wachstums von Plattform-, Geschäftsmodell- und Nut-zerzahlen als Sammelbegriff für eine Vielzahl verschiedener Austauschformen betrachtet. Seit einigen Jahren häuft sich in diesem Zusammenhang allerdings der Appell, das breite Gesamtkonzept der Share Economy differenzierter zu betrachten. Während ,Sharing' häufig als gemeinschaftliches, nicht monetär oder anderweitig reziprok bedingtes Teilen von Ressourcen betrachtet wird – z.B. innerhalb einer Familie oder unter Freunden – (Belk 2010), steht ,Economy' für die mit Herstellung und Verbrauch von Gütern verbundenen Einrichtungen und Abläufe wie Miete oder Verkauf (Duden 2016). Das Spektrum von Platt-formen zwischen den sich per Definition diametral gegenüberstehenden Kon-zepten ,Sharing' und ,Economy' macht generalisierte Aussagen über ,die Share

---

* Besonderer Dank für die Unterstützung bei der Fertigstellung des vorliegenden Artikels sei an dieser Stelle David Dann, Sebastian Englert, Martin Hawlitschek und Pascal Makowski ausgesprochen.

Economy' nur schwer haltbar und verlangt nach einer differenzierteren Betrachtung.

Eine Möglichkeit einer solchen Differenzierung besteht bezüglich typischer Merkmale wie (1) dem Grad der Professionalität der Anbieter (Ressourcen können von Privatpersonen, aber auch von professionellen Anbietern wie Carsharing-Unternehmen mit eigenem Fuhrpark bereitgestellt werden), (2) der Rolle ökonomischer Kompensationen (d.h. die Kommerzialität des Sharing-Modells), (3) der Prägung der Nutzungsmuster durch Gelegentlichkeit und/oder Kurzfristigkeit (vs. Transaktionen mit Besitzübergang der Ressource sowie langfristige Vermietung) und schließlich (4) der Materialität der Güter, z.B. physische Güter vs. reine Dienstleistungen, wie etwa auf Crowdworking-Plattformen (Teubner et al. 2016a; Teubner und Hawlitschek 2018). Anhand der vier genannten Kriterien lassen sich Plattformen unter dem Sammelbegriff der Share Economy besser differenzieren. Abbildung 1 zeigt eine Einordnung bekannter Plattformen anhand dieser Taxonomie.

Exemplarisch lässt sich Ebay Kleinanzeigen als eine Plattform einordnen, die (in der Regel privaten) Anbietern den Verkauf ungenutzter Gegenstände ermöglicht und somit hauptsächlich der Kategorie ‚privater Verkauf' zuzuordnen ist. Wie in Abbildung 1 angedeutet, hängt die konkrete Einordnung letztlich jedoch vom individuellen Gebrauch der entsprechenden Plattform ab. Beispielsweise ist auf Ebay Kleinanzeigen ebenfalls eine dauerhaft gewinnorientierte, also der Kategorie ‚gewerblicher Verkauf' zuzuordnende Nutzung oder aber das kostenfreie Anbieten von Produkten als ‚Geschenk' denkbar. Ersteres wäre zum Beispiel der Fall, wenn ein Antiquitätenhändler sein Angebot über die Plattform vertreibt, letzteres möglicherweise im Rahmen einer Haushaltsauflösung. Analog sollte das Angebot auf anderen bekannten Plattformen wie Airbnb kritisch im Einzelfall geprüft werden, um eine angemessene Einordnung der Plattform als Ganzes vornehmen zu können. Die ‚private Produktdienstleistung' im Rahmen der Gewährung einer privaten Unterkunft ist nach geltendem deutschen Recht häufig eher als ‚gewerbliche Produktdienstleistung' zu verstehen (Jahn und Schäfers 2014). Die Brisanz der Differenzierung von Angeboten in der Share Economy zeigt sich beispielsweise in der öffentlichen Diskussion um die Verbannung bestimmter Anbieter oder Angebotsformen aus Großstädten (Vooren 2016; Weiss 2016) – sowohl in Deutschland als auch im Ausland (Kokalitcheva 2016).

Teilen an sich ist dabei kein neues Phänomen. Wie in Abbildung 1 dargestellt, basieren Interaktionen innerhalb der Share Economy auf bekannten, teils uralten Prinzipien. Der Ressourcenaustausch steinzeitlicher Kulturen (Sahlins 1972) aber auch moderne Phänomene aus Zeiten vor dem Durchbruch des Internets, beispielsweise Flohmärkte, Schwarze Bretter oder Mitfahrzentralen, ähneln in ihren grundlegenden Mechanismen den Angeboten der heutigen Share Economy. Ein Phänomen, welches sich erst durch die treibende und disruptive Rolle moderner

Abb. 1: Taxonomie der Plattformlandschaft innerhalb der Share Economy
(Quelle: Eigene Darstellung).

Onlineplattformen herauskristallisiert hat, ist, dass Transaktionen mit zuvor unbekannten Menschen über das Internet angebahnt werden (Frenken und Schor 2017). Dieser Trend hat nicht nur maßgeblich zum raschen Erfolg der Share Economy beigetragen (Hausemer et al. 2017; PwC 2015), sondern bringt auch einige, fundamental neue Herausforderungen mit sich. Plattformbetreiber, die sich durch die kostenpflichtige Vermittlung von Transaktionen beziehungsweise durch werbe- oder datenbasierte Modelle finanzieren, sind darauf angewiesen, sowohl die Angebots- als auch die Nachfrageseite zu verstehen, um eine ausreichend große Nutzerbasis auf beiden Marktseiten zu attrahieren (Hausemer et al. 2017). Wie auf allen zweiseitigen Märkten mit (indirekten) Netzwerkeffekten stellt das Henne-Ei-Problem zwischen Anbietern und Nachfragern eine zentrale Herausforderung für die Plattformanbieter der Share Economy dar. Da eine Plattform mit vielen Anbietern attraktiver für Nachfrager ist (und umgekehrt), bedarf es der Motivation und Gewinnung beider Nutzertypen (Teubner und Hawlitschek 2018). Neben der klassischen, ökonomisch motivierten Teilnahme, legt die Grundidee des Teilens weitere mögliche Nutzungsmotive nahe, beispielsweise bezüglich sozialer oder ökologischer Aspekte (Böcker und Meelen 2016). Um ein besseres Kundenverständnis und somit die Plattformnutzung durch eine breite Nutzerbasis zu erreichen, bedarf es eines entsprechend guten Verständnisses der Motive für oder wider eine Plattformnutzung.

Exemplarische Arbeiten aus den Forschungsbereichen Marketing, Tourismus und Wirtschaftsinformatik legen die Vermutung nahe, dass in der Tat viele verschiedene Motive für oder gegen eine Nutzung von Plattformen innerhalb der Share Economy existieren (Bardhi und Eckhardt 2012; Hamari et al. 2016; Hawlitschek et al. 2016a; Lamberton und Rose 2012; Tussyadiah 2015; Tussyadiah und Pesonen 2016). Häufig genannte Beispiele für solche Treiber und Hemmnisse sind unter anderem ökonomische Faktoren (Kostenvorteile,

Verdienstmöglichkeiten), ökologische Nachhaltigkeit sowie Geselligkeit und sozialer Austausch (Bock et al. 2005; Hamari et al. 2016.; Hawlitschek et al. 2016a; Lastovicka et al. 1999). Darüber hinaus werden Faktoren wie Hedonismus, Altruismus, (Gruppen-)Zugehörigkeit, soziale Normen, Vertrauen, Prozessrisiken, Prestige durch Besitz und organisatorischer Aufwand genannt (Hawlitschek et al. 2016a; Kankanhalli et al. 2005; Pavlou 2003; Peterson et al. 2008; Venkatesh et al. 2012; Venkatesh und Bala 2008).

Quantitative Studien, welche die große Vielzahl möglicher Motive umfassend abbilden, sind rar. Häufig werden nur wenige in Relation zueinanderstehende Motive untersucht und in vereinfachten Modellen auf ihren Einfluss auf die Nutzung von Plattformen hin überprüft (z. B. Akbar et al. 2016; Barnes und Mattsson 2017; Bucher et al. 2016; Hamari et al. 2016; Hawlitschek et al. 2016c; Lamberton und Rose 2012; Möhlmann 2015; Tussyadiah 2016). Ein umfassenderes Bild streben Hawlitschek, Teubner und Gimpel an, die die Untersuchung von insgesamt 24 Motiven vorschlagen (Hawlitschek et al. 2016b). Um die relative Gewichtung dieser Motive zu untersuchen, verwenden die Autoren die ‚Theory of Planned Behavior‘ (Ajzen 1985; Taylor und Todd 1995), welche die Pluralität verschiedener Treiber und Hemmnisse abzubilden vermag. Dies ermöglicht, im Gegensatz zu anderen Ansätzen (beispielsweise dem Technologie-Akzeptanzmodell; Davis 1985), ein genaueres Verständnis der Faktoren, die für Nutzer (bzw. Nicht-Nutzer) eine Rolle spielen.

Eine Umfrage unter 745 Millennials zeigte, dass besonders finanzielle Motive, Freude am Teilen, Wertschätzung eines modernen Lebensstils, Wissen über Plattformen innerhalb der Share Economy und Vertrauen in andere Plattformteilnehmer eine anbieter- und nachfrageseitige Teilnahme an Angeboten der Share Economy aus den Kategorien des ‚privaten Vermietens‘ und der ‚privaten Produktdienstleistung‘ fördern (Hawlitschek et al. 2016b; Teubner et al. 2016a). Zwischenmenschlichem Vertrauen kommt innerhalb der Share Economy (insbesondere im Vergleich zu anderen möglichen Faktoren) eine zentrale Rolle zu (Hawlitschek et al. 2016b; Teubner et al. 2016a). Dabei ist es sowohl als Vorläufer einer positiven Einstellung gegenüber Share Economy-Angeboten zu verstehen, als auch als ein Mittel zur Reduktion von (gefühlten) Risiken, welches die wahrgenommen Kontrolle über eigene Handlungen erhöht (Pavlou und Fygenson 2006). Der künftige Erfolg der Share Economy hängt somit maßgeblich vom gegenseitigen Vertrauen aller Akteure ab. Die zentrale Herausforderung einer Plattform, welche – wie im Fall von Airbnb – Fremden den Zugang zu persönlichen Ressourcen ermöglicht, liegt in der Überwindung des ‚Stranger-Danger-Bias‘ durch ein geeignetes vertrauensförderndes Design (Gebbia 2016).

2 Vertrauen in der Share Economy: Vom Konzeptverständnis zum Design

Auf einer abstrakten Ebene gesprochen, beschreibt Vertrauen einen Zustand, welcher die Intention beinhaltet, sich gegenüber Dritten in der Erwartung positiver Verhaltensweisen verwundbar zu machen (Rousseau et al. 1998). Das Anbieten und Nachfragen privater Ressourcen über Onlineplattformen bringt, im Gegensatz zu traditionellen Konzepten wie dem Einkauf in herkömmlichen Onlineshops oder klassischen Hotel- oder Taxibuchungen, eine höhere Komplexität sowie ein beträchtliches Maß an Exposition und somit Verwundbarkeit mit sich (Hawlitschek et al. 2016c; Mittendorf 2017). Dies gilt sowohl für nachfragende als auch für anbietende Privatpersonen. Anhand des typischen Ablaufs einer Transaktion auf Plattformen für ,Private Vermietung' oder ,Produktdienstleistung' lässt sich der besondere Bedarf nach Vertrauen veranschaulichen (Abbildung 2).

Plattformbetreiber wie Airbnb unterhalten in der Regel eine Plattform (P), welche es Anbietern (A) und Nachfragern (N) ermöglicht, Online-Profile zu erstellen, um in Interaktion mit anderen Plattformteilnehmern zu treten. Das Anlegen von Nutzerprofilen bedarf dabei eines Mindestmaßes an Vertrauen in die Plattform, da diese verantwortungsvoll mit den Nutzerdaten und Profilinformationen umgehen muss, um Beeinträchtigungen (z.B. durch Identitätsdiebstahl oder Spam) zu vermeiden (Hawlitschek et al. 2016c). Anbieter können ihrem Profil eine Menge von Ressourcen (R) – im Fall von Airbnb Übernachtungsmöglichkeiten – zuordnen (in Abbildung 2 durch Unterstreichung veranschaulicht). Dies geschieht durch das Erstellen eines Inserates *(i)* über das Anbieterprofil. Auch das Erstellen eines Inserates setzt ein Mindestmaß an Vertrauen in das prinzipielle Wohlwollen anderer Plattformnutzer voraus (Hawlitschek et al. 2016c). Die veröffentlichten Informationen können im Extremfall nicht nur zum Nachteil des Profilerstellers genutzt werden (beispielsweise zum Vorbereiten eines Diebstahls oder anderer Straftaten) sie stellen auch eine potenzielle Gefährdung der Privatsphäre dar und können somit eine vertrauenshemmende Wirkung induzieren (Lutz et al. 2017). Die Online-Repräsentation der Ressource lässt sich nun durch Nachfrager suchen und über das Nachfragerprofil anfragen *(ii)*. Dabei ist die Formierung einer Buchungsintention verbunden mit dem Vertrauen des Nachfragers in die Fähigkeit der angebotenen Ressource, seinen Anforderungen ohne Gefährdung gerecht zu werden (Hawlitschek et al. 2016c), also beispielsweise den eigenen Vorstellungen und Bedürfnissen oder im Extremfall den Mindestanforderungen der Bausicherheit oder des Brandschutzes zu entsprechen. Ebenso ist das Vertrauen in den Anbieter der jeweiligen Ressource maßgeblich, ein fähiger, wohlwollender und integrer ,Host' zu sein (Hawlitschek et al. 2016c). Die Bestätigung einer Anfrage durch den Ressourcenanbieter *(iii)* erfolgt bei einer positiven Einschät-

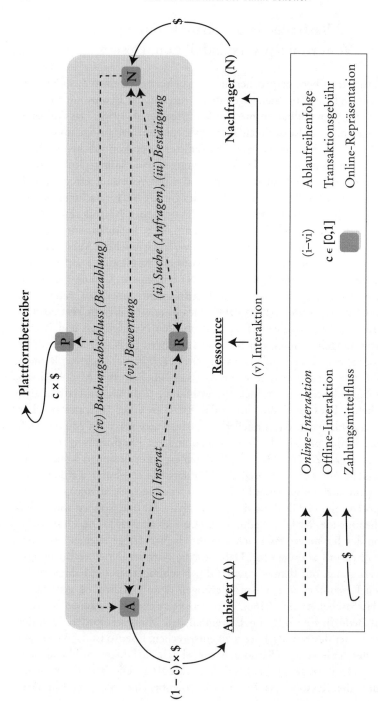

Abb. 2: Typischer Ablauf einer Interaktion innerhalb der Share Economy (Quelle: Eigene Darstellung).

zung der Vertrauenswürdigkeit des Anfragenden, also im gegebenen Beispiel des potenziellen Übernachtungsgastes (Hawlitschek et al. 2016c). Da der ‚Host' durch seine Bestätigung dem Anfragenden vertraglich bindend temporären Zugang zu seiner privaten Wohnung zusagt, muss er ein vergleichsweise hohes Maß an zu erwartender Verletzlichkeit in Kauf nehmen – sowohl persönlich als auch hinsichtlich seines Eigentums.

Der tatsächliche Buchungsabschluss (inklusive Bezahlung) *(iv)* manifestiert die zuvor, während der Anfrage, in Kauf genommene Verletzlichkeit des Nachfragers. Indem der Nachfrager eine Zahlung an den Anbieter tätigt, muss er darauf vertrauen, dass das Wertäquivalent seiner Investition durch den Anbieter in entsprechender Form auch tatsächlich zur Verfügung gestellt wird. Er setzt sich einem möglichen Schaden durch eine qualitativ minderwertige Ressource aus. Der angestoßene Bezahlungsvorgang wird typischerweise über die Plattform ausgeführt, welche sich in diesem Zusammenhang als vertrauenswürdiger, vor allem fähiger Partner für die Abwicklung der Finanztransaktion etablieren muss. Der Nachfrager übergibt das entsprechende Entgelt (in Abbildung 2 durch US-Dollar ‚$' repräsentiert) an ein von der Plattform verwaltetes Konto. Der Plattformbetreiber, welcher den Betrag gegebenenfalls bis zum Abschluss der Transaktion treuhänderisch zurückhält, profitiert in der Regel anteilig an jeder durchgeführten Transaktion über einen Betrag c (im Fall von Airbnb ca. 15 Prozent im Jahr 2017). Der übrige Betrag wird dem Anbieter der Ressource ausgezahlt. Nach den auf der Plattform ablaufenden Buchungsvorgängen findet die reale Interaktion zwischen Anbieter und Nachfrager, also das temporäre Übergeben der Ressource, statt (v). Dieser Vorgang bedarf insbesondere im Fall von Transaktionen ohne dauerhaften Besitzübergang eines besonders hohen Maßes an Vertrauen, da beide Parteien physisch aufeinandertreffen und der Nachfrager die später zurückzugebende Ressource potenziell schädigen kann. Viele Plattformen betreiben zur Vermeidung schädlichen Verhaltens ein gegenseitiges Bewertungs- oder Reputationssystem (Hausemer et al. 2017). Nach erfolgter Interaktion können sich somit Anbieter und Nachfrager gegenseitig in Bezug auf die bereitgestellte Ressource beziehungsweise das Verhalten des Nachfragers bewerten *(vi)*. Nach Abschluss der gegenseitigen Bewertung endet in der Regel die Interaktion.

Dementsprechend ist eine zentrale Herausforderung vieler Konzepte der Share Economy das Schaffen einer Vertrauensbasis, die den Austausch zwischen Privatpersonen überhaupt erst möglich macht. Vertrauen spielt nach Meinung vieler Unternehmen und Unternehmensberatungen, aber auch der öffentlichen Presse eine zentrale Rolle für den Erfolg von Plattformen in der Share Economy (z. B. Mac 2016; PwC 2015). Insbesondere in einem Umfeld regulativer Grauzonen, wie es Anbieter von Share-Economy-Plattformen vielerorts vorfanden und auch noch heute vorfinden, liegt dies auf der Hand. Was genau aber Vertrauen innerhalb des neuartigen und komplexen Umfeldes der Share Economy bedeutet, ist bislang nicht eindeutig geklärt. Die Konzeptualisierung von Vertrauen innerhalb der Share Economy verdient daher besondere Aufmerksamkeit. Um eine entsprechende Grundlage für Forschungsarbeit zu Vertrauen in der Share Economy zu ermöglichen, ist es nötig, ein erweitertes Verständnis von Vertrauen zu entwickeln und das Vertrauensmotiv messbar zu machen. Somit können Konzepte zur Förderung von Vertrauen angemessen evaluiert und in entsprechenden Design-Entscheidungen umgesetzt werden.

In der vorhandenen Literatur im Gebiet der Wirtschaftsinformatik existiert ein Konsens zum Bedarf einer neuen Betrachtung des Vertrauenskonzeptes innerhalb der Share Economy (Hawlitschek et al. 2015, 2016c, 2016d; Mazzella et al. 2016; Möhlmann 2016). Obwohl die methodischen Ansätze existierender Studien sich teilweise stark unterscheiden, wird Vertrauen in aller Regel als vielschichtiges und mehrdimensionales Konstrukt betrachtet. Dabei kann zwischen Vertrauen gegenüber Personen (,Peers') und Plattformanbietern unterschieden, und außerdem die Perspektive von Anbietern und Nachfragern betrachten werden (Hawlitschek et al. 2016c; Mittendorf 2016; Tussyadiah 2015; Tussyadiah und Pesonen 2016). Auch Vertrauen gegenüber dem angebotenen Produkt seitens des Nachfragers wird in diesem Zusammenhang als relevant erachtet (Hawlitschek et al. 2016c). Als Neuerung gegenüber Vertrauensbetrachtungen im etablierten B2C-E-Commerce wird mehrheitlich die gesteigerte Bedeutung des Vertrauens gegenüber Privatpersonen angesehen.

Die Operationalisierung und Messung der beschriebenen Konzepte wird in der Literatur häufig ohne weitere Ausführung zur Wahl der angewandten Methodik und meist in Form von Online-Befragungen geplant und durchgeführt, wobei vereinfachte Vertrauensskalen aus dem Bereich des E-Commerce adaptiert werden. Der Taxonomie von McKnight und Chervany folgend ist dieser Ansatz allerdings nicht für alle Ausprägungen von Vertrauen gleich gut geeignet (McKnight und Chervany 2001). Sie unterteilen zwischenmenschliches Vertrauen deshalb in die Subkonzepte ,Trusting Beliefs', ,Trusting Intentions' und ,Trust-Related-Behavior'. Für deren Messung existiert ein breites Spektrum verschiedener Ansätze, beispielsweise Interviews, Fallstudien, Umfragen, Experimente, ökonometrische Analysen sowie analytische Modellierungen (Gefen et al. 2008). Um sowohl Einschätzungen (,Beliefs') und Absichten (,Intentions') als auch Verhalten (,Behavior') adäquat messen zu können, bieten sich fragebogen- (für ,Beliefs / Intentions') und experimentbasierte Ansätze (für ,Behavior') besonders an. Die Entwicklung von Messmodellen und experimentellen Designs bedarf im Kontext der Share Economy besonderer Aufmerksamkeit. Wie zuvor beschrieben, müssen hierbei spezielle kontextspezifische Aspekte des Vertrauenskonzeptes berücksichtigt werden.

Eine Basis zur Entwicklung eines umfassenden fragebogenbasierten Messmodells für Vertrauen in der Share Economy liefert die Arbeit von Hawlitschek, Teubner und Weinhardt (Hawlitschek et al. 2016c). Basierend auf den Daten einer Online-Umfrage unter studentischen Teilnehmern wurde das Messmodell im Rahmen einer explorativen Faktorenanalyse purifiziert und die vermutete Struktur (zwei relevante Perspektiven – von Anbietern und Nachfragern sowie drei Ziele des Vertrauens – Produkt, Person und Plattform) bestätigt. Darüber hinaus wurden drei anerkannte Subdimensionen von Vertrauen – die Wahrnehmung von Fähigkeit, Integrität und Wohlwollen – als im Kontext der Share Economy relevante ‚Beliefs' vorgeschlagen. Im Einklang mit anderen Arbeiten zu Vertrauen (Barki et al. 2015; Lu et al. 2010), stieß diese Unterteilung allerdings an ihre Grenzen, da eine trennscharfe Unterscheidung, insbesondere zwischen Integrität und Wohlwollen, schwer möglich war.

Um die häufig vorgebrachte Kritik an fragebogenbasierten Messungen von Vertrauen (‚Intention-Behavior Gap') zu relativieren, können experimentelle Ansätze gewählt werden, um tatsächliches vertrauensbasiertes Verhalten unter kontrollierten Bedingungen zu beobachten. Eine gangbare Option der Umsetzung eines solchen Messverfahrens für ein behavioristisches Vertrauensmaß ist die Erweiterung des etablierten und weitverbreiteten ‚Trust Game' (Berg et al. 1995). Hierbei werden im Rahmen der Theorie der induzierten Wertschätzung (Smith 1976) tatsächliche realitätsnahe Beobachtungen möglich, welche auf den Kontext von realen Plattformen innerhalb der Share Economy (eingeschränkt) generalisierbar sind. Es gilt wie üblich der Trade-off zwischen externer und interner Validität der Beobachtungen aus Feld und Labor (Friedmann und Cassar 2004). Ein entsprechendes experimentelles Design schlagen Hawlitschek et al. (2016d) in Form des ‚Sharing Game' vor. Das ‚Sharing Game' modelliert die zweistufige zwischenmenschliche Vertrauensentscheidung (online von Nachfragern zu Anbietern und offline von Anbietern zu Nachfragern) auf Plattformen innerhalb der Share Economy durch eine Kombination der Vertrauensexperimente nach Berg, Dickhaut und McCabe sowie Bolton, Katok und Ockenfels (Berg et al. 1995; Bolton et al. 2004a, 2004b).

Die jeweilige Methode zur Messung von Vertrauen sollte entsprechend der Taxonomie von McKnight und Chervany und angepasst an die zugrundeliegende Fragestellung bewusst gewählt werden (McKnight und Chervany 2001). Durch adäquate Messung können somit die Einflüsse verschiedener Design-Elemente auf Vertrauen im jeweiligen Kontext bestimmt werden.

3 Design für Vertrauen: Typische Plattformelemente innerhalb der Share Economy

Auf klassischen Märkten im E-Commerce haben sich Marken, Standards und Zertifizierungen etabliert, die eine vertrauensstiftende Wirkung haben und auch der Gesetzgeber hat Verfahren und Regeln geschaffen, die Vertrauen im Online-Handel fördern sollen (z. B. die Möglichkeit zu Kaufrückabwicklungen/

Fernabsatzgesetz). Ob jedoch eine Mitfahrgelegenheit wirklich zum verein-
barten Treffpunkt erscheint, oder ein auf Airbnb gemietetes Apartment tatsächlich aussieht wie Beschreibung und Bilder suggerieren, ist zunächst unsicher.
Die Akteure sind nicht-professionell und daher im Schadensfall in der Regel
schwieriger zu belangen. Um eine vertrauensvolle Umgebung zu erschaffen,
setzen die Plattformbetreiber daher auf eine ganze Reihe von Werkzeugen und
Mechanismen (Hausemer et al. 2017; Hawlitschek und Lippert 2015; Möhlmann
und Geissinger 2018; Teubner 2014). Im Folgenden werden einige dieser Verfahren und Mechanismen näher beleuchtet.

3.1 Gegenseitige Rating- und Review-Systeme

Informationen über vergangene Transaktionen und Handlungen eines Nutzers
bergen großes Vertrauenspotential (Bolton et al. 2013; Dellarocas 2003; Resnick
und Zeckhauser 2002). Peer-to-Peer-Plattformen (P2P-Plattformen) setzen daher
insbesondere auf den Einsatz von Rating- und Review-Systemen (Hausemer et
al. 2017), bei denen sich die Transaktionspartner gegenseitig bewerten (Resnick
et al. 2000). Häufig verwendet werden dabei 5-Sterne-Logiken (dazu Edelman
und Luca 2014; Ert et al. 2016; Teubner et al. 2017) sowie textbasierte Reviews (Abramova et al. 2015). Die Wirkungsweise solcher Verfahren wird mit
Theorien zu ‚Signaling‘ und ‚Social Proof‘ begründet (Basoglu und Hess 2014).
Letztere besagt, dass Menschen unter Unsicherheit Verhaltensindikatoren aus
den (vorausgegangenen) Handlungen Anderer ableiten (Cialdini 2009). Wenn
also aggregiertes Feedback glaubhafte Informationen über das tatsächliche Verhalten darstellt, können Reputationssysteme einen Beitrag leisten, Vertrauen
zwischen potenziellen Transaktionspartnern zu generieren (Fuller et al. 2007).

Mit dem Aufstieg der Share Economy hat die Bedeutung von Online-
Reputations-Systemen entsprechend zugenommen (Mazzella et al. 2016).
Reputation dient hier als ‚digitale Institution‘, die die Akteure schützt und
Marktversagen verhindert (Sundararajan 2012; Zervas et al. 2015). Ein frühes
Beispiel für den Einsatz von Reputationssystemen in P2P-Plattformen ist Ebay
(Dellarocas 2003). Seit den 2000er Jahren hat sich die Forschung bis heute
stetig mit der Verbesserung solcher Systeme beschäftigt (Bolton et al. 2004a).
Eine relativ neue Modifikation adressierte dabei immer wieder auftretendes,
kollusives Verhalten in gegenseitigen Online-Bewertungsprozessen im Anschluss an Transaktionen (Bolton et al. 2013). Um solches unerwünschtes
reziprokes Verhalten und damit inflationär gute Bewertungen zu vermeiden,
stellte Airbnb im Juli 2014 sein bis dato sequenzielles Review-System auf ein
simultanes System um (Airbnb 2014; Zervas et al. 2015). Die von der Gegenseite
erhaltene Bewertung wird seitdem erst dann veröffentlicht, wenn die eigene
Bewertung abgegeben wurde. Tatsächlich hat sich aber auch durch diese De-

signänderung die Positivverzerrung nicht wesentlich geändert, 98 Prozent aller ‚Host'-Bewertungen auf Airbnb liegen nach wie vor bei 4,5 oder 5,0 Sternen (Teubner et al. 2017).

Die ökonomische Bedeutung von Bewertungen wird deutlich, wenn man ihre Rolle als Reputations- und soziales Kapital betrachtet (Huang et al. 2017), was besonders im Rahmen der Share Economy sinnvoll ist. Die in positiven und negativen Bewertungen enthaltene Information wirkt sich letztlich nicht nur auf Faktoren wie Vertrauen oder Zufriedenheit aus, sondern konkret auf Seiten-aufrufe, Buchungen, und damit auf den ökonomischen Erfolg der beteiligten Parteien (Bente et al. 2012). Gastgeber auf Airbnb zum Beispiel wandeln einen erworbenen guten Ruf direkt in geldwerte Vorteile um, entweder durch Preis-aufschläge oder durch strengere Auswahlkriterien hinsichtlich ihrer Gäste (Gutt und Herrmann 2015; Ikkala und Lampinen 2015). Solche interviewbasierten Erkenntnisse lassen sich auch quantitativ bestätigen. Teubner et al. zeigen für den deutschen Markt, dass höhere Sternebewertungen auf Airbnb mit höheren Preisen einhergehen, wobei eine große Bandbreite an Kontrollvariablen ver-wendet wurde (Teubner et al. 2017). Sowohl Anbieter als auch Nachfrager in der Share Economy sind daher sehr darauf bedacht, ihre Online-Reputation zu managen und zu verbessern. Vor dem Hintergrund, dass ein einziges negatives Review unter Umständen sehr negative Auswirkungen auf künftige Buchungen haben kann, ermöglichen es einige Plattformen den Anbietern mittlerweile öffentlich auf Reviews zu antworten (Abramova et al. 2015). Dabei verlangen aus Sicht des Antwortenden verschiedene Kritikanlässe (selbstverschuldet oder nicht-selbstverschuldet) unterschiedliche optimale Antwortstrategien (z.B. Eingeständnis, Abstreiten, Entschuldigung, Rechtfertigung etc.), um einen möglichst positiven Eindruck bei anderen Plattformnutzern zu hinterlassen (Abramova et al. 2015, 2016).

Trotz ihres offensichtlichen Erfolgs und der weiten Verbreitung ist die Effektivität von P2P-Reputationssystemen nicht unumstritten. Wie Slee sowie Zervas und andere aufzeigen, sind Bewertungen auf Airbnb stark positiv ver-zerrt (Slee 2013; Zervas et al. 2015). Zervas et al. (2015) betiteln ihre Studie zu Airbnb entsprechend mit „Where Every Stay is Above Average". Solche Verzerrungen erschweren die Unterscheidung zwischen guten und schlechten Angeboten auf Basis des ‚Review Scores'. Das Phänomen konzentrierter Ver-teilungen von Online-Reviews ist dabei nicht neu und wurde auch bereits auf Amazon beschrieben (Hu et al. 2009). Die charakteristische Verteilung Peer-generierter Ratings in Teilen der Share Economy ist allerdings extrem: So liegen 98,2 Prozent aller ‚Host'-Bewertungen auf Airbnb (Deutschland) im Bereich von 4,0 bis 5,0 Sterne (Teubner et al. 2017, 2016b). Dies kann teilweise mit Herdenverhalten (frühere Ratings beeinflussen spätere Nutzer unbewusst) und Zurückhaltung schlechter Reviews (Angst vor Vergeltung; soziale Normen) be-gründet werden. Auch werden Selbstselektion und strategisch erkaufte Reviews als mögliche Ursachen genannt (Zervas et al. 2015). Mulshine beschreibt einen weiteren möglichen Mechanismus (Mulshine 2015). Auf Airbnb können Gastgeber bei einer Buchungsanfrage nicht nur einsehen, wie der potenzielle Gast im Vorfeld von früheren Gastgebern bewertet wurde, sondern auch, wie er selbst diese Gastgeber bewertet hat. Gäste könnten sich daher mit allzu ehrlichem negativen Feedback zurückhalten (auch wenn es Anlass dazu gäbe), da sie gegenüber zukünftigen Gastgebern nicht als überkritisch und damit gefährlich für deren Reputation erscheinen möchten.

3.2 Plattformübergreifender Reputationstransfer

Dienste innerhalb der Share Economy sind seit einigen Jahren in vielen Bereichen neben traditionellen Angebotsformen eine etablierte zusätzliche Option (z. B. Übernachtungen, Mitfahrgelegenheiten, Autovermietungen, etc.). Wie zuvor beschrieben, spielt Vertrauen zwischen den Peers, häufig unterstützt durch gegenseitige Rating- und Review-Systeme, in dieser neuen Form des E-Commerce eine entscheidende Rolle. Ein Problem allerdings besteht darin, dass im Prinzip für jede Anwendung eigene, unabhängige Plattformen existieren, die technisch normalerweise nicht miteinander verbunden sind. Neue Nutzer auf Plattform A haben es dann anfangs häufig schwer (bzw. sehen sich ökonomischen Nachteilen ausgesetzt), auch wenn sie auf den Plattformen B und C bereits etablierte Mitglieder mit gut dokumentierter Bewertungshistorie sind. Eine relevante und offene Frage ist, ob und wie sich Vertrauen beziehungsweise Reputation zwischen verschiedenen Anwendungen innerhalb der Share Economy transportieren lässt (Hausemer et al. 2017). Rein technisch betrachtet könnte das in der Form funktionieren, dass zum Beispiel ein neuer Airbnb-Host (ohne Airbnb-Bewertungen) seinen (öffentlich zugänglichen) Ebay- oder BlaBlaCar-Account verlinkt und somit selbst aufzeigt, dass er sich in einem anderen Kontext als vertrauenswürdig erwiesen hat. Denkbar sind auch integrierte Lösungen, die von der Plattform selbst angeboten werden oder von Drittanbietern wie Deemly (Botsman 2012 nennt weiterhin Connect.Me, Legit und TrustCloud). Diese haben sich in der Vergangenheit aber meist nicht als erfolgreich erwiesen. Eine Mitnahme beziehungsweise Übertragung von Reputation und Vertrauen wäre hinsichtlich der Gesamtwohlfahrt wünschenswert, da beides dazu beitragen würde, brachliegende Ressourcen besser zu nutzen. Darüber hinaus könnte Reputationstransfer dazu beitragen, Lock-in Effekte zu reduzieren, Transparenz über die Reputation böswilliger Peers zu erhöhen und die Frage des Dateneigentums auf Reputationssystemen zu adressieren (Hausemer et al. 2017).

3.3 Web Design und Zertifizierung

Neben solchen expliziten Maßnahmen, die Vertrauen fördern sollen, liegt auch im Erscheinungsbild der Plattform selbst ein passives Vertrauenspotenzial. So beeinflusst beispielsweise die Einschätzung der Qualität einer Website das Vertrauen im Kontext von E-Commerce-Transaktionen zwischen Konsumenten (Jones und Leonard 2008). Darüber hinaus können in verschiedenem Kontext Aspekte wie Farbwahl einen maßgeblichen Einfluss auf das Nutzervertrauen ausüben (Cyr et al. 2010; Hawlitschek et al. 2016e). Joe Gebbia, einer der Airbnb-Mitgründer, erklärte, dass seine Firma Vertrauensfragen aktiv und per Design adressiert, wobei Vertrauen für ihn auch eine Frage „angemessener Datenpreisgabe" ist (Gebbia 2016). Um Nutzer beispielsweise dazu zu bringen, in der jeweiligen Situation (z. B. Erstkontaktaufnahme) eine angemessene Nachrichtenlänge zu wählen, sind die Texteingabefelder in jeweils (gemäß Airbnb) optimaler Größe gestaltet. Forschungsansätze der ‚Design Science' befassen sich mittlerweile vermehrt mit der effektiven Gestaltung von Plattformen innerhalb der Share Economy (Betzing et al. 2017; Matzner et al. 2016) auch in Bezug auf zwischenmenschliches Vertrauen (Hawlitschek et al. 2017a).

Viele E-Commerce-Akteure verlassen sich auch auf Zertifizierungen durch Dritte um hohe Service-Levels, Qualität, Zuverlässigkeit und somit Vertrauenswürdigkeit zu signalisieren. Beispiele sind das TÜV-Siegel ‚s@fer shopping' oder die ‚Trusted-Shops-Garantie'. Solche Zertifikate werden in der Regel über ein grafisches Label abgebildet, das auf der Seite eingebunden wird. Allerdings zeigt sich, dass solche Zertifikate unter Umständen kaum Aufmerksamkeit erhalten, während sich Gesichter als primärer Blickfang erweisen (Plonka und Janik 2013). Menschen werden in diesem Zusammenhang als ‚social animals' (Plonka und Janik 2013) bezeichnet, perfekt eingestellt auf die Wahrnehmung und Verarbeitung sozialer Signale.

3.4 Aussagekräftige Nutzerprofile und Profilfotos

Die augenscheinlich große Wichtigkeit von Gesichtern bringt uns nun zu einer der gängigsten vertrauensbildenden Maßnahmen im E-Commerce, insbesondere auf P2P-Plattformen: Aussagekräftige Nutzerprofile und Profilfotos. Mit Darstellungsformen für Nutzer befassen sich mehrere Forschungsströme. Im Bereich E-Commerce und Informationssysteme hat die Forschung bereits seit den frühen 2000er Jahren untersucht, wie Produktbilder und menschliche Abbildungen das Einkaufsverhalten auf Shopping-Websites beeinflussen. Insbesondere Gesichter hatten dabei einen positiven Effekt auf Vertrauen, Kaufabsicht und Kundenloyalität, was meist über den Faktor der sozialen Präsenz erklärt wurde (Cyr et al. 2009; Hassanein und Head 2007).

Wahrgenommene soziale Präsenz ("perceived social presence") bezeichnet den Grad der Salienz einer anderen Person in einer Interaktion und damit die Salienz der interpersonellen Beziehung selbst (Short 1976, 65). Diese wurde in einer Vielzahl von Studien als zentrales Konstrukt identifiziert. Im klassischen E-Commerce ist soziale Präsenz aber eher als ein grobes Hilfsmittel zu verstehen, um profanen Gegenständen ein positives Image zu verleihen (beispielsweise durch die Verbindung eines Kopfhörers mit einem attraktiven Model welches den Kopfhörer trägt). Für den Bereich der P2P-Plattformen hingegen liegt der Fall anders, da hier ein tatsächlicher sozialer Bezugspunkt (per Definition) besteht, und somit auch soziale Präsenz als Normalfall zu erwarten ist. Allerdings haben erst wenige Studien systematisch untersucht, welche Effekte typische Elemente von P2P-Plattformen (z. B. Nutzerfotos, bzw. deren Fehlen) auf die zentralen Faktoren Vertrauen und Verhalten haben (Bente et al. 2012; Ert et al. 2016; Teubner et al. 2013, 2014). Dafür sind die Ergebnisse der vorhandenen Studien eindeutig: Gesichter schaffen Vertrauen. Viele Plattformbetreiber machen sich diesen Wirkmechanismus zu Nutze. Mitfahrgelegenheit.de, zum Beispiel, erinnerte seine Mitglieder wörtlich an die vertrauensstiftende Wirkung von Gesichtern und forderte sie entsprechend auf Profilfotos hochzuladen. Auch Flinc.org bittet seine Nutzer ein Foto hochzuladen und damit Vertrauen zu schaffen. BlaBlaCar geht noch einen Schritt weiter und bietet in der Fahrtensuche eine explizite Filteroption an, die nur Fahrten von Fahrern mit Profilbild anzeigt.

Neben tatsächlichen, das heißt fotorealistischen Profilbildern werden in einer Vielzahl von Bereichen auch Avatare betrachtet, zum Beispiel für E-Commerce, Online-Gaming, oder E-Learning (Bente et al. 2012; Blascovich et al. 2002; Lee et al. 2009; Nowak und Biocca 2003; Qiu und Benbasat 2005; Slater und Steed 2002). Mittels bildgebender Verfahren (wie funktioneller Magnetresonanztomographie) konnte gezeigt werden, dass fast alle gesichtsartige Formen, seien es Cartoons oder Tiere, vom Gehirn wie tatsächliche menschliche Gesichter wahrgenommen werden. Die Ergebnisse von Tong et al. deuten beispielsweise darauf hin, dass die ,fusiform face area' – ein auf die Gesichtserkennung spezialisiertes Gehirnareal, nicht nur bei menschlichen, sondern auch bei Tier- und Comicgesichtern aktiv wird (Tong et al. 2000). Einfach gesprochen: Alles was Merkmale eines Gesichts aufweist, wird vom Gehirn auch als solches erkannt. Dies erscheint von einem evolutionsbiologischen Standpunkt aus auch durchaus als sinnvoll, da der Erkennung und Interpretation von Gesichtern und Gesichtsausdrücken eine immens wichtige Rolle zukam. Tatsächlich zeigt sich das beschriebene Aktivierungsmuster für echte und künstliche Gesichter nicht nur beim Menschen, sondern auch bei Makaken (Freiwald et al. 2009). Das verdeutlicht das große Vertrauenspotenzial künstlicher Nutzerdarstellungen, wie Avataren, da sie offenbar dieselben positiven Effekte auszulösen vermögen wie natürliche Gesichter.

Es kann angenommen werden, dass die Bedeutung von Nutzerrepräsentation in P2P-Plattformen deutlich größer ist als im ,traditionellen' E-Commerce, da die sichtbaren Bilder die tatsächlichen Menschen und in der Regel die tatsächlichen Interaktionspartner zeigen. Darüber hinaus ist ein etwaiger Bildeffekt vermutlich besonders ausgeprägt für Konzepte mit echter Offline-Interaktion (z. B. Airbnb, BlaBlaCar), und weniger stark für Plattformen, bei denen jegliche Nutzerinteraktion online stattfindet (z. B. Ebay). Analog zu dieser Überlegung geht der Trend auf Plattformen wie Airbnb hin zur Verwendung von kurzen Videobotschaften auf Nutzerprofilen (Airbnb 2017). Diese sind in der Literatur bislang allerdings kaum beleuchtet (Dann et al. 2017).

Soziale und personenbezogene Indikatoren, insbesondere menschliche Gesichter, können also als wichtiger Baustein für die Anbahnung von P2P-Interaktionen dienen. In den letzten zwei Jahren beschäftigt sich Forschung zunehmend auch mit den ‚dunklen Seiten‘ der Share Economy, wobei in der Regel auf Lohndumping, prekäre Beschäftigungsverhältnisse sowie die Ökonomisierung vormals marktferner Lebensbereiche abgezielt wird (Malhotra und Van Alstyne 2014). Die Beleuchtung der Schattenseiten der Share Economy bringt neben vertrauensrelevanten Wirkungsmechanismen, zum Beispiel durch Phänomene wie ‚Sharewashing‘ (Hawlitschek et al. 2017b; Kalamer 2013), auch direkte negative Aspekte sozialer und personenbezogener Indikatoren zum Vorschein. Edelman und Luca fanden einen ausgeprägten Ethnie-basierten Preiseffekt auf Airbnb, wobei afroamerikanische Gastgeber offenbar geringere Preise durchsetzen können als kaukasisch-stämmige Anbieter vergleichbarer Wohnungen (Edelman und Luca 2014). Sie schließen, dass vordergründig routinemäßige Mechanismen zum Aufbau von Vertrauen unerwartete, gar unerwünschte Nebeneffekte haben. Neben dem Diskriminierungspotenzial von Profilbildern wird auch deren Auswirkung auf die Privatsphäre diskutiert (Teubner und Flath 2018).

3.5 Identitätsverifikation

Eine häufig verwendete Methode zur Vertrauensbildung besteht für Online-Nutzer in der Identitätsverifikation (Mazzella et al. 2016; Möhlmann und Geissinger 2018). Beispielsweise können Nutzer nachweisen, dass sie erstens tatsächliche Menschen sind und die Gegenseite es nicht mit einem ‚Fake-Account‘ zu tun hat, und dass sie zweitens über die notwendigen Fähigkeiten zur Ausführung der geforderten Aufgabe verfügen (z. B. als Fahrer auf einer Mitfahrgelegenheitsplattform). Zu diesem Zweck verwenden Plattformen Dienste wie Netverify, die mit Hilfe der Webcam die Identität der Nutzer anhand eines Abgleichs von Portraitfotos (Gesicht) und des Fotos eines offiziellen Ausweisdokuments vornehmen. Analog werden Handynummern und E-Mail-Adressen auf Authentizität überprüft, indem Bestätigungscodes versandt werden, die die Nutzer dann wieder auf der Plattform eingeben. Die tatsächliche

Information (Dokumenten-ID, E-Mail-Adresse, Telefonnummer) wird dabei nicht auf der Plattform veröffentlicht, sondern lediglich ein Icon, das die erfolgreiche Verifikation dieser Daten bestätigt.

Für spezielle Anwendungen möchten Nutzer gegebenenfalls besondere Fähigkeiten kommunizieren, zum Beispiel, wenn sie ein Boot mieten wollen (Bootsführerschein) oder als Fahrer für Mitfahrgelegenheiten (Führerschein; oder eine Bestätigung der Form ‚Unfallfrei seit x Jahren‘ ihrer Kfz-Versicherung). Eine weitere Möglichkeit sind soziale Signale (Mazzella et al. 2016). Durch die Einbindung sozialer Online-Netzwerke kann eine strategische Selbstverpflichtung erzeugt werden. Die gesellschaftlichen Kosten steigen, wenn sich ein Transaktionspartner beschwert. Wenn unerwünschtes Verhalten mit hohen eigenen Kosten ex-ante verbunden wird, stellt dies ein starkes Signal für die eigene Bereitschaft sich wohlwollend zu verhalten dar. Zudem kann das Vorhandensein eines Facebook-Freundeskreis als positives soziales Signal gedeutet werden (Tong et al. 2008). Soziale Medien spielen auch eine Rolle für die Möglichkeit Vertrauen anhand sozialer Ähnlichkeit zu schaffen (McAllister 1995), zum Beispiel durch gemeinsame Interessen oder Freunde. Eine andere Verifizierungs- und Qualitätsmanagementstrategie wird von Airbnb verwendet. Die Plattform bietet ausgewählten Gastgebern an, für sie kostenlos professionelle Fotoaufnahmen erstellen zu lassen. Dabei besucht ein Partnerfotograf von Airbnb die Unterkünfte und lichtet sie professionell ab. Die Bilder werden außerdem mit einem Airbnb-Siegel versehen, welches glaubwürdig signalisiert, dass das tatsächliche Apartment abgebildet ist (Zhang et al. 2016).

3.6 Versicherungen und Ersatzangebote

Eine weitere Möglichkeit, Vertrauen zu schaffen, besteht für die Plattformanbieter zum Beispiel im Angebot von komplementären Versicherungen und Support-Dienstleistungen für Worst-Case-Szenarien. Airbnb inkludiert für alle Gastgeber eine Versicherung bis zu einer Schadenssumme von 1 Millionen US-Dollar für durch Gäste verursachte Schäden (z. B. durch Vandalismus, Diebstahl, etc.). Es wurde jedoch angemerkt, dass das tatsächliche Erwirken einer Versicherungszahlung im Schadensfall in der Regel äußerst kompliziert ist und sich Airbnb dabei keineswegs so kooperativ verhält, wie es das Marketing suggeriert (Hooshmand 2015). Die Mitfahrgelegenheitsbörse Carpooling.com erstattete Mitfahrern Ersatz-Zugtickets, falls diese vom Fahrer versetzt wurden, beziehungsweise der Fahrer die Fahrt in letzter Minute stornierte. Während Ansätze zur Erstellung eines Angebotes mit optimalen Versicherungen existieren (Weber 2014), ist die Interaktion von Versicherungen und anderen vertrauensfördernden Mechanismen und der entsprechende Einfluss auf Nutzervertrauen im P2P-Kontext ist bis heute weitestgehend unerforscht.

4 Visionen zum Teilen: Die Zukunft des Vertrauens in der Share Economy

Durch den Druck sozialer, rechtlicher und technischer Entwicklungen unterliegt die Share Economy einem ständigen Wandel. Das rasante Wachstum und die großen Umsatzpotenziale innerhalb der Plattformlandschaft der Share Economy stoßen Bewegungen an, welche durch profitorientierte Überlegungen und weniger durch Nachhaltigkeitsgedanken getrieben werden. Kritiker beobachten seit Längerem einen Trend hin zum Plattform-Kapitalismus (Lobo 2014) und beklagen eine Aushöhlung des Sharing-Gedankens. Begriffe wie ‚Sharewashing‘, also das bewusste Vortäuschen positiver Sharing-Aspekte zur Beeinflussung potenzieller Kunden seitens einer Plattform, prägen die Berichterstattung in den Medien und die Wahrnehmung der Share Economy als Form des Austauschs (Bergt 2017; Hawlitschek et al. 2017b; Kalamar 2013). Diese Wahrnehmung kann zu Vertrauensverlusten gegenüber Plattformanbietern führen (Hawlitschek et al. 2017b) und somit Nachfrager von Angeboten der Share Economy verschrecken. Plattformbetreiber innerhalb der Share Economy sollten sich daher vermehrt mit ihrer Wahrnehmung in der Öffentlichkeit und insbesondere mit der Wirkung ihrer Marketing-Maßnahmen auseinandersetzen.

Zusätzlich drängen Innovationen wie die Blockchain-Technologie auf den Markt, welche versprechen, Marktmediatoren obsolet zu machen, somit den Plattformkapitalismus abzuschaffen, und auch – en passent – dezentral Vertrauen auf Share-Economy-Plattformen zu schaffen. Dieser ambitionierte Claim auf dem Weg zur ‚Share Economy 2.0‘ (beispielsweise postuliert durch IBM; Lundy 2016) wirft insbesondere vor dem Hintergrund des globalen Hypes rund um das Thema Blockchain einige Fragen auf (Notheisen et al. 2017). Es gibt Anhaltspunkte für einen möglichen Einsatz der Technologie im Kontext der Share Economy (z. B. Lazooz; Sundararajan 2016), etwa um ‚trust-free systems, also vertrauensfreien Systemen zu schaffen (Beck et al. 2016). Ob und wie Vertrauen auf Share Economy-Plattformen durch die Blockchain-Technologie aber tatsächlich effektiv geschaffen oder aber obsolet gemacht werden kann, muss sich erst noch zeigen (Hawlitschek et al. 2018).

Als weniger disruptiv, daher allerdings nicht automatisch als weniger effektiv, präsentiert sich die technische Realisierung plattformübergreifender Portabilität von Reputation und Identitätsverifikation (Hausemer et al. 2017). Während praktische Umsetzungen plattformübergreifender Reputationstransfermechanismen (wie zuvor beschrieben) bereits im Feld erprobt werden, besteht auch weiterhin Bedarf an einer wissenschaftlichen Adressierung dieses Konzepts. Unabhängig von technischen Ansätzen wird die Begegnung zweier menschlicher Akteure in der realen Welt stets ein Mindestmaß an Vertrauen benötigen. Vertrauen ist und bleibt somit ein wichtiger Grundpfeiler der Share Economy.

Literaturverzeichnis

Abramova, Olga / Krasnova, Hanna / Shavanova, Tetiana / Fuhrer, Andrea / Buxmann, Peter (2016), "Impression Management in the Sharing Economy: Understanding the Effect of Response Strategy to Negative Reviews", *Die Unternehmung – Swiss Journal of Business Research and Practice* 1/70, 58–73.

– / Shavanova, Tetiana / Fuhrer, Andrea / Krasnova, Hanna / Buxmann, Peter (2015), *Understanding the Sharing Economy: The Role of Response to negative Reviews in the Peer-To-Peer Accommodation Sharing Network*, 23rd European Conference on Information Systems, Completed Research Paper 1, Münster.

Airbnb (2014), „Ein Neues Bewertungs-System Schafft Vertrauen", *Blog Airbnb*, Online erschienen am 10.07.2014.

– (2017), „Wie nehme ich ein Profilvideo auf?", *Airbnb*, Online erschienen auf https://www.airbnb.de.

Ajzen, Icek (1985), "From intentions to actions: A theory of planned behavior", in: Julius Kuhl / Jürgen Beckmann (Hgg.), *Action Control From Cognition to Behavior*, Berlin, 11–39.

Akbar, Payam / Mai, Rober / Hoffmann, Stefan (2016), "When do materialistic consumer join commercial sharing systems", *Journal of Business Research* 10/69, 4215–4224.

Bardhi, Fleura / Eckhardt, Giana M. (2012), "Access-Based Consumption: The Case of Car Sharing", *Journal of Consumer Research* 4/39, 881–898.

Barki, Henri / Robert, Jacques / Dulipovici, Alina (2015), "Reconceptualizing trust: A nonlinear Boolean model", *Information and Mangement* 4/52, 483–495.

Barnes, Stuart J. / Mattsson, Jan (2017), "Understanding collaborative consumption: Test of a theoretical model", *Technological Forecasting and Social Change* 118, 281–292.

Basoglu, Kamile A. / Hess, Traci J. (2014), "Online Business Reporting: A Signaling Theory Perspective", *Journal of Information Systems* 2/28, 67–101.

Beck, Roman / Czepluch, Jacob S. / Lollike, Nikolaj / Malone, Simon (2016), *Blockchain. The Gateway to trust-free cryptographic Transactions*, Proceedings of the 24th European Conference on Information Systems, Istanbul.

Belk, Russell (2010), "Sharing", *Journal of Consumer Research* 5/36, 715–734.

Bente, Gary / Baptist, Odile / Leuschner, Haug (2012), "To buy or not to buy: Influence of seller photos and reputation on buyer trust and purchase behavior", *International Journal of Human Computer Studies* 1/70, 1–13.

Berg, Joyce / Dickhaut, John / McCabe, Kevin (1995), "Trust, Reciprocity, and Social History", *Games and Economic Behavior* 1/10, 122–142.

Bergt, Svenja (2017), „Kommentar Sharing Economy: Das neue Greenwashing", *Die Tageszeitung*, Online erschienen am 15.02.2017.

Betzing, Jan H. / von Hoffen, Moritz / Plenter, Florian / Chasin, Friedrich / Matzner, Martin / Becker, Jörg (2017), "One Plug at a Time – Designing a Peer-to-Peer Sharing Service for Charging Electric Vehicles", *Proceedings der 13. Internationalen Tagung Wirtschaftsinformatik in St. Gallen*, 1275–1278.

Blascovich, Jim / Loomis, Jack / Beall, Andrew C. / Swinth, Kimberly R. / Hoyt, Crystal L. / Bailenson, Jeremy N. (2002), "Immersive Virtual Environment Technology as a Methodological Tool for Social Psychology", *Psychological Inquiry* 2/13, 103–124.

Bock, Gee-Woo / Zmud, Robert W. / Kim, Young-Gul / Lee, Jae-Nam (2005), "Behavioral Intention Formation in Knowledge Sharing: Examining the Roles of Extrinsic Motivators, Social-Psychological Forces, and Organizational Climate", *MIS Quarterly* 1/29, 87–111.

Böcker, Lars/Meelen, Toon (2016), "Sharing for people, planet of profit? Analysing motivations for intended sharing economy participation", *Environmental Innovation and Societal Transitions* 23, 28–39.

Bolton, Gary/Greiner, Ben/Ockenfels, Axel (2013), "Engineering trust: reciprocity in the production of reputation information", *Management Science* 2/59, 265–285.

–/Katok, Elena/Ockenfels, Axel (2004a), "How Effective Are Electronic Reputation Mechanisms? An Experimental Investigation", *Management Science* 11/50, 1587–1602.

–/Katok, Elena/Ockenfels, Axel (2004b), "Trust among Internet Traders: A Behavioral Economics Approach", *Analyse & Kritik* 5/26, 185–202.

Botsman, Rachel (2012), "The currency of the new economy is trust", *TEDGlobal*, Videoaufzeichung, online erschienen im Juni 2016 auf http://www.ted.com.

Bucher, Elaine/Fieseler, Christian/Lutz, Christoph (2016), "What's mine is yours (for a nominal fee). Exploring the spectrum of utilitarian to altruistic motives for Internet-mediated sharing", *Computers in Human Behaviour* 62, 316–326.

Cialdini, Robert B. (2009), *Influence. The Psychology of Persuasion*, New York.

Cyr, Dianne/Head, Milena/Larios, Hector (2010), "Colour appeal in website design within and across cultures: A multi-method evaluation", *International Journal of Human Computer Studies* 1–2/68, 1–21.

–/Head, Milena/Larios, Hector/Pan, Bing (2009), "Exploring Human Images in Website Design: A Multi-Method Approach", *MIS Quarterly* 3/33, 539–566.

Dann, David/Hawlitschek, Florian/Teubner, Timm/Weinhardt, Christof (2017), "Building Trust in the Sharing Economy: Understanding the Impact of Video Messages", *Vortrag auf dem 4th International Workshop on the Sharing Economy in Lund*.

Davis, Fred D. (1985), *A Technology Acceptance Model for Empirically Testing New End-User Information Systems: Theory and Results*, Cambridge.

Dellarocas, Chrysanthos (2003), "The Digitization of Word of Mouth: Promise and Challenges of Online Feedback Mechanisms", *Management Science* 10/49, 1407–1424.

Duden (2016), *Wirtschaft von A bis Z: Grundlagenwissen für Schule und Studium, Beruf und Alltag*, Mannheim.

Edelman, Benjamin/Luca, Michael (2014), *Digital Discrimination: The Case of Airbnb. com*, Harvard Business School NOM Unit Working Paper 14–054, Boston.

Ert, Eyal/Fleischer, Aliza/Magen, Nathan (2016), "Trust and reputation in the sharing economy: The role of personal photos in Airbnb", *Tourism Management* 55, 62–73.

Freiwald, Winrich A./Tsao, Doris Y./Livingstone, Margaret S. (2009), "A face feature space in the macaque temporal lobe", *Nature Neuroscience* 9/12, 1187–1196.

Frenken, Koen/Schor, Juliet (2017), "Putting the sharing economy into perspective", *Environmental Innovation and Societal Transitions* 23, 1–8.

Friedman, Daniel/Cassar, Alessandra (2004), *Economics Lab: An Intensive Course in Experimental Economics*, London.

Fuller, Mark A./Serva, Mark A./Benamati, John S. (2007), "Seeing ist believing: The transitory influence of reputation", *Decision Sciences* 4/38, 675–699.

Gebbia, Joe (2016), "How Airbnb designs for trust", *TED-Talk*, Videoaufzeichung, online erschienen im April 2016 auf http://www.ted.com.

Gefen, David/Benbasat, Izak/Pavlou, Paul A. (2008), "A Research Agenda for Trust in Online Environments", *Journal of Management Information Systems* 4/24, 275–289.

Gutt, Dominik / Herrmann, Philipp (2015), *Sharing means caring? Hosts' price reactions to rating visibility*, 23th European Conference on Information Systems Research-in-Progress Paper 54, Münster.

Hamari, Juho / Sjöklint, Mimmi / Ukkonen, Antti (2016), "The sharing economy: Why people participate in collaborative consumption", *Journal of the Association for Information Science and Technology* 9/67, 689–708.

Hassanein, Khaled / Head, Milena (2007), "Manipulating perceived social presence through the web interface and its impact on attitude towards online shopping", *International Journal of Human Computer Studies* 8/65, 689–708.

Hausemer, Pierre / Rzepecka, Julia / Dragulin, Marius / Vitiello, Simone / Rabuel, Lison / Nunu, Madalina / Diaz, Adriana R. / Psalla, Emma / Florentini, Sara / Gysen, Sara / Meeusen, Tim / Quaschning, Simon / Dunne, Allison / Grinevich, Vadim / Huber, Franz / Baines, Linda (2017), *Exploratory Study of Consumer Issues in Online Peer-to-Peer Platform Markets*, EU-Kommissionstudie, Brüssel.

Hawlitschek, Florian / Lippert, Flora (2015), "Whom to Trust? Assessing the Role of Profile Pictures on Sharing Economy Platforms", *Proceedings of the 15th International Conference on Group Decision & Negotiation in Warsaw*, 361–367.

– / Teubner, Timm / Gimpel, Henner (2016a), "Understanding the sharing economy. Drivers and impediments for participation in peer-to-peer rental", *Proceedings of the 49th Hawaii International Conference on System Sciences in Koloa*, 4782–4791.

– / Teubner, Timm / Gimpel, Henner (2016b), "The Importance of User Motivations in the Sharing Economy. Towards a Research Agenda", *Vortrag auf dem 3rd International Workshop on the Sharing Economy in Southampton*.

– / Teubner, Timm / Weinhardt, Christof (2016c), "Trust in the Sharing Economy", *Die Unternehmung – Swiss Journal of Business Research and Practice* 1/70, 26–44.

– / Peukert, Christian / Teubner, Timm / Weinhardt, Christof (2015), *The Three Kinds of Trust in the Sharing Economy*, Proceedingsbeitrag zur Multikonferenz Wirtschaftsinformatik, Illmenau.

– / Jansen, Lars-Erik / Lux, Ewa / Teubner, Timm / Weinhardt, Christof (2016e), "Colors and trust. The influence of user interface design on trust and reciprocity", *Proceedings of the 49th Hawaii International Conference on System Sciences in Koloa*, 590–599.

– / Notheisen, Benedikt / Teubner, Timm (2018): "The limits of trust-free systems: A literature review on blockchain technology and trust in the sharing economy," Electronic Commerce Research and Applications 29, 50–63.

– / Stofberg, Nicole O. / Teubner, Timm / Tu, Patrick / Weinhardt, Christof (2017b), "A First Look on Sharewashing in the Sharing Economy: How False Claims Can Impede Trust", *Vortrag auf dem 4th International Workshop on the Sharing Economy in Lund*.

– / Teubner, Timm / Adam, Marc T. P. / Borchers, Nils / Möhlmann, Mareike / Weinhardt, Christof (2016d), *Trust in the Sharing Economy: An Experimental Framework*, Proceedings of the 37th International Conference on Information Systems, Dublin.

– / Kranz, Tobias T. / Elsner, Daniel / Fritz, Felix / Mense, Constantin / Müller, Marius B. / Straub, Tim (2017a), "Sharewood-Forest – A Peer-to-Peer Sharing Economy Platform for Wild Camping Sites in Germany Basic Platform Design of Sharewood-Forest", *Proceedings of the 17th International Conference on Group Decision and Negotiation in Hohenheim*, 265–271.

Hooshmand, Mark (2015), "The Risks of Being a Host in the Sharing Economy: A Look at Sort-Term Rentals and the Liability and Public-Policy Problems They Present", *Plaintiff Magazine*, Online erschienen im April 2015.

Hu, Nan/Zhang, Jie/Pavlou, Paul A. (2009), "Overcoming the J-shaped distribution of product reviews", *Communications of the ACM* 10/52, 144–147.

Huang, Qian/Chen, Xiayu/Ou, Carol X./Davison, Robert M./Hua, Zhongsheng (2017), "Understanding buyers' loyalty to a C2C platform: the roles of social capital, satisfaction and perceived effectiveness of e-commerce institutional mechanisms", *Information Systems Journal* 1/27, 91–119.

Ikkala, Tapio/Lampinen, Airi (2015), "Monetizing Network Hospitality: Hospitality and Sociability in the Context of Airbnb", *Proceedings of the 18th ACM conference on Computer supported cooperative work & social computing in Vancouver*, 1033–1044.

Jones, Kiku/Leonard, Lori N. K (2008), "Trust in consumer-to-consumer electronic commerce" *Information and Management* 2/45, 88–95.

Jahn, Joachim/Schäfers, Manfred (2014), „Online-Vermittlungsbörsen. Der Fiskus ist Airbnb und Uber auf der Spur", *Frankfurter Allgemeine Zeitung*, Online erschienen am 30.10.2014.

Kalamer, Anthony (2013), "Sharewashing is the New Greenwashing", *OpEdNews*, Online erschienen am 13.05.2013, 2–4.

Kankanhalli, Atreyi/Tan, Bernard C.Y./Kwok-Kee, Wei (2005), "Contributing Knowledge to Electronic Knowledge Repositories: An Empirical Investigation", *MIS Quarterly* 1/29, 113–143.

Kokalitcheva, Kia (2016), "Inside Airbnb's Plan to Partner With the Real Estate Industry", *Fortune*, Online erschienen am 13.09.2016.

Lamberton, Cait P./Rose, Randall L. (2012), "When ours is better than mine? A Framework for Understanding and Altering Participation in Commercial Sharing Systems", *Journal of Marketing* 4/76, 109–125.

Lastovicka, John L./Bettencourt, Lance A./Hughner, Renée S./Kuntze, Ronald J. (1999), "Lifestyle of the Tight and Frugal: Theory and Measurement", *Journal of Consumer Research* 1/26, 85–98.

Lee, Youngwha/Kozar, Kenneth A./Larsen, Kai R. (2009), "Avatar e-mail versus traditional e-mail: Perceptual difference and media selection difference", *Decision Support Systems* 2/46, 451–467.

Lobo, Sascha (2014), „Auf dem Weg in die Dumping-Hölle", *Der Spiegel*, Online erschienen am 03.09.2014.

Lu, Yaobin/Zhao, Ling/Wang, Bin (2010), "From virtual community member to C2C e-commerce buyers: Trust in virtual communities and ist effect on consumers' purchase intention", *Electronic Commerce Research and Applications* 4/9, 346–360.

Lundy, Lawrence (2016), "Blockchain and the sharing economy 2.0", *IBM developerWorks*, Online erschienen am 12.05.2016.

Lutz, Christoph/Hoffmann, Christian P./Bucher, Elaine/Fieseler, Christian (2017), "The role of privacy concerns in the sharing economy", *Information, Communication & Society*, Online erschienen am 16.06.2017.

Mac, Ryan (2016), "Under 30 Tech CEOs Emphasize Trust As Key To The Sharing Economy", *Forbes*, Online erschienen am 17.10.2016.

Malhotra, Arvid/Van Alstyne, Marshall (2014), "The dark side of the sharing economy ... and how to lighten it", *Communications of the ACM* 11/57, 24–27.

Matzner, Martin/Chasin, Friedrich/von Hoffen, Moritz/Plenter, Florian/Becker, Jörg (2016), "Designing a peer-to-peer sharing service as fuel for the development of the electric vehicle charging infrastructure", *Proceedings of the 49th Hawaii International Conference on System Sciences Proceedings in Koloa*, 1587–1595.

Mazzella, Frédéric / Sundararajan, Arun / Butt d'Espous, Verena / Möhlmann, Mareike (2016), "How digital trust powers the Sharing Economy: The digitization of trust", *IESE Insight* 3/30, 24–31.

McAllister, Daniel J. (1995), "Affect- and Cognition-Based Trust as Foundations for Interpersonal Cooperation in Organizations", *Academy of Management Journal* 1/39, 24–59.

McKnight, Harrison / Cervany, Norman L. (2001), "What Trust Means in E-Commerce Customer Relationships: An Interdisciplinary Conceptual Typology", *International Journal of Electronic Commerce* 2/6, 35–59.

Mittendorf, Christoph (2016), *What Trust means in the Sharing Economy: A provider perspective on Airbnb.com*, 23th Americas Conference on Information Systems Research Paper San Diego.

– (2017), "The Implications of Trust in the Sharing Economy – An Empirical Analysis of Uber", *Proceedings of the 50th Hawaii International Conference on System Sciences Proceedings in Koloa*, 5837–5846.

Möhlmann, Mareike (2015), "Collaborative consumption: determinants of satisfaction and the likelihood of using sharing economy option again", *Journal of Consumer Behaviour* 3/14, 193–207.

– (2016), *Digital Trust and Peer-to-Peer Collaborative Consumption Platforms: A Mediation Analysis*, SSRN Working Paper, Rochester.

– / Geissinger, Andrea (2018), "Trust in Sharing Economy: Platform-Mediated Peer Trust", in: Nestor Davidson / John Infranca / Michèle Finck (Hgg.), *Cambridge Handbook of Law and Regulation of the Sharing Economy*, Cambridge, *im Erscheinen*.

Mulshine, Molly (2015), "After a disappointing Airbnb stay, I realized there's a major flaw in the review system", *Business Insider*, Online erschienen am 18.06.2015.

Notheisen, Benedikt / Hawlitschek, Florian / Weinhardt, Christof (2017), "Breaking Down the Blockchain Hype. Towards a Blockchain Market Engineering Approach", *Proceedings of the 25th European Conference on Information Systems in Guimarães*, 1062–1080.

Nowak, Kristine L. / Biocca, Frankf (2003), "The Effect of the Agency and Anthropomorphism on Users' Sense of Telepresence, Copresence and Social Presence in Virtual Environments", *Presence: Teleoperators and Virtual Environments* 5/12, 481–494.

O. V. (2015). "FactSet Airbnb Vs. Hospitality Industry", *The Wall Street Journal*, Online erschienen am 31.12.2015.

Pavlou, Paul A. (2003), "Consumer Acceptance of Electronic Commerce: Integrating Trust and Risk with the Technology Acceptance Model", *International Journal of Electronic Commerce* 3/7, 69–103.

– / Fygenson, Mendel (2006), "Understanding and Predicting Electronic Commerce Adoption: An Extension of the Theory of Planned Behavior", *MIS Quarterly* 1/30, 115–143.

Peterson, Andrew / Speer, Paul W. / McMillan, David W. (2008), "Validation of A Brief Sense of Community Scale: Confirmation of the Principal Theory of Sense of Community", *Journal of Community Psychology* 1/36, 61–73.

Plonka, Maciej / Janik, Justyna (2013), "Context Matters", *Boxes and Arrows*, Online erschienen am 29.10.2013.

PwC (2015), *The Sharing Economy*, Delaware.

Qiu, Lingyun / Benbasat, Izak (2005), "Online Consumer Trust and Live Help Interfaces: The Effects of Text-to-Speech Voice and Three-Dimensional Avatars", *International Journal of Human-Computer Interaction* 1/19, 75–94.

Resnick, Paul/Zeckhauser, Richard (2002), "Trust among strangers in internet transactions: Empirical analysis of eBay's reputation system", in: Michael Baye (Hg.), *Advances in Applied Microeconomics* 11, Amsterdam, 127–157.

–/Zeckhauser, Richard/Friedman, Eric/Kuwabara, Ko (2000), "Reputation Systems" *Communications of the ACM* 12/43, 45–48.

Rousseau, Denise M./Sitkin, Sim B./Burt, Ronald S. (1998), "Not so different after all: A cross-discipline view of trust", *Academy of Mangement Review* 3/23, 393–404.

Sahlins, Marshall D. (1972), *Stone Age Economics*, London.

Short, John (1976), *The Social Psychology of Telecommunications*, London.

Slater, Mel/Steed, Anthony (2002), "Meeting people virtually: Experiments in shared virtual environments", in: Ralph Schroeder (Hg.): *The Social Life of Avatars*, London, 146–171.

Slee, Tom (2013), "Some Obvious Things About Internet Reputation Systems", *tomslee.net*, Online erschienen am 29.09.2013.

Smith, Vernon L. (1976), "Experimental Economics: Induced Value Theory", *American Economic Review* 2/66, 274–279.

Sundararajan, Arun (2012), "Why the Government Doesn't Need to Regulate the Sharing Economy", *Wired*, Online erschienen am 22.10.2012.

– (2016), *The Sharing Economy: The End of Employment and the Rise of Crowd-Based Capitalism*, Cambridge.

Taylor, Shirley/Todd, Peter A. (1995), "Understanding information technology usage: A test of competing models", *Information Systems Research* 2/6, 144–176.

Teubner, Timm (2014), "Thoughts on the sharing economy", *Proceedings of the Multi Conference on Computer Science and Information Systems in Lisbon*, 322–326.

–/Adam, Marc T.P./Camacho, Sonia/Hassanein, Khaled (2014), "Understanding resource sharing in C2C platforms: The role of picture humanization", Proceedings of the 25th Australasian Conference on Information in Systems, Auckland.

–/Flath, Christoph M. (2018), "Privacy in the Sharing Economy", Journal of the Association for Information Systems, *im Erscheinen*.

–/Hawlitschek, Florian (2018), "The Economics of Peer-to-Peer Online Sharing", in: Pia A. Albinsson/Yasanthi Perera (Hgg.), *The Rise of the Sharing Economy. Exploring the Challenges and Opportunities of Collaborative Consumption*, Santa Barbara, 129–158.

–/Hawlitschek, Florian/Adam, Marc T.P./Weinhardt, Christof (2013), "Social identity and reciprocity in online gift giving networks", *Proceedings of the 46th Hawaii International Conference on System Sciences in Wailea*, 708–717.

–/Hawlitschek, Florian/Dann, David (2017), "Price Determinants on Airbnb: How Reputation Pays Off in the Sharing Economy", *Journal of Self-Governance and Mangement Economics* 4/5, 53–80.

–/Hawlitschek, Florian/Gimpel, Henner (2016a), *Motives in the Sharing Economy: An Empirical Investigation of Drivers and Impediments of Peer-to-Peer Sharing*, unveröffentliches Manuskript.

–/Saade, Norman/Hawlitschek, Florian/Weinhardt, Christof (2016b), "It's only pixels, badges, and stars: On the economic value of reputation on Airbnb", *Proceedings of the 27th Australasian Conference on Information Systems in Wollongong*.

Thomas, Lauren (2017), "Airbnb just closed a $1 billion round and became profitable in 2016", *CNBC*, Online erschienen am 09.03.2017.

Tong, Frank / Nakayama, Ken / Moscovitch, Morris / Weinrib, Oren / Kanwisher, Nancy (2000), "Response Properties of the Human Fusiform Face Area", *Cognitive Neuropsychology* 1–3/17, 257–279.

Tong, Stephanie T. / Van der Heide, Brandon / Langwell, Lindsey / Walther, Joseph B. (2008), "Too much of a good thing? The relationship between number of friends and interpersonal impressions on facebook", *Journal of Computer-Mediated Communication* 3/31, 531–549.

Tussyadiah, Iis P. (2015), "An Exploratory Study on Drivers and Deterrents of Collaborative Consumption in Travel", in: Iis P. Tussyadiah / Alessandro Inversini (Hgg.), *Information & Communication Technologies in Tourism*, 817–830.

– (2016), "Factors of satisfaction and intention to use peer-to-peer accommodation", *International Journal of Hospitality Management* 55, 70–80.

– / Pesonen, Juho (2016), "Drivers and barriers of peer-to-peer accommodation stay – an exploratory study with American and Finnish travellers", *Current Issues in Tourism* 6/21, 1–18.

Venkatesh, Viswanath / Bala, Hillol (2008), "Technology acceptance model 3 and a research agenda on interventions", *Decision Sciences* 2/39, 273–315.

– / Thong, James Y. L. / Xu, Xin (2012), "Consumer Acceptance and Use of Information Technology: Extendig the Unified Theory", *MIS Quarterly* 1/36, 157–178.

Vooren, Christian (2016), „Häuserkampf in Zahlen", *Der Tagesspiegel*, Online erschienen am 28.04.2016.

Weber, Thomas A. (2014), "Intermediation in a Sharing Economy: Insurance, Moral Hazard, and Rent Extraction", *Journal of Management Information Systems* 3/31, 35–71.

Weiss, Theresa (2016), „Keine Wohnungen als Ferienunterkunft", *Frankfurter Allgemeine Zeitung*, Online erschienen am 08.08.2016.

Zervas, Georgios / Proserpio, Davide / Byer, John (2015), *A First Look at Online Reputation on Airbnb. Where Every Stay Is Above Average*, SSRN Working Paper, Rochester.

Zhang, Shunyuan / Lee, Dokyun / Singh, Param V. / Srinivasan, Kannan (2016), "How Much Is An Image Worth? An Empirical Analysis of Property's Image Aesthetic Quality on Demand at AirbBNB", *Proceedings of the 37th International Conference on Information Systems in Dublin*.

Innovation, Regulierung und Gemeinwohl

Wirtschaftsethische Annäherungen
an das Phänomen der Share Economy

Ursula Nothelle-Wildfeuer / Dominik Skala

1 Einleitung

Es ist in den sozial- und geisteswissenschaftlichen Disziplinen weithin Usus geworden, prägende gesellschaftliche Entwicklungen als ‚Megatrends' zu identifizieren und in ihnen zentrale Felder zu erkennen, die die sachliche, aber auch die normative Perspektive der gesellschaftlichen Selbstbeschreibungen entscheidend mitbestimmen. Neben oft genannten Themen wie ‚Digitalisierung', ‚Urbanisierung' oder ‚Globalisierung' fällt immer wieder auch der Verweis auf Aspekte der Share Economy (z.B. Zukunftsinstitut 2016; PwC 2016). Bei der Share Economy geht es, zunächst ganz schlicht gesagt, um die gemeinschaftliche Nutzung von Konsumgütern und Dienstleistungen unter Bedingungen einer umgreifenden Digitalisierung. Menschen teilen Transportmöglichkeiten, Unterkünfte und Räume, Maschinen, Finanzprodukte, Werkzeuge oder Kleider. Nun ist diese Form der materiellen und geistigen Kollaboration an sich noch keine Novität. Gesellschaftlich neuartige Relevanz erhält das Phänomen des Sharing im 21. Jahrhundert vor allem erst durch den Umstand, dass durch die Einschaltung einer digitalen oder internet- und plattformgestützten Struktur ein Marktgeschehen etabliert wird, das in puncto Effizienz und Genauigkeit des Matchings – dem erfolgreichen Zusammenführen von Anbieter und Nachfrager einer bestimmten Ware oder Dienstleistung – den bisherigen, analogen oder teilmechanischen Vermittlungsverfahren deutlich überlegen ist.[1] Dass dieses neue Modell der Share Economy Thema vielfältiger Debatten ist, liegt daran, dass zahlreiche Aspekte tangiert sind: ökonomische, politische, gesellschaftliche, kulturelle und auch ethische.

Die folgenden Überlegungen wollen und können für die notwendige interdisziplinäre Auseinandersetzung um das Phänomen der Share Economy einen

---

[1] Die folgenden Überlegungen beschäftigen sich mit Formen des Sharing und Geschäftsmodellen, die der genannten Differenzierung folgen: Ein Unternehmen bekommt dadurch ökonomische Relevanz, dass es digitalgestützt vermittelt. Zu weiteren Geschäftsmodellen und Formen gesellschaftlich institutionalisierten Tauschs siehe Botsman 2013.

Beitrag im Blick auf die ethischen Aspekte leisten, die es im Gespräch mit den verschiedenen Perspektiven weiter zu befragen gilt. Es soll ein Deutungsrahmen vorgelegt werden, der die Share Economy aus einer genuin (sozial)ethischen Perspektive hinsichtlich ihrer gesellschaftlichen und institutionellen Auswirkungen zu verstehen sucht. Aufgrund ihrer langen Tradition, die sich spezifisch an den Gerechtigkeitsfragen im Kontext der Entwicklung der Industriegesellschaft und in der Auseinandersetzung um Fragen der Wirtschaftsordnung herausgebildet hat, sieht sich hier die christliche Sozialethik in besonderer Weise herausgefordert.

Dieser ethische Deutungsrahmen wird in mehreren Schritten entwickelt: Zunächst wird ein Blick auf das Phänomen der Share Economy und die vielfältig tangierten Aspekte geworfen, um den Gegenstand der Überlegungen differenziert zu beleuchten (Abschnitt 2). Sodann wird das Verhältnis der Konstituenten ‚Wirtschaft‘ und ‚Ethik‘ thematisiert (Abschnitt 3). Dafür werden die möglichen strukturellen (Abschnitt 3.2) und materialen (Abschnitt 3.3) Voraussetzungen geklärt. Anschließend (Abschnitt 4) werden Überlegungen aus der spezifischen Perspektive der katholischen Soziallehre zu Markt und Zivilökonomie entfaltet, um ihren Bezug zu dem Anliegen der Share Economy herauszuarbeiten. Sodann wird an exemplarischen gesellschaftlichen Konfliktlinien dargelegt, inwiefern sich diese auch als ethische Problemlagen in Bezug auf die Share Economy darstellen (Abschnitt 5). Schließlich versuchen perspektivierende Thesen, Sharing-Ansätze innerhalb eines Gerechtigkeit garantierenden Ordnungsrahmens zu würdigen (Abschnitt 6).

2 Das Phänomen der Share Economy

Die Versprechungen, die ökonomisch von solchen Geschäftsmodellen ausgehen, spiegeln sich auch in den gegenwärtigen Bewertungen der großen Unternehmen des Sharing-Sektors. So wird etwa für das Jahr 2016 die Kapitalisierung des Taxi-Dienstleisters Uber auf über 60 Milliarden Euro, jene des Wohnungsvermittlers Airbnb auf 30 Milliarden Euro geschätzt (Wenzel 2016). So fiktiv diese Kennzahlen auch sein mögen, so sehr lassen bereits vorliegende und konservativ prognostizierte Umsatz- und Renditezahlen erahnen, welche Bedeutung die jeweiligen Entwicklungen erhalten könnten. Die amerikanische Wirtschaftsprüfungsgesellschaft PwC etwa ermittelte für das Jahr 2015 einen europaweiten Umsatz von 28 Milliarden Euro in den fünf wichtigsten Sparten, die sich Modellen des Sharing bedienten.[2] Mag sich eine solche Summe in volkswirt-

---

[2] PwC 2016 zählt dazu die Bereiche ‚Peer-to-peer accommodation‘ (households sharing access to unused space in their home or renting out a holiday home to travelers), ‚Peer-to-peer transportation‘ (individuals sharing a ride, car or parking space with others), ‚On-demand household services‘ (freelancer marketplaces enabling households to access on-demand support with household tasks such as food delivery and DIY), ‚On demand professional services‘

schaftlichen Dimensionen noch recht bescheiden ausnehmen, sprechen die prog-
nostizierten Zahlen für 2025 mit einem Umsatz von 570 Milliarden Euro schon
eine andere Sprache; diese Summe entspricht ungefähr dem Börsenwert des
Google-Mutterkonzerns Alphabet (PwC 2016, 2015), freilich im Kalenderjahr
2015 (O. V. 2016). Der angenommene Zuwachs der Gewinne fällt entsprechend
aus.

Diese Zahlen zum Gewinn im Share-Economy-Bereich zeigen aber nur
einen Teil der Ökonomie des Teilens. Denn neben diesen Unternehmen, die wie
Airbnb oder Uber eine Marktnische gefunden und schlicht ein neues Geschäftsmodell entwickelt haben, gibt es auch „Dienste [...] die – ohne kommerzielle
Interessen – Menschen zusammenbringen" (Dörr und Goldschmidt 2015, 18),
etwa um Lebensmittel und Vorräte oder auch Fahrräder und Autos durch das
Zusammenbringen von Menschen gemeinsam besser zu nutzen. Ökonomisch
gesehen kann man damit schon Zeit und Ressourcen einsparen. Aber manches
lässt doch darauf schließen, dass sich im Sharing-Phänomen nicht nur, noch nicht
einmal vorrangig ein ökonomisches Interesse, sondern möglicherweise auch ein
breiter angelegtes, kulturelles Unbehagen Raum verschafft. So schreiben Dörr
und Goldschmidt zurecht:

die derzeitige Faszination für die Share Economy hat tieferliegende, gesellschaftliche
Gründe. Hinter der Idee des geteilten Konsums steht für viele auch der Wunsch nach
einem besseren, nachhaltigeren Leben. Man will weniger besitzen, weniger wegwerfen und
qualitativ bessere Produkte konsumieren. (Dörr und Goldschmidt 2015, 18)

In der Share Economy artikuliert sich deutlich das Bedürfnis nach einer anderen
Art zu wirtschaften, nach einer Alternative zum kapitalistischen System, die
genau in die postmaterialistische Wertedebatte der Überflussgesellschaft zielt.

Es ist offenkundig, dass gerade auch jenseits ökonomischer Fakten diese
jüngste Entwicklung vielfältige Ansatzpunkte zur Diskussion bietet. Dass im
Kontext dieser Befunde öffentliche Debatten über politische (Goudin 2016;
Vaughan und Daverio 2016) und juristische Notwendigkeiten von Regulierungen
nicht ausbleiben, ist kaum verwunderlich (Eckhardt und Bardhi 2015). Es geht
u. a. um die Ausbildung von Rahmenbedingungen für diese Form des ökonomischen Handels auf der Ebene von Unternehmen, aber auch auf der Ebene
privater Handelspartner.

Aus kulturanalytischer Perspektive stellt sich besonders die Frage, inwiefern
es sich beim Phänomen der Share Economy schlichtweg um alten Wein in neuen
Schläuchen handelt, ob es also nicht letztlich doch nur um die altbekannte kapitalistische Systemlogik im neuen Gewand geht oder aber, ob unter der Prämisse

---

(freelancer marketplaces enabling businesses to access on-demand support with skills such as
administration, consultancy and accountancy) und ‚Collaborative finance' (individuals and
businesses who invest, lend and borrow directly between each other, such as crowd-funding
and peer-to-peer lending).

des Sharing tatsächlich der Ansatz einer Transformation kapitalistischer *economy* entstehen kann (Staun 2014, 2013). Liegt letztlich in dieser Form der Share Economy die moralisch bessere Wirtschaftsform mit der größeren Humanität, der tieferen Gerechtigkeit, der spürbareren Nachhaltigkeit? Hat man endlich ein Modell gefunden, mit dem es gelingt, Markt und Moral, Effizienz und Gerechtigkeit sinnvoll und stimmig zusammenzubringen oder tun sich dann doch wieder die im letzten gleichen klassischen Fragen an Rahmenbedingungen, Struktur und Akteure auf? In diesem Kontext ergibt sich weiterhin die Frage, ob und inwiefern das Sharing selbst zum Treiber größerer gesellschaftlicher Prozesse werden kann, der mittelfristig deutlich werden lässt, dass soziale Verbindungen adäquat immer auch gesellschaftsphänomenologisch statt rein effizienzökonomisch zu erfassen sind (Dörr und Goldschmidt 2015).

Wenn auch an der einen oder anderen Stelle zu lesen ist, es sei auffällig, dass bei aller ökonomischen und kulturellen Bedeutung der bisherige explizit wirtschafts*ethische* Diskurs zu Einzelfragen der Share Economy zumindest auf einen ersten Blick relativ dürftig sei (Malhotra und Van Alstyne 2014), zeigt die detailliertere Beschäftigung mit den bereits angedeuteten Aspekten wichtige Ansatzpunkte für den sozial- und wirtschaftsethischen Horizont. Zum einen tauchen Gerechtigkeits- und Gemeinwohlfragen auf, die Frage also nach dem, was die Grundpfeiler unseres gesellschaftlichen Zusammenhalts ausbildet. Zum anderen offenbart die Rede von der Ökonomie des Teilens als einem alternativen Wirtschaftsmodell, dass grundsätzlich die Institution des Marktes und des Wettbewerbs angefragt ist. Ob damit die Methodenfrage in der Wirtschaftsethik nicht gänzlich neu gestellt werden muss, bleibt im Hintergrund zu bedenken.

3 Sinn und Möglichkeiten von Wirtschaftsethik

Es ist zunächst zu fragen, in welchem Rahmen es sinnvoll sein kann, ethische Argumente im Hinblick auf bestimmte Themen und Wirtschaftsformen zu formulieren. Die Annahme, dies sei möglich, setzt zuerst voraus, dass es legitim ist, sich zu wirtschaftlichen Sachverhalten in ein Verhältnis zu setzen, das über die Binnenlogik ökonomischer Vollzüge hinausgreift. Ethisch zu argumentieren, heißt in diesem Sinne zunächst unter der Prämisse eines unterstellten, dieselbe Logik transzendierenden Sinns von Wirtschaft, analytisch vorzugehen und auf grundlegender Ebene die Konfiguration von möglichen Konzepten zu bestimmen. Ferner ist davon auszugehen, dass Wirtschaftsethik im Grunde zwei Stränge verfolgt: Erstens interessiert sie sich *fundamentalanalytisch* und *fundamentalethisch* für die Bedingungen der Möglichkeit eines ethisch urteilenden Zugriffs auf ökonomische Phänomene überhaupt. Dazu gehört nicht zuletzt die Aufklärung über die Frage, in welcher Weise ‚Ethik' sich zur ‚Wirtschaft' ins Verhältnis setzen will und kann. Zweitens ist Wirtschaftsethik – allerdings auf dieser geklärten Grundlage erst! – immer auch *konkret-normativ; d. h.* wenn die Bedingungen und Strukturen geklärt sind, so ist auch deutlich zu machen, wie bestimmte Formationen in ihrem ethischen Gehalt zu bewerten sind.[3]

3.1 Ethik als ‚Transzendenzdisziplin‘

Zunächst: Wie verhält sich ‚Ethik‘ zu wirtschaftlichen Phänomenen im Allgemeinen? Drei grundsätzliche Optionen sind hier denkbar: Erstens könnte man sagen, dass beides nichts miteinander zu tun habe, sondern beide Bereiche unabhängig je verschiedene Gegenstände oder zumindest verschiedene Hinsichten eines Gegenstandes bearbeiten. Dann wäre wirtschaftsethisches Arbeiten mit dieser Feststellung bereits erledigt.

Zweitens wäre denkbar zu sagen: Ethik vollzieht sich innerhalb der wirtschaftlichen Vollzüge selbst, geht also auf in der Vorstellung, das ökonomische Handeln selbst, die möglichst ungehinderte Entfaltung der Eigenlogik dieser Praxen führe zur bestmöglichen Realisierung eines ethischen Ziels, also etwa zu einem gerechten Zustand. Dieser Vorschlag hätte insofern auch für den Ethiker etwas Reizvolles, als sich die Bestimmungen des Ethikbegriffs als weitgehend formale aus dem Sachsystem Wirtschaft selbst erschlössen. Es ließe sich ernst machen mit der Autonomie einzelner gesellschaftlicher Sachbereiche und darauf verweisen, dass eine funktional ausdifferenzierte Gesellschaft ihre Bewertungsgrundlagen aus den jeweiligen Sachbereichen selbst bezieht. Dann ginge es für die Ethik darum, je nach vorangestelltem Ausgangsparadigma, das Funktionieren der jeweiligen Sachvollzüge vor allem mit Blick auf deren Erfolg zu analysieren und zu bewerten. Grundlage dabei wäre immer die Frage: Läuft das Business als Business? Und wenn es liefe, dann wäre es in diesem Sinne ethisch als erstrebenswert zu klassifizieren.

Die Frage nach dem vorangestellten Ausgangsparadigma gibt gleichzeitig aber auch einen Hinweis darauf, dass die Dinge möglicherweise doch etwas komplizierter liegen: Dass ein Credo in Friedman'scher Manier, die die Verantwortlichkeiten ökonomischen Agierens auf den ökonomischen Bereich selbst beschränkt (Friedman 1970/2007), immer auch Widerspruch erregt, hängt mit genau dieser Frage zusammen – und damit kommt eine dritte Variante von Wirtschaftsethik ins Spiel: Wirtschaftsethik in diesem dritten Sinn geht davon aus, dass eine weitgehende Selbstzwecklichkeit von ökonomischem Handeln eben nicht die entscheidende Zielgröße sein kann. Wirtschaft wird vielmehr als

---

[3] Ein so verstandener ‚ethischer‘ Zugriff könnte freilich auch noch weitere Bereiche einbeziehen, z.B. indem er kulturwissenschaftliche Untersuchungen darüber einbezieht, welche Arten von gesellschafts- und wirtschaftsverändernden Phänomenen von den Mitgliedern der Gesellschaft überhaupt und auf welche Weise bewertet werden (siehe ähnlich knappe Hinweise bei Maak 2014).

gesellschaftlicher Faktor aufgefasst, der vor allem eine unterstützende Funktion hat: Es geht darum, in möglichst optimaler Weise die Mittel, genauer hin also all jene Elemente bereitzustellen, die Voraussetzung dafür sind, dass das Leben von gesellschaftlichen Gruppierungen und von Einzelnen ‚lebbar' ist. Die Folge dessen ist gerade nicht eine rationalistische Ökonomisierung aller Lebensbereiche: Individuelles und gesellschaftliches Wirtschaften kann einen notwendigen, aber ggf. noch nicht hinreichenden Beitrag zu einem gelingenden Leben jedes Einzelnen leisten. Dabei muss im Blick bleiben, dass es auch Werte gibt, die sich einer Verwertbarkeit im Sinne ökonomischer Binnenlogik entziehen oder für die es möglicherweise gute Gründe gibt, sie dieser vorzuenthalten. Wirtschaft hat in dieser Hinsicht eine unverzichtbare ‚dienende' Aufgabe und ist ausgerichtet auf die außerhalb ihrer eigenen Logik liegenden Perspektive des individuell und gesellschaftlich gelingenden Lebens. Sie setzt also in der Perspektive eines auch normativ agieren wollenden, sozialethischen Zugriffs eine gehaltvolle Idee des Gerechten voraus und weiß gleichwohl um die Schwierigkeit einer allgemeinverbindlichen Formulierung und Füllung dieser Idee.

3.2 ‚Gemeinwohl' als strukturelle Zielgröße von Wirtschaft

Als Reflexionsdisziplin ist es einer in dem skizzierten Sinne verstandenen Ethik darum zu tun, die Prämissen, die über die ökonomische Binnenlogik hinausreichen, zu erklären und zu begründen. Sie ist geleitet von der Annahme, dass es auch in ausdifferenzierten und hochkomplexen Gesellschaften sinnvoll sein kann, sich über die ideellen Grundlagen des Zusammenlebens zu verständigen. Das Ziel muss dabei nicht die Einheitlichkeit der Lebensentwürfe sein. Im Gegenteil: Gerade das Wissen um das Wie und Warum der Verschiedenartigkeit ermöglicht es, diese Verschiedenartigkeit freiheitlich zu gestalten und auf Dauer zu stellen.

Die Idee des ‚Gemeinwohls' kann im Fall der Share Economy der entsprechenden Formatierung einen entscheidenden Hinweis geben. Wohl wissend, dass der Begriff unscharfe Konturen hat, soll mit der Bezugnahme auf die entsprechenden sozialethisch höchst relevanten Formulierungen des Zweiten Vatikanischen Konzils dennoch eine Definition eingebracht werden, an der sich im Folgenden auch die Reflexion über eine Ethik der Wirtschaft abzuarbeiten hat: ‚Gemeinwohl' lässt sich in dieser Tradition katholischer Sozialethik verstehen als „die Summe aller jener Bedingungen gesellschaftlichen Lebens, die den Einzelnen, den Familien und gesellschaftlichen Gruppen ihre eigene Vervollkommnung voller und ungehinderter zu erreichen gestatten" (Zweites Vatikanisches Konzil 1965/2008b, Nr. 74). In der Definition werden einige Elemente benannt, die zunächst material noch ganz unspezifische Bedingungen des Sprechens über ein gemeinsames Gut und damit eine Vorstellung nach dem gesellschaftlichen Zusammenleben formulieren. Konkreter auf das Thema einer Wirtschaftsethik gefasst: Damit gesellschaftliches Leben in gerechter Art und Weise funktionieren kann, müssen a) die Rahmenbedingungen der zugeordneten Sachbereiche entsprechend konfiguriert sein – das betrifft auch die Wirtschaft und ihre strukturelle Verfasstheit. Gleichzeitig wird b) anerkannt, dass zwischen dem Interesse der Einzelnen und übergeordneten Interessen ein Ausgleich zu suchen ist, der aber in keinem Fall über die legitimen Interessen des Einzelnen oder der einzelnen Verbünde (hier: Familien, Gruppen) hinweggehen darf.

Mit einem schlichten Verweis auf die Mehrheitsgeltung oder utilitaristische Prinzipien ist es in dieser Strukturdefinition nicht getan: Was für die größtmögliche Zahl von Menschen den größtmöglichen Nutzen bringt und / oder reinen Effizienzkriterien gehorcht, sagt noch nichts über seinen Gerechtigkeitswert aus. Es geht um nicht weniger als um die gesellschaftlichen, d. h. die strukturellen, politischen, partizipativen und ökonomischen Bedingungen, auf deren Grundlage jeder Einzelne sein Leben als sinnvoll empfunden gestalten kann. Peter Ulrich hat die Zielgröße der ‚Lebensdienlichkeit‘ in den wirtschaftsethischen Diskurs eingebracht (Ulrich 1997). Auf diese Zielgröße hin ist alles wirtschaftliche Agieren zu befragen: In welcher Weise trägt es dazu bei, Bedingungen zu optimieren oder Chancen und Mittel bereitzustellen, die dem einzelnen Menschen und den gesellschaftlichen Gruppierungen die freiheitliche Entfaltung und Entwicklung der eigenen Vorstellungen von einem als ‚sinnvoll‘ empfundenen Leben zu erreichen ermöglichen.

3.3 Materiale Elemente einer Gemeinwohlkonzeption im Kontext der Wirtschaft

Die Rede von einer am Gemeinwohl orientierten Wirtschaft, die Hinweise darauf gibt, welche Funktionen eine Wirtschaftsordnung und die in ihr tätigen Institutionen und Akteure zu erfüllen haben, wird in jenem Moment anspruchsvoll und zum Gegenstand von Diskussionen, in dem danach gefragt wird, wie genau nun diese Bedingungen zu formulieren sind. Es kommt neben den oben entfalteten, formalen Strukturvorgaben im Sinne des Gemeinwohls als einem gesellschaftlichen Dienstwert (im Sinne der Aussagerichtung: Gemeinwohl muss diese und jene Bedingungen erfüllen und Güter bereitstellen, um eine gerechte(re) Gesellschaft zu realisieren) eine dezidiert materiale Komponente ins Spiel: Welche Werte sind es genau, die die Zielgröße einer ‚Lebensdienlichkeit‘ bedienen? Welcher Art sind die Chancen, die eröffnet werden und welche Ausrichtung beinhalten sie?

Dass Fragen dieser Art in einer pluralen Gesellschaft keiner einheitlichen und einzig richtigen Lösung zuzuführen sind, ist ihre Schwäche und ihre Chance zugleich. Deutlich wird aber in diesem Kontext: Jeder Akt wirtschaftlichen Handelns, und auch jeder Akt von Entscheidung und Setzung in Sachen Wirtschaftspolitik, ist, wenn und weil er konkrete Auswirkungen auf die Lebensbedingungen und Entwicklungsstrukturen von Menschen hat, immer auch ein Akt praktischer Anthropologie. Wer Wirtschaft in dieser oder jener Art und Weise gestaltet und diese oder jene Konsequenzen für Menschen befördert, konfiguriert damit auch lebenspraktisch eine spezifische Sicht auf den Menschen. Umgekehrt ist auch das ökonomische Handeln immer zugleich Ausdruck des jeweiligen Verständnisses vom Menschen. Wichtig ist zu betonen, dass es bei einer solchen Lesart von Ethik der Ökonomie in keiner Weise darum geht, vorschnell den Zeigefinger zu erheben. Im Gegenteil: Wirtschaft wird ganz positiv formuliert, als eine gesellschaftliche Gestaltungsgröße um der Entfaltung der Gesellschaftsglieder selbst willen gesehen. In dieser Absicht befragt Wirtschaftsethik gegebene Strukturen und Institutionen, analysiert Formen des Wirtschaftens und arbeitet ihre Folgen für die konkreten Lebensbedingungen heraus; sie ist davon überzeugt, dass in der Art der Ausgestaltung von gesellschaftlichen Institutionen eine Substanz gerinnt, die Gesellschaft in bestimmter Weise ethisch prägt.

Die Kriterien, die bei diesem skizzierten Verständnis von Ethik der Ökonomie angelegt werden, sind materiale Setzungen, die zwar kontingent, d. h. prinzipiell im gesellschaftlichen Diskurs disponibel sind, deren Vorhandensein und im Sinne der ‚Lebensdienlichkeit' Geprägtsein gleichzeitig aber auch unabdingbar ist für die Möglichkeit einer Gestaltung gerechter Strukturen. Der eingebrachte Gemeinwohlbegriff im Sinne einer spezifischen christlich-sozialethischen Traditionslinie ist für diesen Schritt offenzuhalten. Wenn das oben bereits zitierte Zweite Vatikanische Konzil an anderer Stelle die Gemeinwohldefinition erweitert um die Formulierung „es besteht besonders in der Wahrung der Rechte und Pflichten der menschlichen Person" (Zweites Vatikanisches Konzil 1965/2008a, Nr. 6), dann wird damit auch ein materialer Gehalt offenkundig, der mit dieser Anbindung an Menschenwürde und Menschenrechte einen Standard markiert, hinter den die Intention der Gestaltung gerechter Strukturen nicht mehr zurückfallen darf. Die vorgelegte Definition artikuliert einerseits eine instrumentelle Funktion des Gemeinwohlbegriffs; es geht um die Bedingungen der Möglichkeit von Entfaltung. Andererseits ruft sie mit der Betonung der Entfaltung in ‚vollerer' und ‚ungehinderter' Weise auch einen Kontext auf, der zuvorderst ein Moment von personaler Autonomie und damit von Menschenwürde stark macht. ‚Ungehinderte' Entfaltung zielt auf die Möglichkeit, freiheitlich den jeweils eigenen Gehalt gelingenden Lebens zu setzen und darüber bestimmen zu können, in welcher Weise diese jeweiligen Vorstellungen realisiert werden sollen. Die Gesellschaft und ihre Institutionen sind um der Gerechtigkeit willen verpflichtet, die Mittel und Chancen dazu in angemessener Weise bereitzustellen.

Dass mit dieser Einforderung von Rechten auch die solidarische Verpflichtung des jeweils eigenen Handelns auf eine Sphäre jenseits der eigenen Person einhergeht, ist die andere, untrennbare Seite dieser Konzeption. Es geht nicht darum, Staat und gesellschaftliche Institutionen als Selbstbedienungsladen zu denken, sondern vielmehr um die Idee, dass zwischen den ureigenen individuellen Interessen und denen der anderen ein Ausgleich zu finden ist, der je nach den persönlichen Möglichkeiten einer spezifischen Gewichtung von Rechten und Pflichten folgt. Mit der Formel ‚Ich will, weil ich muss, was ich kann' wäre in Abwandlung der kantischen Maxime eine entsprechende Verantwortlichkeit von Einzelnen und von Institutionen zu skizzieren. Diese Haltung lebt von der Überzeugung, dass um der Gerechtigkeit willen im sozialen Kontext gegenwärtige infrastrukturelle Vorteile nicht ausschließlich in persönliche Vorzüge für den ökonomisch oder politisch Stärkeren umgesetzt werden dürfen, sondern dass die Berücksichtigung der Lage aller Betroffenen den einzelnen institutionell oder persönlich Handelnden in die Pflicht nimmt.

4 Marktwirtschaft und zivilgesellschaftliche Ökonomie

4.1 Markt, Wettbewerb und Gemeinsinn

Aus der Perspektive der christlichen Sozialethik gibt es über den Aspekt der Gemeinwohlorientierung hinaus noch einen weiteren, in diesem Kontext bedeutsamen Argumentationsstrang für die Überlegungen zur Share Economy: Wenn sich, wie oben beschrieben, in diesem Modell der Ökonomie des Teilens auch kritische Vorbehalte einer marktwirtschaftlichen Ordnung gegenüber artikulieren und darin zugleich das Bemühen um ein besseres, und d.h. moralischeres Wirtschaftsmodell seinen Ausdruck findet, dann kann an dieser Stelle die katholische Soziallehre mit ihren spezifischen Aspekten zu Fragen des Marktes anknüpfen.

Die Tradition der katholischen Soziallehre hat sich immer wieder kritisch mit den Fragen nach dem Markt, seiner Struktur und Funktionsweise, nach der kapitalistischen Wirtschaftsordnung und einer entsprechenden Gesellschaftsordnung beschäftigt. Pius XII. betonte bereits in den 1930er Jahren aus Sorge vor einem letztlich menschenverachtenden Sozialdarwinismus, der sich in einer entsprechenden Marktordnung niederschlage, dass der Wettbewerb, wenn auch in entsprechenden Grenzen durchaus nützlich, nicht das regulative Prinzip der Wirtschaft sein könne. Vielmehr müsse der Markt von höheren und edleren Kräften, nämlich der sozialen Gerechtigkeit und der sozialen Liebe, gelenkt werden (Pius XI. 1931/1992, Nr. 88). Ohne an dieser Stelle im Details klären zu können, wie die beiden Kräfte aufeinander bezogen sind und wie ein solches gerechtigkeitsbezogenes Denken heute ökonomisch anschlussfähig ist, können wir für unsere Fragestellung zusammenfassen, dass es der katholischen Soziallehre nicht um die Abschaffung des Marktes geht, sondern um die prinzipielle und grundsätzliche Anerkennung, dann aber wohl aber um die Ausrichtung des Marktes auf den Menschen und seine Bedürfnisse sowie auf die Gesellschaft. Der Markt ist demzufolge keine selbstzweckliche Institution, sondern ist ausgerichtet auf darüber hinausweisende Ziele.

In der weiteren Entwicklung der Soziallehre Ende des 20. und Anfang des 21. Jahrhunderts sind es dann vor allem die Päpste Johannes Paul II. und Benedikt XVI., die noch deutlich stärker als ihre Vorgänger eine marktpositive Haltung einnehmen; der Markt wird mit seinem entscheidenden Instrument, dem Wettbewerb, als *die* relevante Institution bezeichnet, die der Entfaltung der Tauschbeziehungen dient. Die Institution des Marktes auf diese basale Funktion des Tauschens zurückzuführen, ist auch genau das Anliegen der Share Economy. Dass sich daraus zumindest bei einem Teil der Akteure der Ökonomie des Teilens sogar neue Märkte entwickeln und sich damit auch Wachstum und Beschäftigungsmöglichkeiten ergeben, ist auch sozialethisch ein wichtiger Effekt.

Bei beiden Päpsten ist allerdings diese marktpositive Haltung an bestimmte Konditionen gebunden. Während Johannes Paul II. seine Zustimmung zum Kapitalismus an die Anerkennung der positiven Rolle des Unternehmers, der freien Kreativität und einer festen Rechtsordnung bindet, macht Benedikt XVI. deutlich, dass der Markt nicht einfach ein automatisch und ausschließlich nach festen Gesetzmäßigkeiten ablaufender Prozess ist: Wenn er

nur dem Prinzip der Gleichwertigkeit der getauschten Güter überlassen wird, ist er nicht in der Lage, für den sozialen Zusammenhalt zu sorgen, den er jedoch braucht, um gut zu funktionieren. *Ohne solidarische und von gegenseitigem Vertrauen geprägte Handlungsweisen in seinem Inneren kann der Markt die ihm eigene wirtschaftliche Funktion nicht vollkommen erfüllen.* (Benedikt XVI. 2009, Nr. 35, kursiv im Original)

Die Dimension des Vertrauens wird auch expressis verbis benannt. Die Institutionen ,Markt' und ,Wettbewerb' können also Benedikt zufolge ohne ein Ethos der Solidarität und des Vertrauens nicht angemessen gelingen. Der Markt selbst ist mithin in seinen eigenen Gesetzmäßigkeiten ein Ort, an dem moralisches Handeln nicht ausgeschaltet werden muss, sondern das Agieren der Beteiligten prägen kann – und gemeint ist auch: prägen soll.

Die Soziallehre der Kirche ist der Ansicht, dass wahrhaft menschliche Beziehungen in Freundschaft und Gemeinschaft, Solidarität und Gegenseitigkeit auch innerhalb der Wirtschaftstätigkeit und nicht nur außerhalb oder ,nach' dieser gelebt werden können. (Benedikt XVI. 2009, Nr. 36)

In diesen Formulierungen des Papstes klingt eine gewisse Nähe zu dem Bemühen der Share Economy an, zu „[…] überschaubaren Wirtschaftsbeziehungen und persönlichen Austauschprozessen zurückzukehren" (Dörr und Goldschmidt

2015, 18). Man sucht sozialen Anschluss und „[...] das Gefühl von unmittelbaren Beziehungen, die sich in gewisser Weise den üblichen Marktprozessen
entziehen" (Dörr und Goldschmidt 2015, 18). Dieser Wunsch nach kleinen Einheiten und persönlichen Beziehungen findet in dem Anliegen der Soziallehre bei
Papst Benedikt einen offenkundigen ethischen Anknüpfungspunkt.

Bei aller Wertschätzung eines auf den Menschen und Gerechtigkeit ausgerichteten Ethos in den marktbezogenen Ausführungen Benedikts XVI. nimmt
er aber zugleich in den Blick, dass der Markt die moralischen Kräfte, derer
er bedarf, nicht selbst hervorbringen kann. „Er muss vielmehr auf die moralischen Kräfte anderer Subjekte zurückgreifen, die diese hervorbringen können."
(Benedikt XVI. 2009, Nr. 35) Damit klingt – wirtschaftsethisch gewendet – das
sogenannte Böckenförde-Dilemma an, das besagt, dass *„[d]er freiheitliche,
säkularisierte Staat [...] von Voraussetzungen [lebt], die er selbst nicht garan-
tieren kann."* (Böckenförde 1976, 60, kursiv im Original) Das Gleiche wird hier
analog für den Bereich der Wirtschaft geltend gemacht – so, wie es bereits Jahrzehnte früher einer der Väter der Sozialen Marktwirtschaft, Wilhelm Röpke, in
Jenseits von Angebot und Nachfrage ausgeführt hatte:

Diese Kraft [zum Gemeinsinn, d. Verf.] erwächst nicht aus dem Markte selber und auch
nicht aus dem Spiel der hier sich messenden Interessen, sondern die Menschen müssen sie
bereits besitzen, und Familie, Kirche, echte Gemeinschaften und Überlieferung müssen
sie damit ausstatten. (Röpke 1958/1979, 306)

Die Share Economy nimmt genau dieses Bemühen um solchen Gemeinsinn auf
und artikuliert eine Idee von Wirtschaften, die eben aus diesem erwächst und ihn
zu realisieren sucht, dadurch, dass sie näher an den Menschen und ihren Bedürfnissen sein möchte sowie nachhaltiger und größtenteils auch kostengünstiger zu
handeln verspricht. Der Modus, wie Gemeinsinn und Wirtschaften in diesem
Modell der Ökonomie des Teilens zusammengebracht werden, unterscheidet sich
zwar deutlich von dem, was Röpke und das Konzept der Sozialen Marktwirtschaft im Blick gehabt haben, ist aber doch in manchen Punkten anschlussfähig.

4.2 Zivilgesellschaftliche Ökonomie

Papst Benedikt XVI. hat in seiner Enzyklika *Caritas in veritate* von 2009 einen
weiteren, für die Frage nach der Share Economy hoch interessanten Aspekt benannt, den der Zivilökonomie. Es handelt sich um einen Ansatz, der u. a. von ita-
lienischen Wirtschaftswissenschaftlern vertreten wird und von dem geprägt, Papst
Benedikt XVI. seine diesbezügliche Position formuliert. Dieser Ansatz ist keine
völlige Neuerfindung, vielmehr reichen seine Wurzeln nach Bruni und Zagmani
(Bruni und Zagmani 2013, 43 ff.) zurück ins Mittelalter und in die monastische
Kultur vor allem Italiens. Letztlich speist sich diese Zivilökonomie aus dem

„Unbehagen über (die) Abstinenz hinsichtlich der Grundorientierungen" (Bruni und Zagmani 2013, 45), die als Konsequenz der Entwicklung der modernen kapitalistischen Wirtschaftsweise den Autoren zufolge den meisten Ökonomen vor Augen steht. Papst Benedikt XVI. betont, die Wirtschaftstätigkeit habe nicht nur, wie gemeinhin immer formuliert, zwei, sondern drei Subjekte: neben Markt und Staat – also neben den beiden Subjekten, um deren ‚Mehr' oder ‚Weniger' heute allenthalben gestritten wird – noch die Zivilgesellschaft. Der Staat könne die Sorge für die Solidarität nicht allein tragen, dafür bedürfe es, so der Papst – und dieser Akzent ist neu in der Sozialverkündigung der Kirche –, der Zivilgesellschaft. Sie sei unter den Bedingungen der Gegenwart zur Realisierung von Gerechtigkeit unabdingbar. Sie bringe die Dimension der Unentgeltlichkeit, die „Logik des Geschenks ohne Gegenleistung" (Benedikt XVI. 2009, Nr. 37) ein:

> In der Zeit der Globalisierung kann die Wirtschaftstätigkeit nicht auf die Unentgeltlichkeit verzichten, die die Solidarität und das Verantwortungsbewusstsein für die Gerechtigkeit und das Gemeinwohl in seinen verschiedenen Subjekten und Akteuren verbreitet und nährt. (Benedikt XVI. 2009, Nr. 37)

Weltweit werde, das sieht der Papst realistisch, am ehesten auf die Logik des Tausches (gemeint ist die Logik, die dem Gesetz von Angebot und Nachfrage folgt) und damit auf den Markt vertraut, aber die Logik der Politik und vor allem die Logik des Geschenks erweise sich auch als unverzichtbar. Dass diese Unentgeltlichkeit nicht zu verordnen ist, weiß der emeritierte Papst, dass aber sowohl Markt als auch Politik Menschen brauchen, die zu dieser Unentgeltlichkeit – insbesondere im Zeitalter der Globalisierung – bereit sind, betont er in aller Deutlichkeit. Er spricht in diesem Zusammenhang von der „Zivilisierung der Wirtschaft" (Benedikt XVI. 2009, Nr. 38). Damit kommt in diesen Überlegungen auch zum Ausdruck, dass es im Kontext eines so verstandenen Wirtschaftens auch eines Ethos, einer Haltung bedarf. Letztlich geht es dem Papst auch darum, dass diese Dimension der Zivilgesellschaft sich auf dem Markt verortet: Auf dem Markt sollen

> Unternehmen mit unterschiedlichen Betriebszielen frei und unter gleichen Bedingungen tätig sein [...]. Neben den gewinnorientierten Privatunternehmen und den verschiedenen Arten von staatlichen Unternehmen sollen auch die nach wechselseitigen und sozialen Zielen strebenden Produktionsverbände einen Platz finden und tätig sein können. (Benedikt XVI. 2009, Nr. 28)

Hier zeigt sich eine mögliche Verortung auch der Share Economy, denn realistisch scheint auch aus dieser Perspektive nicht die Alternative des entweder – oder, sondern des sowohl – als auch: Beide Formen des Wirtschaftens, die klassische und die der neuen Start-ups im Bereich der Share Economy werden vermutlich nebeneinander bestehen, unter der Voraussetzung, dass bestimmte Mindeststandards auch im neu entstehenden Bereich der Start-ups eingehalten werden. Mit dieser Ortsbestimmung wird dann auch zugleich noch einmal deutlich, dass bei allem Unbehagen am Bisherigen auch mit der Share Economy nicht ein gänzlich anderes Modell des Wirtschaftens entstanden ist.

Mit diesem Verweis auf die Zivilgesellschaft als Akteurin und auf die Zivilökonomie weist der Papst also eine Richtung für eine mögliche Weiterentwicklung der Wirtschaftsordnung angesichts des wachsenden Unbehagens. Die Zivilgesellschaft bringt das Ethos ein, das notwendig ist, um die Wirtschaft zu ihrem eigentlichen Ziel zu führen, um ganzheitliche Entwicklung gelingen zu lassen. Gemeint sind ein gesellschaftliches Ethos und zivilgesellschaftliche Bemühungen, die aber wiederum rechtliche und strukturelle Konsequenzen zeitigen. Mit diesen Fragen wird sich der nächste Absatz beschäftigen.

5 Share Economy – material-ethische Streiflichter

Vor dem skizzierten Hintergrund der wirtschaftsethisch relevanten Grundlinien und im Kontext der vorgenommenen Setzungen von einer Orientierung an den Entfaltungsmöglichkeiten für alle am Wirtschaftsprozess Beteiligten wird auch deutlich, wie ein ethischer Zugriff auf die Share Economy aussehen kann. Ethik in der vorgestellten Konfiguration bejaht grundsätzlich marktwirtschaftliche Prinzipien, weil sie davon ausgeht, dass der marktförmig verhandelte Güteraustausch die effizienteste Methode der Befriedigung von Konsumwünschen für alle Glieder der Gesellschaft sein kann. Sie begrüßt in diesem Sinne auch Innovationen in Qualität, Produktion und Distribution. Sie will die Auswirkungen dieser Faktoren aber immer auch zurückgebunden wissen an die Frage nach der gesellschaftlichen Wirksamkeit, die sie – und hier artikuliert sich die angesprochene Füllung des Gemeinwohlbegriffs – als eine Sinnfrage mit Blick auf das gute und gelingende Leben der Einzelnen und der gesellschaftlichen Gruppen versteht.

Reinhard Loske hat in Bezug auf die gesellschaftlichen Herausforderungen durch die Share Economy einige Konfliktlinien formuliert (Loske 2014; siehe auch Loske in diesem Band, 171). Hinter ihnen verbergen sich, gerade weil sie auf bestimmte gesellschaftliche Konstellationen abzielen, unseres Erachtens sinnvolle Arrangements für ethische Anfragen im oben entworfenen Sinn. Diese Konflikte sind ethisch relevant, weil davon auszugehen ist, dass die beschriebenen Konflikte immer auch als Selbstverständigungsprozesse darüber zu lesen sind, wie Mitglieder einer Gesellschaft nicht nur ihr wirtschaftliches Leben gestalten wollen, sondern sich darin artikuliert, welche Vorstellungen von sozialer Gerechtigkeit und Bedingungen zur Produktion von individuellem Lebenssinn ganze Gesellschaften und ihre Glieder tragen.[4] Entsprechend dem

---

[4] Es wundert entsprechend nicht, dass sich auch das Framing der Berichterstattung über das Phänomen Share Economy über entsprechende Typen clustern lässt (Martin 2016).

jeweiligen Ergebnis dieser Verständigungen sind die bedingenden ökonomischen und politischen Faktoren dann zu modifizieren.

Eine erste Konfliktlinie sieht Loske zwischen ‚*alter*' und ‚*neuer*' *Wirtschaft*. Hier geht es neben allem berechtigten Interesse an möglichst hohen Marktanteilen der einzelnen Unternehmen um die Frage, welche Regulierungsbestimmungen für die jeweiligen Betreiber von Angeboten etwa im Hotel- oder Transportgewerbe gelten. Aus dem hier in vielen Fällen faktisch vorliegenden und ausgespielten Ungleichgewicht folgen entsprechende Ungleichheiten auch in den wirtschaftlichen Rahmenbedingungen. Dem Anliegen einer Wahrung der Chancen für ‚alte' Unternehmen ist hier zwar einerseits auch mit dem Hinweis auf die innovative Schubkraft von neuen Geschäftsmodellen auch für etablierte Unternehmensmodelle zu begegnen. Ethisch betrachtet verweist dieser Konflikt andererseits aber auf die Ausgangsvoraussetzungen, deren faire Gestaltung erst die Gestaltung und den planbaren Vollzug von Wirtschaft ermöglicht. Diese Planbarkeit wiederum ist zentraler Faktor auch für den langfristigen Wohlstand eines Gemeinwesens. Entsprechend geht der wirtschaftsethische Impuls an dieser Stelle dahin, für eine sinnvolle Vergleichbarkeit der Rahmenbedingungen zu sorgen – wobei Vergleichbarkeit eine tatsächliche Differenzierungsleistung verlangt, die Gleiches gleich und Ungleiches verschieden behandelt.

Der zweite Konfliktpunkt artikuliert sich vor allem aus dem gewerkschaftlichen Umfeld heraus. Die Konkurrenz, die *etablierte Wirtschafts- und vor allem Beschäftigungsmodelle* durch die Share Economy erfahren, wirkt auf der einen Seite produktiv auf Effizienzfragen im Wirtschaftsprozess. Andererseits aber befördert sie offensichtlich auch die berechtigte Angst vor den als negativ empfundenen Folgen einer Deregulierung im Hinblick auf Arbeitsbedingungen, Sicherheitsstandards und Lohnumfeld. Der Mehrwert von kosten- und struktursteigernden Regulierungen, z.B. die umfängliche und in vielen Fällen verpflichtende Sozialversicherung, liegt nicht allein in der Sozialversicherungspflicht selbst. Gesellschaftlichen ‚Sinn' generieren diese Absicherungsmechanismen vielmehr aus der mit ihnen verbundenen Überzeugung, für den Einzelnen existenz- und im weiteren Sinne wohlstandssichernd zu wirken. Als wirtschafts- und sozialethische Orientierung im hier vertretenen Sinn ist Wohlstand dabei nicht nur im rein monetären Sinne zu lesen, sondern immer auch umfassender bezogen auf die Bedingungen und Chancen für die Entfaltung von Lebensvorstellungen. Wenn Sharing-Unternehmen in den Markt treten, so sind sie nicht nur aus Gründen der Fairness des Wettbewerbs – wie eben ausgeführt –, sondern auch aus material viel konkreteren gesellschaftsgestaltenden Gründen in diese Art von Gemeinhaftung durch notwendige Regulierungen hineinzunehmen.[5]

---

[5] Nicht ohne Grund ermahnt auch die Monopolkommission in ihrem *Hauptgutachten XXI. Wettbewerb 2016* davor, die entsprechenden Regulierungen zu strikt zu gestalten und gerade im Bereich der Transportdienste bestehende Schranken abzubauen (Monopolkommission 2016).

Das *Verhältnis von Staat und Unternehmen* in Bezug auf die Share Economy beschreibt sodann eine dritte Konfliktlinie. Der Staat als Ordnung setzende und durchsetzende Institution sorgt für faire politische und juristische Rahmenbedingungen und regelt entsprechende Umverteilungen gemäß einem gesellschaftlichen Konsens, der sich politisch konstituiert und in dessen gesetzlichen Rahmen sich immer auch Momente des gesellschaftlichen Gerechtigkeitsempfindens artikulieren. Wenn nun Unternehmen der Share Economy auch über die Nutzung der über den Staat durch die Gesellschaft bereitgestellten Infrastruktur ihren Erfolg generieren, fallen damit im Sinne der formulierten Gemeinwohlorientierung auch entsprechende Pflichten gegenüber Staat und Gesellschaft zusammen. Die fehlende Internalisierung von Kosten, die Nutzung entsprechender Infrastrukturen nicht nur in Mobilitätskontexten, sondern in gleichem Maße auch in Bezug auf die Bildungs- und Sozialsysteme zeigt an: Hier werden Interessen und Ressourcen aller berührt und verbraucht, für die ein, den jeweiligen Kräften entsprechender Ausgleich für die Allgemeinheit einzufordern ist. Die Gegenseitigkeit ist dabei zentrales Element der Funktionalität dieses Ansatzes: So wie Staat und Gesellschaft durch die Ermöglichung von Investitionen und die Bereitstellung einer Infrastruktur den Erfolg von Sharing-Unternehmen erst möglich machen, so sehr birgt in der Logik der oben eingespielten Gemeinwohlorientierung diese frühe und dauerhafte Bereitstellung der Erfolgsbedingungen den Verpflichtungsgrund in sich, sich wiederum produktiv – und das heißt: über die angebotene bloße Dienstleistung hinaus – in die Gemeinkontexte einzubringen.

Ein letztes Gegeneinander verortet Loske schließlich zwischen einer *sozial-ökologisch orientierten Share Economy und deren kommerzialisiertem Widerpart.* So sehr zwischen diesen Extremen freilich auch unternehmerische Hybridmodelle denkbar und real existierend sind, lässt sich zeigen: Branchenriesen wie Uber und Airbnb sind strukturell und ideell nachweisbar anders organisiert als jene Unternehmen, die das Sharing-Geschäft in einer gesellschaftsproduktiven, in einer ethisch-normativ ambitionierten, gemeinwohlorientierten Absicht betreiben. Es geht dabei nicht um die Frage einer sozialromantischen Verklärung von Topoi wie der ‚Gemeinschaft‘, auch wenn fest etablierte Unternehmen dieses Label gerne zu Marketingzwecken bedienen (Rifkin 2015; Slee 2016). Das Gefühl, einer ‚community‘ zuzugehören, die sich über das sachgebundene Interesse am geteilten Gegenstand heraus in hehren gesellschaftlichen und persönlichen Zielen verbunden weiß, mag für Einzelne interessant sein und ist nichts, was es zu unterdrücken gälte. Ein fester moralischer Impuls von Einzelnen ist vielleicht

---

Das ist aus wettbewerbspolitischer Sicht sicher ein richtiges Ansinnen; auch wirtschaftlich fundamentale Vollzugslogiken sollen damit nicht angezweifelt werden. Gleichzeitig ist immer aber auch die Funktion der Sicherungen im Blick zu behalten, die den Beschäftigten der ‚traditionell‘ formatierten Unternehmen Bedingungen für ein freiheitlich gestaltbares Leben eröffnet.

sogar notwendig für die Entwicklung nicht technischer, sondern gerade sozialer Innovationen. Nur ist dies keine Orientierung, die den einzelnen Unternehmen vorzuhalten oder gar als verpflichtend sinnvoll vorzuschreiben möglich wäre. Die ethische Ebene als eine strukturelle wird davon in anderer Weise berührt. Es muss gesellschaftlich ausgehandelt – und dann auch möglicherweise wieder staatlich sanktioniert – werden, welche Bedingungen Prinzipien des Sharing folgende Unternehmen erfüllen müssen, um eine Gemeinnützigkeit attestiert zu bekommen. Dies zieht dann beispielsweise technisch (und damit fiskalisch und wirtschaftspolitisch) etwa die Frage nach der Rechtsform nach sich. Kommunikativ und gesellschaftspolitisch kann eine solche Würdigung von sozial-ökologischen Unternehmungen die möglichen ethischen Grundorientierungen einer Gesellschaft anzeigen: Als gemeinnützig gelten sie nicht aufgrund ihrer möglicherweise geringeren Wirtschaftlichkeit im streng effizienzorientierten Sinn, sondern weil sie gesellschaftliche und als dem allgemeinen Wohl zuträglich definierte Interessen verbinden. Auf diese Weise lässt sich etwa der Aspekt der Nachhaltigkeit, der immer wieder als gesellschaftlich positiver Aspekt des Sharing diskutiert wird, in angemessener Weise institutionell würdigen und befördern (Heinrichs 2014).[6]

6 Perspektivierende Thesen

Aus den vorgelegten Überlegungen heraus lassen sich abschließend einige Thesen in wirtschaftsethischer Absicht formulieren, die als Referenz- oder Kritikpunkte für weitere Diskussionen dienen können:

(1) Versuche, Unternehmungen und Unternehmensformen neu zu gestalten und dabei – wie im Falle des Sharing – auf bisher möglicherweise brachliegende Ressourcen zurückzugreifen, sind zunächst zu begrüßen. Wirtschaftliches Handeln lebt von Innovationen und der Steigerung der Handlungsfähigkeit am Markt.

(2) Der generierte Mehrwert birgt gleichzeitig immer einen gesellschaftlichen Verpflichtungsgrund in sich. Aus wirtschaftsethischer Sicht bedeutet dies, dass ökonomische Tätigkeit immer auf ihr Verhältnis zu einem weiteren, normativen Zielwert hin zu befragen ist. Aus einer Position heraus, die als solche Zielgröße ein personal orientiertes Gemeinwohlverständnis formuliert, ist jedem zu befragenden ökonomischen Phänomen in einem konditionierten Modus zu begegnen: Wenn es gelingt, die Rahmenbedingungen so zu gestalten, dass durch

---

[6] Wie vielschichtig dabei die Interessenlagen sind, zeigt neuestens auch die Etablierung einer ‚Mitflugbörse' für Privatflieger. Eine Bewertung darf hierbei nicht nur die bürokratischen und logistischen Vereinfachungen für den Personentransport im Blick haben, sondern gleichzeitig auch ökologisch relevante Faktoren wie Schadstoffausstoß und Rebound-Effekte (Kramer 2016).

die durch dieses Phänomen gezeigten Effekte sämtliche an der Unternehmung Beteiligten in angemessener Weise ihre Möglichkeiten entfalten können, lässt sich auch diese Unternehmung in einem starken Sinne als ‚gerecht' bezeichnen. Dass dieses Ziel stets nur approximativ erreicht werden kann, dispensiert nicht von der Notwendigkeit, diese Orientierung zu forcieren.

(3) Das Stärken der Zivilgesellschaft als eigenständigem Akteur im wirtschaftlichen Geschehen kann letztlich das ökonomische Agieren bereichern und die Wirtschaftsordnung beleben. Es handelt sich also nicht um ein komplettes Ersetzen der klassischen Wirtschaftsform durch eine Alternativoption, sondern um ein Ergänzen. Besonders gilt es ernst zu nehmen, was sich in der Share Economy an Unbehagen und Kritik an der Standardökonomie artikuliert hinsichtlich der Anonymität und wachsenden Globalisierung der einzelnen Wirtschaftsaktivitäten, aber auch ihrer Strukturen. Dagegen setzt die Share Economy auf persönliche Nähe und soziale Vernetzung – Impulse, die aus der Perspektive einer am Wohlergehen jedes Einzelnen orientierten Ethik von großer Bedeutung sind.

(4) Wirtschaftsethik ist vor dem Hintergrund einer grundsätzlichen Anerkenntnis marktwirtschaftlicher Prinzipien auch in der Share Economy ein Geschäft des Abwägens. Brachiallösungen sind in den wenigsten Fällen die, die zur Befriedung gesellschaftlicher Konfliktlinien beitragen. Das gesellschaftlich und entsprechend auch wirtschaftlich ‚Gerechte' ist über die persönliche Orientierung an unaufgebbaren ethischen Prämissen hinaus zunächst auch im (zivil-)gesellschaftlichen Diskurs zu klären.

(5) Gleichzeitig lässt sich diese Gerechtigkeitsorientierung nur sinnvoll in institutioneller Form verankern. Die den ‚neuen' Geschäftsmodellen eigene ‚Flexibilität' muss verhandelt werden gegen die klare Notwendigkeit einer Regulierung der einzelnen Wirtschaftsbereiche. Garant dafür sind die bewährten staatlichen Institutionen. Diese müssen ihrerseits aber willens sein, Mechanismen zu finden und spezifische Herausforderungen als gerechtigkeitsrelevante zu erkennen und zu gestalten.

Literaturverzeichnis

Benedikt XVI. (2009), *Enzyklika Caritas in veritate*, hrsg. vom Sekretariat der Deutschen Bischofskonferenz, *Verlautbarungen des Apostolischen Stuhls* 186, Bonn.

Böckenförde, Ernst-Wolfgang (1976), *Staat, Gesellschaft, Freiheit*, Frankfurt a. M.

Botsman, Rachel (2013), "The Sharing Economy Lacks A Shared Definition", *Fastcompany*, Online erschienen am 21.11.2013.

Bruni, Luigino/Zamagni, Stefano (2012), *Zivilökonomie. Effizienz, Gerechtigkeit, Gemeinwohl*, Paderborn.

Dörr, Julian/Goldschmidt, Nils (2015), „Vom Wert des Teilens", *Frankfurter Allgemeine Zeitung* 303/2015, 18.

Eckhardt, Giana M./Bardhi, Fleura (2015), "The Sharing Economy Isn't About Sharing at All", *Harvard Business Review*, Online erschienen am 28.01.2015.

Friedman, Milton (1970/2007), "The Social Responsibility of Business is to Increase its Profits", in: Andrew Crane/Dirk Matten (Hgg.), *The Oxford Handbook of Corporate Social Responsibility, Vol. 1: Theories and Concepts of Corporate Social Responsibility*, Los Angeles.

Goudin, Pierre (2016), *The Cost of Non-Europe in the Sharing Economy. Economic, Social and Legal Challenges and Opportunities*, Brüssel.

Heinrichs, Harald (2014), „Sharing Economy: Potenzial für eine nachhaltige Wirtschaft", *ifo Schnelldienst* 21/67, 15–17.

Kramer, Bernd (2016), „Im Privatjet nach Kirchheim-Teck für 116 Euro", *Der Spiegel*, Online erschienen am 21.09.2016.

Loske, Reinhard (2014), „Politische Gestaltungsbedarfe in der Ökonomie des Teilens: Eine Betrachtung aus sozial-ökologischer Perspektive", *ifo Schnelldienst* 21/67, 21–24.

Maak, Niklas (2014), „Du musst es teilen. Die reine Leere: Was lässt uns die ‚Sharing Economy' übrig?", *Frankfurter Allgemeine Zeitung* 54/2014, 9.

Malhotra, Arvind/Van Alstyne, Marshall (2014), "The Dark Side of the Sharing Economy … and How to Lighten it", *Communications of the ACM* 11/57, 24–27.

Martin, Chris J. (2016), "The sharing economy: A pathway to sustainability or a nightmarish form of neoliberal capitalism?", *Ecological Economics* 3/121, 149–159.

Monopolkommission (2016), *XXI. Hauptgutachten. Wettbewerb 2016*, Bonn.

O.V. (2016), „Alphabet ist wertvollstes Unternehmen der Welt", *Die Zeit*, Online erschienen am 01.02.2016.

Pius XI. (1931/1992), *Quadragesimo anno*, wiederabgedruckt in: Bundesverband der katholischen Arbeitnehmer-Bewegung (Hg.), Texte zur katholischen Soziallehre – Die sozialen Rundschreiben der Päpste und andere kirchliche Dokumente, Bornheim, 61–122.

PwC (2015), *Share Economy. Repräsentative Bevölkerungsbefragung*, Delaware.

– (2016), *Shared benefits. How the sharing economy is reshaping business across Europe*, Delaware.

Rifkin, Jeremy (2015), *Die Null-Grenzkosten-Gesellschaft: Das Internet der Dinge, kollaboratives Gemeingut und der Rückzug des Kapitalismus*, Frankfurt a. M.

Röpke, Wilhelm (1958/1979), *Jenseits von Angebot und Nachfrage*, Bern/Stuttgart.

Staun, Harald (2013), „Der Terror des Teilens", *Frankfurter Allgemeine Sonntagszeitung* 51/2013, 39.

– (2014), „Und jetzt alle zusammen!", *Frankfurter Allgemeine Sonntagszeitung* 37/2014, 37.

Slee, Tom (2016), *Deins ist meins. Die unbequemen Wahrheiten der Sharing Economy*, München.

Ulrich, Peter (1997), *Integrative Wirtschaftsethik. Grundlagen einer lebensdienlichen Ökonomie*, Bern.

Vaughan, Robert/Daverio, Raphael (2016), *Assessing the size of the collaborative economy in Europe*, Delaware.

Wenzel, Franz-Thomas (2016), „Eine Branche, die gezähmt werden muss", *Frankfurter Rundschau*, Online erschienen am 20.09.2016.

Zukunftsinstitut (2016), *Übersicht Megatrends*, Frankfurt a. M.

Zweites Vatikanisches Konzil (1965/2008a), „Erklärung Dignitatis Humanae über die Religionsfreiheit", in: Karl Rahner / Herbert Vorgrimler (Hgg.), *Kleines Konzilskompendium. Sämtliche Texte des Zweiten Vatikanums*, Freiburg i.Br., 655–675.

– (1965/2008b), „Pastorale Konstitution Gaudium et spes über die Kirche in der Welt von heute", in: Karl Rahner / Herbert Vorgrimler (Hgg.), *Kleines Konzilskompendium. Sämtliche Texte des Zweiten Vatikanums*, Freiburg i.Br., 449–552.

Öffentlich-rechtliche Rahmensetzungen der Share Economy am Beispiel der Modelle Uber und Airbnb[*]

Markus Ludwigs

1 Die Share Economy auf dem Vormarsch

Die unter dem Leitbegriff der Share Economy oder auch Sharing Economy[1] firmierende Ökonomie des Teilens hat sich in den letzten Jahren zu einem bedeutsamen Wirtschaftsfaktor entwickelt, dessen mittelfristiges Potential auf dreistellige Milliardenbeträge taxiert wird.[2] Nach einer ersten Begriffsprägung in anderem Kontext durch Weitzman[3] wurde die aktuelle Diskussion seit Beginn des 21. Jahrhunderts in grundlegenden Beiträgen von Benkler,[4] Bauwens,[5] Lessig,[6]

---

[*] Für wertvolle Recherchen und die kritische Lektüre des Textes danke ich meinem Mitarbeiter Ass. jur. Felix Huller. Eine gekürzte Fassung ist bereits erschienen in *NVwZ* 2017, 1646–1653. Der Beitrag ist auf dem Stand 15.08.2017. Das Uber-Urteil des EuGHs v. 20.12. 2017 (Rs. C-434/15 ECLI:EU:C:2017:981 – Asociación Profesional Elite Taxi) konnte daher nicht mehr berücksichtigt werden.

[1] Daneben kommt eine Vielzahl von Begriffsalternativen zum Einsatz (Überblick bei Sundararjan, *The Sharing Economy*, 2016, 26 ff.). Diese reichen von der ‚rental economy' und der ‚gig economy' über die ‚On-demand economy' sowie ‚crowd-based capitalism' bis hin zur ‚collaborative economy' und der ‚Peer-to-Peer-Economy'.

[2] Die Wirtschaftsprüfungsgesellschaft PwC schätzt, dass die Share Economy bis zum Jahr 2025 auf globaler Ebene einen Wert von 335 Milliarden Euro erreichen könnte (*The Sharing Economy*, Consumer Intelligence Series, 2015, S. 14), während das Europäische Parlament für dieses Datum sogar von bis zu 572 Milliarden Euro in der EU-28 ausgeht (*The Cost of Non-Europe in the Sharing Economy*, 2016). Zu Zweifeln an der Belastbarkeit solcher Kennzahlen Codagnone und Biagi und Abadi, *The Passions and the Interests*, 2016, 25 f.

[3] In seiner Monographie *The Share Economy* aus dem Jahr 1984 verwendet Weitzman den Begriff im Hinblick auf die von ihm propagierte Verknüpfung des Lohns der Arbeitnehmer mit der spezifischen Performance ihres Unternehmens.

[4] Benkler, "'Sharing Nicely': On Shareable Goods and the Emergence of Sharing as Modality of Economic Production", *Yale Law Journal* 114 (2004), 273.

[5] Bauwens, "The Political Economy of Peer Production", *CTheory Journal* 1 (2005); abrufbar unter: https://journals.uvic.ca/index.php/ctheory/article/view/14464/5306 (letzter Abruf: 2.7. 2017).

[6] Lessig, *Remix: Making Art and Commerce Thrive in the Hybrid Economy*, 2009.

Botsman und Rogers,[7] Rifkin[8] und jüngst Sundararajan[9] vorangetrieben. Den Ausgangspunkt bildet die zunehmende Verbreitung einer Wirtschaft des Teilens unter Gleichgesinnten (,Peers') über Onlineplattformen. Dieses Peer-to-Peer-Sharing (P2P-Modell) stellt das eigentliche Novum der Share Economy dar,[10] wobei idealiter eine gemeinschaftliche Nutzung nicht voll ausgelasteter Güter angestrebt wird. Es hat sich in den letzten Jahren aufgrund der Geschwindigkeit des technologischen Fortschritts und der damit verbundenen erweiterten Möglichkeiten für wirtschaftliche Aktivitäten dynamisch entwickelt. Die zunehmende Bedeutung drückt sich auch in zwei grundlegenden Beiträgen mit positivem Grundtenor[11] aus, die die politische und rechtliche Diskussion weiter befeuert haben. Zum einen hat die Monopolkommission in ihrem XXI. Hauptgutachten vom 20. September 2016 dafür plädiert, einen geeigneten Ordnungsrahmen für Anbieter auf P2P-Plattformen zu schaffen und die Regulierung traditioneller Anbieter im Hinblick auf nicht mehr notwendige Vorschriften zu überprüfen.[12] Im Fokus steht dabei insbesondere der öffentlich-rechtliche Regelungsrahmen für die Entfaltung der Geschäftsmodelle der Share Economy. Zum anderen wurden von der Europäischen Kommission in einer Mitteilung vom 2. Juni 2016 unverbindliche Leitlinien für eine ausgewogene und nachhaltige Entwicklung der ,kollaborativen Wirtschaft' formuliert, wobei absolute Verbote und mengenmäßige Beschränkungen einer Tätigkeit regelmäßig nur als letztes Mittel in Betracht gezogen werden sollen.[13]

Fragt man nach konkreten Ausprägungen der Share Economy, anhand deren sich die Forderung einer Anpassung des Ordnungsrahmens überprüfen ließe, sind vor allem zwei Geschäftsmodelle hervorzuheben, die aktuell im Fokus der

---

[7] Botsman und Rogers, *What's Mine is Yours: The Rise of Collaborative Consumption*, 2010; s. auch in entgegengesetzter Stoßrichtung: Slee, *What's Yours is Mine: Against the Sharing Economy*, 2015.

[8] Rifkin, *The Zero Marginal Cost Society – The Internet of Things, the Collaborative Commons, and the Eclipse of Capitalism*, 2014.

[9] Sundararjan, *The Sharing Economy*, 2016.

[10] Ebenso Deutscher Bundestag (Wissenschaftliche Dienste), *Dokumentation Sharing Economy* (WD 5 – 3000 – 027/16), 2016, S. 6, wo auch andere Organisationsvarianten (wie Business-to-Consumer = B2C oder Business-to-Business = B2B) skizziert werden.

[11] Im wirtschaftswissenschaftlichen Schrifttum fällt die Bewertung der Share Economy dagegen durchaus gespalten aus; die Chancen betonend z.B. Haucap, *Wirtschaftsdienst* 95 (2015), 91; s. auch Brühn und Götz, *ifo Schnelldienst* 21/2014, 3 (5f.); eher kritisch dagegen etwa Dittmann und Kuchinke, *ORDO* 66 (2015), 243 (249ff., 255ff., 258f.); differenzierend Heinrichs, *ifo Schnelldienst* 21/2014, 15 (17); Loske, *ifo Schnelldienst* 21/2014, 21 (23); Peitz und Schwalbe, *ZEW Discussion Paper* No. 16–033, 31f.

[12] Monopolkommission, *Hauptgutachten XXI.*, 2016, S. 364; dazu auch die u.a. hieran anknüpfende Aufforderung der Bundesregierung durch den Deutschen Bundestag, die Wachstumschancen der kollaborativen Wirtschaft zu nutzen und die Herausforderungen der Share Economy anzunehmen (BT-Drs. 18/11399; BT-PlPr 18/221, S. 22227B).

[13] Mitteilung der Kommission ,*Europäische Agenda für die kollaborative Wirtschaft*', COM(2016) 356 final, S. 2, 4f.; näher hierzu Brauneck, *EWS* 2016, 340; Cauffman, *EuCML* 2016, 235; Wewer, *ZRP* 2016, 193.

politischen und juristischen Debatte stehen. Dies gilt zum einen für Plattformen, auf denen entgeltliche Personenbeförderungsdienstleistungen vermittelt werden (Modell Uber).[14] Zum anderen sind die Vermittlungsdienste für die kurzzeitige Vermietung von Privatunterkünften (Modell Airbnb) hervorzuheben.[15] Auf diese beiden prominenten Beispiele soll sich die weitere Analyse konzentrieren. Dabei wird zu klären sein, ob und inwieweit sich der bestehende öffentlich-rechtliche Regelungsrahmen als rezeptionsfähig gegenüber den neuartigen Geschäftsmodellen der Share Economy erweist oder der Anpassung bedarf.

2 Das Modell Uber

2.1 Tatsächlicher Hintergrund und Problemaufriss

Wendet man sich zunächst dem Modell Uber zu, so ist als tatsächlicher Hintergrund festzuhalten, dass es sich bei Uber um ein 2009 in San Francisco gegründetes US-amerikanisches Unternehmen (Uber Technologies Inc.) mit Europasitz in den Niederlanden (Uber B.V.) handelt, das weltweit in mehr als 600 Städten über eine elektronische Plattform gegen Provision Fahrdienste vermittelt.[16] Konkret kann durch den Einsatz eines Smartphones, das mit einer Uber-Applikation versehen ist, eine Dienstleistung des Personenverkehrs bestellt werden. Am Ende der Fahrt erfolgt eine automatische Abbuchung des Fahrpreises von der Kreditkarte, deren Daten der Nutzer bei seiner Anmeldung angeben muss.

Die Uber-Produktpalette reicht von der rechtlich weniger problematischen Kundenvermittlung an konzessionierte Taxen (UberTAXI)[17] über die Vermittlung an konzessionierte Mietwagen mit Fahrer (UberBLACK) bis hin zur Vermittlung privater Fahrer (UberPOP).[18] Im Rahmen des letztgenannten, besonders umstrittenen und für das Unternehmen zentralen Dienstes UberPOP befördern Privatleute in ihren eigenen Autos die Fahrgäste gegen Entgelt. Dabei erkennt die App den Standort des Nutzers und findet ortsnah verfügbare Fahrer. Nach dem Geschäftsmodell von Uber sollen die Fahrer dezentral im Stadtgebiet verfügbar sein, um rasch Beförderungsaufträge wahrnehmen zu können. Nimmt ein Fahrer die Fahrt an, wird der Nutzer über die App informiert, wobei das

---

[14] Andere Anbieter sind z.B. Wunder (früher: WunderCar) und Lyft.

[15] Andere Anbieter sind etwa Wimdu oder 9Flats.

[16] Näher Kramer und Hinrichsen, *GewArch* 2015, 145; s. auch Gärtner und Großekettler, *Mitteilungen der deutschen Patentanwälte*, 2015, 367 (368).

[17] Siehe aber zur vorübergehenden Gewährung von Rabatten unter Abweichung von vorgeschriebenen Beförderungsentgelten Kramer und Hinrichsen, *GewArch* 2015, 145.

[18] Daneben wird eine Reihe weiterer Dienste angeboten, wie UberX, UberSUV, UberVAN und UberPOOL.

Profil des Fahrers und der geschätzte Fahrpreis angezeigt werden. Am Ende der Fahrt wird das Entgelt automatisch von der Kreditkarte abgebucht, deren Daten der Nutzer bei seiner Anmeldung zur App angeben muss. Die im Rahmen von UberPOP tätigen Privatleute müssen keine Berufskraftfahrer sein und auch im Übrigen nur geringe Anforderungen erfüllen. So fordert(e) Uber in Deutschland neben dem Führerschein lediglich die Vollendung des 21. Lebensjahres sowie einen Versicherungsschutz, die Freiheit von Vorstrafen und ein Höchstalter der genutzten Fahrzeuge von nicht mehr als zehn Jahren.[19]

UberPOP wurde allerdings im Jahr 2015 nach einem Urteil des Landgericht Frankfurt bundesweit eingestellt.[20] Nach Auffassung der Richter erweist sich der Einsatz einer Smartphone-App für die entgeltliche Vermittlung von Fahrdienstleistungen als unlauter im Sinne von §§ 3, 4 Nr. 11 (a. F.)[21] UWG i. V. m. § 2 Abs. 1 S. 1 PBefG. Zur Begründung wird darauf verwiesen, dass die Beförderung von Fahrgästen einen entgeltlichen Gelegenheitsverkehr im Sinne von § 46 PBefG darstelle, für den die fahrenden Privatleute nicht über die notwendige Genehmigung verfügten.[22] Die Entscheidung ist vom Oberlandesgericht Frankfurt als Berufungsinstanz bestätigt und hinsichtlich der Vereinbarkeit des Verbots mit dem Verfassungs- und Unionsrecht vertiefter erörtert worden.[23] Aktuell ist der Rechtsstreit vor dem Bundesgerichtshof anhängig.[24] Nachfolgend sollen die Anwendbarkeit des Personenbeförderungsgesetzes (Genehmigungspflicht) auf UberPOP sowie die nachgelagerte Frage einer möglichen Genehmigungsfähigkeit diskutiert werden. Die Ausführungen unter 2.2 bis 2.4 gelten im Übrigen grundsätzlich parallel für das Geschäftsmodell UberBLACK, welches vom Kammergericht Berlin mit Urteil vom 11. Dezember 2015 ebenfalls als Wettbewerbsverstoß qualifiziert wurde.[25]

2.2 Anwendbarkeit des Personenbeförderungsgesetzes

2.2.1 Konsequenzen

Die Bedeutung einer Anwendbarkeit des Personenbeförderungsgesetzes wird deutlich, wenn man sich die hieraus resultierenden Konsequenzen vor Augen

---

[19] Kramer und Hinrichsen, *GewArch* 2015, 145 (146); Wimmer, *MMR* 2014, 713 (714).

[20] LG Frankfurt, Urt. v. 18.3.2015 – 3/8 O 136/14 u. a. (juris); dezidiert kritisch Haucap, *WuW* 2015, 811: „Das Verbot ist in hohem Maße wettbewerbs- und verbraucherfeindlich"; für einen Überblick zu den Gerichtsentscheidungen im Fall Uber siehe Kramer und Hinrichsen, *GewArch* 2015, 145 (146); s. auch Rebler, *RdTW* 2014, 461 (466 f.); Wimmer und Weiß, *MMR* 2015, 80 (81 ff.).

[21] Siehe jetzt § 3a UWG n. F.

[22] LG Frankfurt, Urt. v. 18.3.2015 – 3/8 O 136/14 u. a., Rn. 79 ff. (juris).

[23] OLG Frankfurt, *GRUR-RR* 2017, 17 (20 f., 21 f.).

[24] Az.: I ZR 182/16.

[25] KG Berlin, *GRUR-RR* 2016, 84.

führt. Exemplarisch hervorzuheben ist ein Vierfaches:[26] Erstens bedarf der Unternehmer einer Genehmigung nach Maßgabe von § 13 Abs. 1 PBefG, wobei für das Modell UberPOP (gleiches gilt für UberBLACK) eine Erlaubnis als sog. Gelegenheitsverkehr (in Abgrenzung zum Linienverkehr) in Form eines Verkehrs mit Mietwagen (in Abgrenzung zum Verkehr mit Taxen) in Betracht kommt.[27] Zweitens ergeben sich verkürzte Zeiten für die Vorführung des Fahrzeugs zur Hauptuntersuchung von zwölf statt 24 Monaten.[28] Drittens wird eine Fahrerlaubnis zur Fahrgastbeförderung mit alle fünf Jahre durchzuführender Gesundheitsprüfung verlangt.[29] Viertens ist vor der ersten Inbetriebnahme eine außerordentliche Hauptuntersuchung gefordert, die den verkehrstüchtigen Zustand jedes eingesetzten Fahrzeugs sicherstellen soll.[30] Hingegen wurde beim Mietwagenverkehr die in Zeiten von Navigationssystemen wirtschaftspolitisch diskussionswürdige Ortskundeprüfung[31] inzwischen abgeschafft.[32]

2.2.2 Entgeltliche oder geschäftsmäßige Beförderung

Der Anwendbarkeit des Personenbeförderungsgesetzes unterliegt die „entgeltliche oder geschäftsmäßige Beförderung von Personen [...] mit Kraftfahrtzeugen".[33] Mit Blick auf das Modell UberPOP (gleiches gilt für UberBLACK) sind beide alternativen Voraussetzungen erfüllt.[34] ‚Entgeltlichkeit' setzt voraus, dass für die Beförderung irgendeine geldwerte Gegenleistung gewährt wird.[35] Diese besteht vorliegend in der Zahlung des geschuldeten Fahrpreises. Eine vertragliche Konstruktion als ‚freiwillige Zahlungen', wie sie von Uber praktiziert wurde, erweist sich als unbeachtlicher Umgehungsversuch (§ 6 PBefG).[36] ‚Geschäftsmäßigkeit' der Beförderung fordert die Absicht, sie zu einem wiederkehrenden oder dauernden Bestandteil seiner Beschäftigung zu machen. Dies gilt selbst dann, wenn die Beförderung unentgeltlich, ohne die Absicht der Gewinnerzielung, als Nebenleistung und weder berufs- noch gewerbsmäßig erfolgt oder erfolgen soll oder nur einmal verwirklicht wurde.[37]

---

[26] Näher OLG Frankfurt, *GRUR-RR* 2017, 17 (20 f.); ferner Schröder, DVBl 2015, 143 (144).

[27] Siehe §§ 2 Abs. 1 S. 1 Nr. 4, 3, 9 Abs. 1 Nr. 5, 46 Abs. 2 Nr. 3 Alt. 2, 49 Abs. 4 PBefG.

[28] Ziff. 2.1.2.2. der Anlage VIII zur StVZO (BGBl. 2012 I S. 679, zuletzt geändert BGBl. 2017 I S. 1282).

[29] § 48 Abs. 1, Abs. 5 FeV (BGBl. 2010 I S. 1980, zuletzt geändert BGBl. 2017 I S. 1282).

[30] § 42 Abs. 1 BOKraft (BGBl. 2012 I S. 1573, zuletzt geändert BGBl. 2015 I S. 1474).

[31] § 48 Abs. 4 Nr. 7 FeV a. F.

[32] Art. 1 der Verordnung v. 14.8.2017 (BGBl. I S. 3232).

[33] § 1 Abs. 1 PBefG.

[34] Ebenso Kramer und Hinrichsen, *GewArch* 2015, 145 (147); Linke, *NVwZ* 2015, 476.

[35] Heinze, in: ders. und Fehling und Fiedler, Personenbeförderungsgesetz, 2014, § 1 Rn. 5; Lampe, in: Erbs und Kohlhaas, Strafrechtliche Nebengesetze, 213. EL 2017, § 1 PBefG Rn. 4; s. auch BGH, *NJW* 1991, 2143.

[36] Statt vieler Ernst, *NJW-Editorial* 42/2014; Rebler, *RdTW* 2014, 461 (464); s. auch OLG Frankfurt, *GRUR-RR* 2017, 17 (19).

[37] Heinze, in: ders. und Fehling und Fiedler, Personenbeförderungsgesetz, 2014, § 1 Rn. 9;

2.2.3 Ausnahmen von der Genehmigungspflicht

Die derart zu bejahende Genehmigungspflicht könnte aber bei Bejahung eines Ausnahmetatbestands gemäß § 1 Abs. 2 S. 1 Nr. 1 PBefG entfallen. Danach werden Beförderungen mit Personenkraftwagen vom Gesetz nicht erfasst, „wenn diese unentgeltlich sind oder das Gesamtentgelt die Betriebskosten der Fahrt nicht übersteigt". Zu beachten ist allerdings, dass das Entgelt nur für die Kosten der ‚konkreten Fahrt' (z. B. Benzin, Öl sowie Abnutzung der Reifen) und nicht zur Finanzierung laufender Kosten (z. B. Steuern, Versicherungen, Reparaturen, Abschreibung) erhoben werden darf.[38] Das Oberverwaltungsgericht Hamburg hat insoweit eine Obergrenze von 35 Cent pro km formuliert.[39] Hieran anknüpfend nahm Uber in Berlin, Düsseldorf und Hamburg eine vorübergehende Absenkung der Entgelte auf diesen Betrag vor. Abgesehen von der zweifelhaften wirtschaftlichen Tragfähigkeit dieses Vorgehens (der Fahrpreis betrug etwa in Hamburg zuvor ca. 1,5 Euro pro km) erscheint es allerdings auch rechtlich fragwürdig, ob eine solche pauschale Reduktion zum Ausschluss der Anwendbarkeit des Personenbeförderungsgesetzes führen kann.[40] Dagegen spricht insbesondere der Umstand, dass § 1 Abs. 2 S. 1 Nr. 1 PBefG eine ‚einzelfahrtbezogene Kostenermittlung' fordert („Betriebskosten der Fahrt"), was eine pauschale Festsetzung ausschließt. Die absolute Obergrenze war vom Oberverwaltungsgericht Hamburg für den ungünstigen Fall eines Treibstoffverbrauchs von ca. 20 l Treibstoff auf 100 km formuliert worden. Darüber hinaus lässt sich argumentieren, dass der Ausnahmetatbestand in § 1 Abs. 2 Satz 1 Nr. 1 PBefG seinem Sinn und Zweck nach von vornherein nicht einschlägig ist, wenn der Beförderer die Fahrt (wie bei UberPOP oder auch bei UberBLACK) allein im Interesse der Mitfahrer bzw. Kunden antritt.[41] Der Grund hierfür ist, dass die Ausnahmevorschrift nur bzw. jedenfalls typischerweise Gefälligkeitsfahrten (z. B. die Mitnahme von Arbeitskollegen gegen Beteiligung an den Benzinkosten) erfassen soll.[42] Hinzuweisen ist schließlich auf § 6 PBefG, der explizit vorsieht, dass die gesetzlichen Verpflichtungen des Unternehmers durch rechts-

---

Lampe, in: Erbs und Kohlhaas, Strafrechtliche Nebengesetze, 213. EL 2017, § 1 PBefG Rn. 5; s. auch BGH, *NJW* 1991, 2143.

[38] OVG Hamburg, *NVwZ* 2014, 1528 (1529); aus der Lit.: Lampe, in: Erbs und Kohlhaas, Strafrechtliche Nebengesetze, 213. EL 2017, § 1 PBefG Rn. 7.

[39] OVG Hamburg, *NVwZ* 2014, 1528 (1529).

[40] Zweifelnd auch Kramer und Hinrichsen, *GewArch* 2015, 145 (147); Schröder, *DVBl* 2015, 143 (145); Wimmer und Weiß, *MMR* 2015, 80 (82 f.); Wimmer, *MMR* 2014, 713 (714).

[41] Zur Abgrenzung von den klassischen, durch Art. 2 Abs. 1 GG besonders geschützten (s. BVerfGE 17, 306) Mitfahrzentralen, bei denen nicht der Mitfahrer, sondern der Kfz-Besitzer das Reiseziel bestimmt, siehe etwa Rebler, *RdTW* 2014, 461 (462).

[42] Strikt OVG Lüneburg, *NVwZ-RR* 1996, 371 (372); Linke, *NVwZ* 2015, 476 f.; Schröder, *DVBl* 2015, 143 (145); in diese Richtung auch OLG Frankfurt, *GRUR-RR* 2017, 17 (18): „in erster Linie"; VGH München, Urt. v. 2.5.2016 – 11 BV 15.1895, Rn. 33 (juris): „regelmäßig"; anders OVG Weimar, Urt. v. 24.11.2015 – 2 KO 131/13, Rn. 34 (juris).

geschäftliche Gestaltungen, die zur Umgehung der Bestimmungen des Gesetzes geeignet sind, nicht berührt werden. Die pauschale Festsetzung des Entgelts auf 35 Cent pro km dürfte einen ebensolchen Umgehungstatbestand darstellen.

2.2.4 Adressat der Genehmigungspflicht

Sprechen damit die besseren Gründe für eine Genehmigungspflicht, stellt sich die Folgefrage, wer diese als *Personenbeförderungsunternehmen*[43] zu beantragen hat. Alternativ zu Uber kommen insoweit auch die angeschlossenen Fahrer in Betracht. Uber selbst nimmt für sich in Anspruch, keine Beförderungsleistungen zu erbringen, sondern eine reine Vermittlertätigkeit auszuüben.[44] Ergänzend wird darauf hingewiesen, dass auch keine Verfügungsgewalt über wesentliche Betriebsmittel bestehe. Zu überzeugen vermag diese Sichtweise jedoch nicht.[45] Maßgeblich erscheint vielmehr, dass Uber alle geschäftsrelevanten Vorgänge steuert und verantwortet. Dies gilt für die Werbung ebenso wie für den Abschluss der Verträge und den Einsatz der Fahrer sowie für die Zahlungsabwicklung und die Entlohnung der Fahrer.[46] Uber zeichnet für die gesamte Organisation und Durchführung der Beförderungsleistung verantwortlich und tritt auch im Außenverhältnis zu den Kunden entsprechend auf. Anderweitige Angaben in den Nutzungsbedingungen, in denen explizit festgehalten wird, dass Uber selbst keine Transport- oder Beförderungsdienstleistungen anbietet, stellen sich demgegenüber als unbeachtliche falsa demonstratio dar.[47] Im Übrigen lässt sich auch hier wieder das Umgehungsverbot des § 6 PBefG anführen und argumentieren, dass vertragliche Klauseln, wonach allein der Fahrer als Unternehmer qualifiziert wird, unbeachtlich sind, sofern der Vermittler gleichwohl tatsächlich die Kontrolle über wesentliche Elemente der Beförderungsleistung ausübt.[48]

---

[43] Siehe § 2 Abs. 1 S. 1, 2 bzw. § 3 PBefG.

[44] Siehe im Ansatz auch Ingold, *NJW* 2014, 3334 (3335); Schröder, *DVBl* 2015, 143 (145).

[45] OVG Hamburg, *NVwZ* 2014, 1528 (1529 f.); OVG Berlin-Brandenburg, Beschl. v. 10.4. 2015 – OVG 1 S 96.14, Rn. 28 ff. (juris); OLG Frankfurt, *GRUR-RR* 2017, 17 (19); aus der Lit.: Alexander und Knauff, *GewArch* 2015, 200 (202 f.); Liese, *TransportR* 2015, 222 (226); Linke, *NVwZ* 2015, 476 (477 ff.); Solmecke und Lengersdorf, *MMR* 2015, 493 (496); Wimmer und Weiß, *MMR* 2015, 80 (81 f.); s. auch Kramer und Hinrichsen, *GewArch* 2015, 145 (148), die ergänzend herausarbeiten, dass eine Untersagungsverfügung gegenüber Uber (über die polizeirechtliche Figur des Zweckveranlassers bzw. über das Ordnungswidrigkeitenrecht) selbst dann in Frage käme, wenn die Unternehmereigenschaft verneint werden sollte; ebenso Ingold, *NJW* 2014, 3334 (3335); ferner KG Berlin, *GRUR-RR* 2016, 84 (86 f.), zur Teilnehmerhaftung nach dem UWG.

[46] Näher OVG Hamburg, *NVwZ* 2014, 1528 (1529 f.).

[47] Zutreffend Kramer und Hinrichsen, *GewArch* 2015, 145 (148); dazu auch noch Linke, *NVwZ* 2015, 476 (477 f.), der für eine ergänzende Heranziehung des Rechtsgedankens aus § 2 Abs. 5a PBefG plädiert.

[48] OVG Berlin-Brandenburg, Beschl. v. 10.4.2015 – OVG 1 S 96.14, Rn. 35 ff. (juris); Linke, *NVwZ* 2015, 476 (479).

2.3 Genehmigungsfähigkeit

Ist die Genehmigungspflicht von UberPOP (gleiches gilt für UberBLACK) damit zu bejahen, bleibt klärungsbedürftig, ob und inwieweit das Geschäftsmodell die Anforderungen des PBefG an eine ‚Genehmigungsfähigkeit' erfüllt. In Betracht kommt hier insbesondere eine Genehmigung als „Gelegenheitsverkehr in Form eines Verkehrs mit Mietwagen".[49] Insoweit ergeben sich aber vor allem aus § 49 Abs. 4 PBefG verschiedene Restriktionen, die eine Realisierung des Geschäftsmodells UberPOP (wie auch von UberBLACK[50]) unzulässig machen und daher der Genehmigungsfähigkeit entgegenstehen.[51] Dies gilt zum einen für das in Satz 2 und Satz 3 Halbsatz 2 statuierte Verbot der Ausführung von Beförderungsaufträgen, die nicht am Betriebssitz oder in der Wohnung des Unternehmers eingegangen sind. Zum anderen folgt aus Satz 3 Halbsatz 1 eine Pflicht zur unverzüglichen Rückkehr zum Betriebssitz nach jeder Fahrt. Mietwagen dürfen nicht den öffentlichen Verkehrsraum auf der Suche nach Fahrgästen durchqueren, keine Fahrgäste vom Straßenrand aufnehmen und nicht an Taxiständen oder anderen Haltepunkten warten.[52] Eine Ausnahme von der Rückkehrpflicht wird nur dann anerkannt, wenn der Mietwagen vor der Fahrt von seinem Betriebssitz oder der Wohnung oder während der Fahrt fernmündlich einen neuen Beförderungsauftrag erhalten hat. Die ‚automatisierte Weiterleitung' eines an den Mietwagenunternehmer gerichteten Telefonanrufs an den auf einer Fahrt befindlichen Fahrer soll nach ganz überwiegender Ansicht indes gerade nicht als am Betriebssitz eingegangen gelten.[53] Ebenso wenig wird

---

[49] §§ 46 Abs. 2 Nr. 3 Alt. 2, 49 Abs. 4 PBefG; zur mangelnden Genehmigungsfähigkeit als Taxenverkehr: Kramer und Hinrichsen, *GewArch* 2015, 145 (148), die u. a. zutreffend auf § 47 Abs. 1 S. 1 PBefG verweisen, wonach Taxen sich ausschließlich an behördlich zugelassenen Stellen aufhalten dürfen (was dem Modell UberPOP widerspricht); zum numerus clausus der Verkehrsformen z. B. Schröder, *DVBl* 2015, 143 (145).

[50] Eingehend hierzu OVG Berlin-Brandenburg, Beschl. v. 10.4.2015 – OVG 1 S 96.14, Rn. 39 ff. (juris); KG Berlin, *GRUR-RR* 2016, 84 (85 f.).

[51] Zu weitergehenden Verstößen von UberPOP in Gestalt des Verzichts auf die außerordentliche Hauptuntersuchung nach § 42 Abs. 1 BOKraft (BGBl. 1975 I S. 1573, zuletzt geändert BGBl. 2015 I 1474) sowie die fehlende Forderung nach einer Fahrerlaubnis zur Fahrgastbeförderung im Sinne des § 48 FeV – Kramer und Hinrichsen, *GewArch* 2015, 145 (148 f.); für eine ersatzlose Streichung von § 49 Abs. 4 S. 2 und S. 3 PBefG: König, *BB* 2015, 1095 (1099 f.).

[52] König, *BB* 2015, 1095 (1098).

[53] OLG Koblenz, *NJWE-WettbR* 1996, 30; KG Berlin, *GRUR-RR* 2016, 84 (86); VG Berlin, Beschl. v. 26.9.2014 – 11 L 353.14, Rn. 34 (juris); LG Berlin, Urt. v. 11.4.2014 – 15 O 43/14, Rn. 56 ff. (juris); OVG Berlin-Brandenburg, Beschl. v. 10.4.2015 – OVG 1 S 96.14, Rn. 44 ff.; Bidinger, Personenbeförderungsrecht, EL § 49 PBefG Rn. 147; Ingold, *NJW* 2014, 3334 (3336); Schröder, *DVBl* 2015, 143 (146); Wüstenberg, *GewArch* 2016, 182 (183); ders., *DAR* 2015, 690 (692); ähnlich Bauer, PBefG, 2010, § 49 Rn. 18 f.; anders OLG Schleswig, *NJWE-WettbR* 1997, 127, wenn nur „gelegentlich" weitergeleitet wird; zweifelnd Heinze, in: ders. und Fehling und Fiedler, Personenbeförderungsgesetz, 2014, § 49 Rn. 16; s. auch Lampe, in: Erbs und Kohlhaas, Strafrechtliche Nebengesetze, 213. EL 2017, § 1 PBefG Rn. 7.

die Zuleitung eines Auftrags über eine Smartphone-App (wie UberPOP oder UberBLACK) zugelassen, wenn sie ohne Einschaltung einer weiteren Person am Betriebssitz des Unternehmers erfolgt.[54]

Jedenfalls in der Kombination lassen sich die derart beschränkten Möglichkeiten der Auftrags-Entgegennahme und die Rückkehrpflicht zum Betriebssitz nach jeder Fahrt mit dem Geschäftsmodell UberPOP (gleiches gilt für Uber-BLACK) nicht in Einklang bringen. Dieses ist gerade darauf ausgelegt, dass sich die Fahrer im gesamten Stadtgebiet bereithalten, um eine möglichst große Fläche abzudecken und den Fahrgast binnen kurzer Frist zu erreichen.[55]

2.4 Vereinbarkeit des Regelungsrahmens mit höherrangigem Recht

Steht der geltende Regelungsrahmen nach alledem einer Realisierung des Modells UberPOP (gleiches gilt für UberBLACK) entgegen, bleibt zu fragen, ob dieser einfachrechtliche Befund mit den höherrangigen Vorgaben des Unions- und Verfassungsrechts im Einklang steht.

2.4.1 Unionsrecht

In ,unionsrechtlicher Hinsicht' beruft sich Uber insbesondere auf die Dienstleistungsfreiheit nach Art. 56 AEUV und die Dienstleistungsrichtlinie 2006/123/EG.[56] Angesichts des Europasitzes in den Niederlanden und des hierin zum Ausdruck kommenden grenzüberschreitenden Bezugs erscheint dies auch nicht von vornherein ausgeschlossen. Dessen ungeachtet sind die nationalen Gerichte der Argumentation sowohl für UberPOP als auch für UberBLACK bislang mit Recht nicht gefolgt.[57] Zwar unterfällt der grenzüberschreitende Transport von Gütern und Personen dem Dienstleistungsbegriff der Art. 56, 57 Abs. 1 AEUV. Maßgeblich erscheint aber zum einen, dass die Dienstleistungsfreiheit im

---

[54] Siehe zu UberBLACK: KG Berlin, *GRUR-RR* 2016, 84 (86); Kramer und Hinrichsen, *GewArch* 2015, 145 (148); auch Ingold, *NJW* 2014, 3334 (3335).

[55] Kramer und Hinrichsen, *GewArch* 2015, 145 (148).

[56] Richtlinie 2006/123/EG des Europäischen Parlaments und des Rates vom 12.12.2006 über Dienstleistungen im Binnenmarkt, ABl. 2006 L 376, 36; näher hierzu: Ludwigs, in: Dauses und Ludwigs, *Handbuch des EU-Wirtschaftsrecht*, 42. EL 2017, E.I. Rn. 233 ff.; zur mangelnden Tangierung der in Art. 49 AEUV geregelten Niederlassungsfreiheit nur KG Berlin, *GRUR-RR* 2016, 84 (90 f.), unter zutreffendem Hinweis darauf, dass die dauerhafte Erbringung grenzüberschreitender Dienstleistungen allein noch keine Niederlassung begründet.

[57] Siehe exemplarisch OLG Frankfurt, *GRUR-RR* 2017, 17 (21 f.); OVG Hamburg, *NVwZ* 2014, 1528 (1530 f.); KG Berlin, *GRUR-RR* 2016, 84 (89 f.); aus der Lit. Alexander und Knauff, *GewArch* 2015, 200 (203); Ingold, *NJW* 2014, 3334 (3337); Kramer und Hinrichsen, *GewArch* 2015, 145 (149); s. auch Gärtner und Großekettler, *Mitteilungen der deutschen Patentanwälte* 2015, 367 (371).

Verkehrssektor gemäß Art. 58 Abs. 1 AEUV unanwendbar ist.[58] Zum anderen sehen die Sonderregelungen in Art. 90 ff. AEUV sowie hierauf beruhende sekundärrechtliche Bestimmungen keine Dienstleistungsfreiheit für die Verkehrsform des Mietwagens mit Fahrer vor.

Weitere Klarheit dürfte die Entscheidung des EuGHs in der Rechtssache ‚Asociación Profesional Elite Taxi' bringen. Im zugrundeliegenden Ausgangsverfahren klagt eine berufsständische Vereinigung von Taxifahrern in Barcelona gegen Uber Systems Spain SL. Die Kläger machen geltend, Uber Spain sei nicht befugt, die Dienstleistung UberPOP zu erbringen, weil weder Uber noch die Halter der fraglichen Kraftfahrzeuge oder deren Fahrer über die vorgeschriebenen Lizenzen und Genehmigungen verfügten. Uber beruft sich darauf, selbst keine Verkehrsdienstleistungen zu erbringen, sondern nur Vermittler zu sein. Das angerufene Handelsgericht hat das Verfahren ausgesetzt und dem EuGH mehrere Fragen nach der Beurteilung der Tätigkeit von Uber anhand des Unionsrechts sowie den hieraus zu ziehenden Konsequenzen vorgelegt. In seinen Schlussanträgen vom 11. Mai 2017 betont Generalanwalt Maciej Szpunar im Ausgangspunkt zutreffend, dass es sich bei UberPOP um einen „gemischten Dienst" handele, von dem ein Teil auf elektronischem Weg erbracht wird, während dies beim anderen Teil definitionsgemäß nicht der Fall ist.[59] Ein gemischter Dienst kann nach Ansicht des Generalanwalts unter den Begriff „Dienste der Informationsgesellschaft" im Sinne der E-Commerce-Richtlinie 2000/31/EG – für die der Grundsatz des freien Dienstleistungsverkehrs gilt – fallen, wenn (1) die nicht elektronisch erbrachte Leistung von dem elektronisch erbrachten Dienst wirtschaftlich unabhängig sei (z. B. bei Plattformen für die Buchung von Hotelzimmern) oder (2) der Anbieter den gesamten Dienst erbringe oder entscheidenden Einfluss auf die Bedingungen ausübe, unter denen der nicht elektronische Teil erbracht wird, so dass beide Dienste eine untrennbare Einheit bildeten, vorausgesetzt, das zentrale Element werde auf elektronischem Weg vollzogen.[60] Der von Uber angebotene Dienst erfülle indes keine der beiden Voraussetzungen.[61] Zum einen übten die Fahrer, die im Rahmen der Uber-Plattform Beförderungen durchführten, keine eigenständige Tätigkeit aus, die unabhängig von der Plattform Bestand hätte. Zum anderen kontrolliere Uber

---

[58] EuGH, Rs. C-205/99, Slg. 2001, I-1271 Rn. 18 – Analir; EuGH, Rs. C-476/98, Slg. 2002, I-9855 Rn. 145 – Kommission/Deutschland; EuGH, Rs. C-338/09, Slg. 2010, I-13927 Rn. 29 f. – Yellow Cab; zur Gleichsetzung der Dienstleistungen im Bereich des Verkehrs nach Art. 58 Abs. 1 AEUV mit den „Verkehrsdienstleistungen" gemäß Art. 2 II lit. d RL 2006/123/ EG EuGH Urt. v. 15.10.2015 – C-168/14, ECLI:EU:C:2015:685 Rn. 43 ff. – Grupo Itevelsa.
[59] GA Szpunar, SchlA v. 11.5.2017 – C-434/15, ECLI:EU:C:2017:364 Rn. 28 – Asociación Profesional Elite Taxi.
[60] Ebd., Rn. 33, 35 f.
[61] Zur folgenden Argumentation GA Szpunar, SchlA v. 11.5.2017 – C-434/15, ECLI:EU: C:2017:364 Rn. 39 ff., 71 – Asociación Profesional Elite Taxi; hieran anknüpfend ders., SchlA v. 4.7.2017 – C-320/16, ECLI:EU:C:2017:511 Rn. 15 ff. – Uber France.

auch die wirtschaftlich relevanten Faktoren der im Rahmen der Plattform angebotenen Beförderungsdienstleistung. Vor diesem Hintergrund sei Uber nicht nur als bloßer Vermittler zwischen Fahrern und Fahrgästen zu qualifizieren. Hinzu komme, dass die Beförderungsleistung im Rahmen des von der Plattform Uber angebotenen gemischten Dienstes „ohne jeden Zweifel" die Hauptleistung darstelle, die dem Dienst seinen wirtschaftlichen Sinn verleihe. Vor dem Hintergrund dieser überzeugenden Argumentation schlägt Generalanwalt Maciej Szpunar vor, den von Uber angebotenen Dienst als „Verkehrsdienstleistung" zu qualifizieren. Sollte der EuGH dem folgen, käme der Grundsatz des freien Dienstleistungsverkehrs weder über die Richtlinie 2006/123/EG (bzw. die Richtlinie 2000/31/EG) noch über Art. 56, 57 AEUV zur Geltung. Vielmehr würde die Tätigkeit von Uber den Zulassungsbedingungen von Verkehrsunternehmern innerhalb eines Mitgliedstaats unterliegen, in dem sie nicht ansässig sind.

Hervorzuheben ist im Übrigen, dass der EuGH nunmehr auf Vorlage des Bundesgerichtshofs vom 18. Mai 2017 auch mit der Problematik befasst wurde, ob die Vorschriften der Union zur Dienstleistungsfreiheit einem Verbot von UberBLACK wegen Verstoßes gegen § 49 Abs. 4 Satz 2 PBefG entgegenstehen.[62] Aufgrund der weitgehenden Parallelen zu UberPOP liegt dabei eine Übertragung der von Generalanwalt Maciej Szpunar entwickelten Grundsätze und eine Einordnung als Verkehrsdienstleistung nahe.

2.4.2 Verfassungsrecht

Neben den unionsrechtlichen Vorgaben sind auch noch die Anforderungen aus dem ‚Verfassungsrecht' in den Blick zu nehmen. Insoweit ist zunächst festzuhalten, dass sowohl die allgemeine Genehmigungspflicht als auch die daran anknüpfenden Vorgaben aus der Fahrerlaubnis-Verordnung (FeV), der Straßenverkehrs-Zulassungs-Ordnung (StVZO) oder der Verordnung über den Betrieb von Kraftfahrunternehmen im Personenverkehr (BOKraft) – ungeachtet des hierin liegenden Eingriffs in die Berufsfreiheit – mit Blick auf den angestrebten Schutz der Fahrgäste und anderen Verkehrsteilnehmer gerechtfertigt sind.[63] Komplexer stellt sich die Bewertung der Vorgaben zur Rückkehrpflicht sowie zur Einschränkung der Arten der Auftrags-Entgegennahme in § 49 Abs. 4 Satz 2 und 3 PBefG dar. Hiermit ist ein erheblicher Eingriff in die durch Art. 12 Abs. 1 GG (i.V.m. Art. 19 Abs. 3 GG[64]) geschützte Berufsfreiheit verbunden.

---

[62] BGH, GRUR 2017, 743.

[63] Insoweit überzeugend Kramer und Hinrichsen, *GewArch* 2015, 145 (149); s. auch Alexander und Knauff, *GewArch* 2015, 200 (203); anderer Begründungsweg bei OVG Hamburg, *NVwZ* 2014, 1528 (1529), wo auf das Fehlen einer hinreichenden Versicherung der Uber-Fahrer und die Nichtabführung von Steuern und Sozialabgaben abgestellt wird; kritisch hierzu Nebel und Kramer, *NVwZ* 2014, 1532 (1533).

[64] Zur ‚Anwendungserweiterung' des deutschen Grundrechtsschutzes auf juristische Personen aus Mitgliedstaaten der EU (wie Uber BV) siehe: BVerfGE 129, 78 – Cassina; s. auch

Zwar handelt es sich nach Maßgabe der Drei-Stufen-Theorie des Bundesver-
fassungsgerichts[65] bei rechtlicher Betrachtung um bloße Berufsausübungsrege-
lungen.[66] Vorliegend machen diese aber in ihrer Kombination das innovative
Geschäftsmodell UberPOP (wie auch UberBLACK) von vornherein unmöglich
und nähern sich daher einer ‚objektiven Berufswahlregelung' an, die nur unter
strengeren Voraussetzungen zu legitimieren ist.[67] Als Rechtfertigungsgrund
kommt vorliegend die ‚Existenz- und Funktionsfähigkeit des Taxengewerbes'
in Betracht. Das Bundesverfassungsgericht hat den Rekurs hierauf als Rechtfertigung für die Rückkehrpflicht in § 49 Abs. 4 Satz 3 PBefG auch bereits in
einer Entscheidung aus dem Jahr 1989 grundsätzlich anerkannt.[68] Es bestehe
ein allgemeines Bedürfnis nach einem funktionsfähigen Taxenverkehr, um der
Bevölkerung ein „Verkehrsmittel für individuelle Bedürfnisse zu einem fest-
gelegten Tarif" zur Verfügung zu stellen.[69] Mietwagen würden dem nicht entsprechen, weil für sie weder eine Tarifbindung noch ein Kontrahierungszwang
bestehe. Zum Erhalt der Wettbewerbsfähigkeit des Taxengewerbes sei das Verbot
des taxiähnlichen Bereitstellens von Mietwagen im Allgemeinen daher legitim.
Der Zweck des Rückkehrgebots im Besonderen liege darin, besser zu gewähr-
leisten, dass Mietwagen nicht nach Beendigung eines Beförderungsauftrags taxi-
ähnlich auf öffentlichen Straßen und Plätzen bereitgestellt werden und dort
Beförderungsaufträge annehmen.[70]

Angesichts der seither gestiegenen Zahl an Taxen (Stand im Jahr 2016: ca.
56 000) und des fehlenden Nachweises einer anderweitigen Befriedigung der
Mobilitätsbedürfnisse erscheint der Rekurs auf die ‚Existenz- und Funktionsfähigkeit des Taxengewerbes' auch heute noch im Grundsatz tragfähig.[71] Zu

---

OLG Frankfurt, *GRUR-RR* 2017, 17 (21); zur Einbeziehung in die Deutschenrechte (wie
Art. 12 Abs. 1 GG) Ludwigs, JZ 2013, 434 (440), wonach entweder der persönliche Schutz-
bereich des Deutschenrechts zu erweitern oder eine Schutzniveauanpassung im Rahmen von
Art. 2 Abs. 1 GG auf Schrankenebene vorzunehmen ist.

[65] Grundlegend BVerfGE 7, 377 – Apotheken-Urteil.

[66] Zur Rückkehrpflicht in § 49 Abs. 4 S. 3 PBefG a. F. explizit: BVerfGE 81, 70 (84), zur
Einschränkung der Arten der Auftrags-Entgegennahme in § 49 Abs. 4 S. 2 PBefG: KG Berlin,
GRUR-RR 2016, 84 (88); BGH, BB 2017, 801 Rn. 22.

[67] In diese Richtung auch König, BB 2015, 1095; a. A. OVG Berlin-Brandenburg, Beschl. v.
10.4.2015 – OVG 1 S 96.14, Rn. 55; allgemein zum Umschlag („Rückwirkung") einer Berufs-
ausübungs- in eine Berufswahlregelung: BVerfGE 30, 292 (313); BVerfGE 32, 1 (34 f.); BVerfGE
65, 116 (127 f.); BVerfGE 82, 209 (229 f.); BVerfGE 125, 260 (359); st. Rspr.

[68] BVerfGE 81, 70 (84 ff.), mit der (sodann auch vom Gesetzgeber implementierten)
Forderung nach einer verfassungskonformen Auslegung dahingehend, dass es den Mietwagen
erlaubt sein muss, nicht nur während der Beförderungsfahrt, sondern auch noch während der
Rückfahrt per Funk übermittelte neue Aufträge auszuführen und zu diesem Zweck die Rückfahrt abzubrechen.

[69] BVerfGE 81, 70 (87).

[70] BVerfGE 81, 70 (84).

[71] A. A. (allerdings ohne nähere Begründung): Kramer und Hinrichsen, *GewArch* 2015, 145
(149).

Recht wird insoweit darauf hingewiesen, dass der Taxi-Verkehr auf mittlere Sicht für diejenigen Bevölkerungsteile, die über keinen Führerschein verfügen und nicht ‚smartphoneaffin' sind, weiterhin erhebliche Bedeutung behalten dürfte.[72]

Nicht auf dem Prüfstand der Karlsruher Richter stand 1989 allerdings die Einschränkung der Arten der Auftrags-Entgegennahme in § 49 Abs. 4 Satz 2 und Satz 3 Halbsatz 2 PBefG. Insoweit erscheint es indes gerade fragwürdig, weshalb die von der überwiegenden Ansicht geforderte Einschaltung einer weiteren Person am Betriebssitz des Unternehmers zur Gewährleistung der ‚Existenz- und Funktionsfähigkeit des Taxengewerbes' verhältnismäßig sein soll.[73] Die Ermöglichung einer automatischen Anrufweiterleitung bzw. der Auftragszuleitung über eine Smartphone-App würde die traditionell den Taxis vorbehaltene Bedienung des Winkmarktes (Abwinken am Straßenrand) sowie des Wartemarktes (Bereithalten an gekennzeichneten Orten, wie Taxiständen) nicht in Frage stellen. Sie betrifft allein den schon heute für den Mietwagenverkehr geöffneten Bestellmarkt. Mit Blick auf den Schutz des Wink- und Wartemarktes erscheint vielmehr bereits die Rückkehrpflicht hinreichend. Dies gilt umso mehr, als § 49 Abs. 4 Satz 4 PBefG explizit vorschreibt, dass der Eingang des Beförderungsauftrags buchmäßig zu erfassen und die Aufzeichnung ein Jahr aufzubewahren ist. Die in der Judikatur der Obergerichte und im Schrifttum dominierende enge Auslegung der zulässigen Arten einer Auftrags-Entgegennahme führt demgegenüber zu einer unverhältnismäßigen Verkürzung des Bestellmarkts für Mietwagen. Hierdurch werden wettbewerbliche Impulse durch Innovationen im Personenbeförderungsgewerbe gehemmt. Dem lässt sich auch nicht entgegenhalten, dass eine Erweiterung der Arten der Auftrags-Entgegennahme ein erhöhtes Missbrauchsrisiko beinhaltet. Insbesondere ist nicht ersichtlich, weshalb die Gefahr einer Verletzung des Rückkehrgebots bei der automatischen Weiterleitung von Beförderungsaufträgen bzw. der Auftragszuleitung per Smartphone-App signifikant höher sein soll, als bei der lediglich betriebsinternen Weitergabe fernmündlichen Weitergabe von am Betriebssitz eingegangen Aufträgen.[74]

Richtigerweise ist daher zwischen der verfassungskonformen Rückkehrpflicht einerseits und der verfassungswidrigen, den technischen Fortschritt negierenden Einschränkung der Arten der Auftrags-Entgegennahme zu differenzieren. Eine verfassungskonforme Auslegung des Gesetzes erscheint hier nur eingeschränkt möglich. Zu bejahen ist sie im Hinblick auf automatisch vom Telefonanschluss des Sitzes des Mietwagenunternehmens an den Mietwagenfahrer weitergeleitete Aufträge. Ein Verständnis, wonach derartige Aufträge als am Betriebssitz einge-

---

[72] Wimmer und Weiß, *MMR* 2015, 80 (83); s. jetzt auch BGH, *BB* 2017, 801 Rn. 23.
[73] Ähnlich Heinze, in: ders. und Fehling und Fiedler, Personenbeförderungsgesetz, 2014, § 49 Rn. 16.
[74] In diese Richtung auch OLG Schleswig, *NJWE-WettbR* 1997, 127 (wenngleich nur für die „gelegentliche" automatische Weiterleitung und im Übrigen unentschieden).

gangen gelten, bewegt sich noch im Rahmen des Wortsinns von § 49 Abs. 4 PBefG. An ihre Grenzen dürfte die verfassungskonforme Auslegung dagegen im Hinblick auf die für UberPOP (wie auch UberBLACK) prägende Auftragszuleitung über eine Smartphone-App stoßen. Zwar könnte prima facie daran gedacht werden, den Sitz von Uber BV in Amsterdam als Betriebssitz zu qualifizieren, von dem aus die Aufträge zugeleitet werden. Dem steht jedoch im Hinblick auf die Rückkehrpflicht nach § 49 Abs. 4 Satz 3 PBefG entgegen, dass je einem Fahrzeug nur ein Betriebssitz zugeordnet werden kann.[75] Scheidet eine verfassungskonforme Auslegung insoweit aus, ist der Gesetzgeber aufgefordert, den § 49 Abs. 4 PBefG dahingehend anzupassen, dass auch die Auftrags-Entgegennahme über eine Smartphone-App zulässig ist. Konsequenterweise sollten dann freilich auch die Dokumentationspflichten nach § 49 Abs. 4 Satz 4 PBefG hierauf erstreckt werden.

2.5 Zwischenfazit

Als erstes Zwischenfazit bleibt festzuhalten, dass das PBefG auf die umstrittenen Dienste UberPOP und UberBLACK anwendbar ist. Selbst eine pauschale Reduktion des Fahrpreises auf 35 Cent/km schließt die Anwendung nicht aus. Die personenbeförderungsrechtliche Genehmigung ist von Uber selbst zu beantragen. Der aktuelle Regelungsrahmen (PBefG, FeV, StVZO, BOKraft etc.) ist mit dem Unionsrecht vereinbar. Gleiches trifft zwar grundsätzlich in verfassungsrechtlicher Hinsicht auch im Hinblick auf die Berufsfreiheit aus Art. 12 Abs. 1 GG zu. Eine Ausnahme gilt aber für die Regelung zur Auftrags-Entgegennahme in § 49 Abs. 4 Satz 2 und Satz 3 Halbsatz 2 PBefG. Art. 12 Abs. 1 GG fordert hier eine Ausdehnung auf Aufträge, die den Mietwagenunternehmer über eine automatische Anrufweiterleitung bzw. eine Auftragszuleitung per Smartphone-App erreichen. Dessen ungeachtet ist festzuhalten, dass auch die verbleibenden (zulässigen) regulatorischen Anforderungen dem Modell Uber enge Grenzen setzen.

3 Das Modell Airbnb

3.1 Tatsächlicher Hintergrund und Problemaufriss

Die Airbnb Inc. (nachfolgend Airbnb) wurde 2008 in den USA gegründet, hat ihren Sitz in San Francisco und vermittelt über eine gleichnamige Onlineplatt-

---

[75] Wüstenberg, *DAR* 2015, 690 (694); allgemein Heinze, in: ders. und Fehling und Fiedler, Personenbeförderungsgesetz, 2014, § 49 Rn. 20.

form Unterkünfte in mehr als 190 Ländern. Nutzer außerhalb der USA und von China kontrahieren mit Airbnb Ireland UC (nachfolgend Airbnb Ireland).[76] Kennzeichnend für das Geschäftsmodell ist, dass Privatanbieter über die Plattform ihre Privatwohnung oder einzelne Zimmer der Wohnung inserieren, um diese für einen kurzfristigen Zeitraum zu vermieten. Der Plattformbetreiber wickelt den Bezahlvorgang ab, erhebt eine Servicegebühr auf den Buchungspreis[77] und zahlt den Restbetrag an den Gastgeber.[78] Die Zahl der in Deutschland über Onlineportale wie Airbnb oder andere Anbieter (wie Wimdu oder 9Flats) vermittelten Übernachtungen lag laut einer Studie der GBI AG[79] im Jahr 2015 bei mindestens 14,5 Millionen, wobei die Schwerpunkte in den Großstädten Berlin (ca. 6,1 Millionen), Hamburg (ca. 2,0 Millionen) und München (ca. 1,9 Millionen) lagen. Mit der Unterkunftsvermittlung ist eine Vielzahl komplexer Rechtsfragen aus unterschiedlichen Bereichen verbunden. Diese reichen von der Erlaubnis zur Untervermietung im Mietrecht[80] und der Teilungserklärung im Wohnungseigentumsrecht,[81] über steuerrechtliche Fragen[82] bis hin zum Gewerbe-, Bau- und Zweckentfremdungsrecht. Die drei letztgenannten Bereiche setzen den öffentlich-rechtlichen Rahmen für die Entfaltung des Geschäftsmodells und sollen daher im Fokus der folgenden Ausführungen stehen.

3.2 Gewerberechtliche Restriktionen

Richtet man den Blick zunächst auf die gewerberechtlichen Restriktionen, so ist im Ausgangspunkt zwischen den Tätigkeiten des Vermieters und des Plattformbetreibers zu differenzieren.[83]

---

[76] Näher Omlor, *jM* 2017, 134; s. auch https://www.airbnb.de/terms (letzter Abruf: 13.7. 2017).

[77] Siehe: Ingold, *DÖV* 2016, 595 (596): Insgesamt 9–15 Prozent auf den Buchungspreis.

[78] Mak, *EuCML* 2016, 19 (20).

[79] Abrufbar unter: http://www.gbi.ag/detailansicht/news/etwa-jeder-elfte-staedtereisende-in-deutschland-schlaeft-bei-airbnb-co/ (letzter Abruf: 16.7.2017).

[80] Überblick bei Bueb, *ZWE* 2016, 207 (209); siehe aus der Rspr. insb. BGH, *NJW* 2014, 622, wonach sich aus einer generellen Untervermietungserlaubnis keine Erlaubnis zur tageweisen Vermietung an Touristen ergibt, kritisch Kohlstrunk, *NZM* 2014, 231.

[81] Siehe insb. BGH, *NJW* 2010, 3093, wonach die Vermietung einer Eigentumswohnung an täglich oder wöchentlich wechselnde Feriengäste Teil der zulässigen Wohnnutzung ist, wenn die Teilungsklärung nichts anderes bestimmt und die Wohnungseigentümer nichts anderes vereinbart haben, näher Bueb, *ZWE* 2016, 207 (208 f.).

[82] Für einen Überblick zu Einkommenssteuer, Werbungskosten, Umsatzsteuer und Gewerbesteuer Bueb, *ZWE* 2016, 207 (211); näher Kußmaul und Kloster, *DStR* 2016, 1280; zu den sog. Bettensteuern siehe: BVerwGE 143, 301; Buchberger, *DVBl* 2015, 601; Dürrschmidt, *KStZ* 2013, 1.

[83] So auch Ingold, *DÖV* 2016, 595 (596 ff., 599 f.); Windoffer, *LKV* 2016, 337 (338 f.).

3.2.1 Tätigkeit des Vermieters

Für den Vermieter kann sich aus § 14 Abs. 1 Satz 1 GewO eine Anzeigepflicht der Vermietung als ‚stehendes Gewerbe' ergeben. Dies gilt allerdings nur dann, wenn die Wohnraumvermietung als Betrieb eines Gewerbes im Sinne des § 1 Abs. 1 GewO zu qualifizieren ist. Maßgeblich ist die einzelfallbezogene Abgrenzung zur bloßen Nutzung und Verwaltung eigenen Vermögens. Indizien für eine gewerbliche Tätigkeit bilden die Beschäftigung von Hilfspersonen, die Höhe des Kapitaleinsatzes, Dauer und Umfang der Tätigkeit, der Organisationsaufwand sowie das Auftreten im Rechtsverkehr.[84]

Unstreitig erscheint zunächst, dass die Kurzzeitvermietung der eigenen Wohnung in Zeiten eigener Abwesenheit als nicht-gewerbliche Verwaltung eigenen Vermögens einzuordnen ist.[85] Im Übrigen bedarf es einer Einzelfallbetrachtung. Danach kann im Ausnahmefall selbst die Vermietung nur einer einzelnen Wohnung die Gewerblichkeit begründen. Exemplarisch wird im Schrifttum auf den Fall eines ‚ganzjährig-saisonunabhängigen Anbieters' verwiesen, der eine im Vergleich zu klassischen Wohnungsvermietungen deutlich erhöhte Fluktuation an Mietern und damit geschäftsmäßigen Verwaltungsaufwand aufweist oder durch hotelähnliche ‚Nebenleistungen' berufsmäßig-gewerbetypische Dienstleistungen erbringt.[86] Auch in diesen Fällen bleibt es aber bei der bloßen Anzeigepflicht. Eine weitergehende Genehmigungspflicht als Immobilienmakler nach § 34c Abs. 1 S. 1 Nr. 1 GewO scheidet dagegen ebenso aus, wie die Qualifikation der Vermietung als überwachungsbedürftiges Gewerbe gemäß § 38 Abs. 1 Nr. 4 GewO. Maßgeblich erscheint insoweit, dass die zivilrechtliche Vermietung keine ‚Vermittlung' im Sinne der genannten Vorschriften darstellt.[87]

3.2.2 Tätigkeit des Plattformbetreibers

Für den Plattformbetreiber besteht grundsätzlich eine *Anzeigepflicht* der Vermittlungstätigkeit als stehendes Gewerbe im Sinne von §§ 1 Abs. 1, 14 Abs. 1 Satz 1 GewO. Umstritten ist, ob daneben auch die Genehmigungspflicht als Immobilienmakler aus § 34c Abs. 1 Satz 1 Nr. 1 GewO eingreift.[88] Dagegen wird jedoch mit Recht eingewandt, dass weder Wortlaut noch Systematik der Norm das charakteristische Geschäftsmodell von Airbnb und anderen Anbietern erfassen.[89] Typischerweise fehlt es an einer Vermittlung von ‚Wohn-

---

[84] BVerwG, *NVwZ* 1993, 775 (776); näher Pielow, in: ders. (Hg.), *BeckOK Gewerberecht*, 38. Edition 2017, § 1 GewO Rn. 184 m. w. N. zum Meinungsstand im Schrifttum.

[85] darauf hinweisend auch Ingold, *DÖV* 2016, 595 (600); Wüsthoff, *ZMR* 2014, 421 (425).

[86] Ingold, *DÖV* 2016, 595 (600).

[87] Ingold, *DÖV* 2016, 595 (599).

[88] Bejahend Windoffer, *LKV* 2016, 337 (338 f.); verneinend Ingold, *DÖV* 2016, 595 (597).

[89] Ingold, *DÖV* 2016, 595 (597).

raum' durch die Internetplattformen. Nach der Rechtsprechung des Bundesverwaltungsgerichts zur Baunutzungsverordnung (BauNVO) ist der Begriff des Wohnens durch eine auf Dauer angelegte Häuslichkeit, Eigengestaltung der Haushaltsführung und des häuslichen Wirkungskreises sowie Freiwilligkeit des Aufenthalts gekennzeichnet.[90] Ferienwohnungen werden dagegen typischerweise nur zum ,vorübergehenden Aufenthalt' durch einen ,ständig wechselnden Personenkreis' genutzt. Es fehlt mithin an einer auf Dauer angelegten Häuslichkeit. Für die Übertragung der bauplanungsrechtlichen Judikatur des BVerwG auf den gewerberechtlichen Begriff der Wohnnutzung spricht im Übrigen auch der Vergleich mit § 38 Abs. 1 Nr. 4 GewO.[91] Dort wird die ,Vermittlung von Unterkünften', wie sie auch durch Airbnb und andere Anbieter erfolgt, gerade keiner Genehmigungspflicht, sondern nur einer besonderen ,Überwachungsbedürftigkeit' unterworfen.

Als Zwischenbefund ist damit zu konstatieren, dass die Vermittlung von Privatunterkünften auf Seiten der Plattformbetreiber grundsätzlich ein sowohl anzeigepflichtiges als auch besonders überwachungsbedürftiges (jedoch nicht genehmigungspflichtiges) Gewerbe darstellt. Diese Einordnung bedarf allerdings für ,grenzüberschreitend tätige Plattformbetreiber' der Korrektur. Einschlägig ist insoweit die zur Umsetzung der Dienstleistungsrichtlinie 2006/123/EG[92] in § 4 GewO aufgenommene Regelung über die grenzüberschreitende Dienstleistungserbringung. Danach sind Plattformbetreiber vom gewerberechtlichen Überwachungsregime ausgenommen, die im Anwendungsbereich der Dienstleistungsrichtlinie von einer Niederlassung in einem anderen EU-/EWR-Staat aus vorübergehend in Deutschland tätig werden. Hiervon könnte gerade ein Anbieter wie Airbnb profitieren, der als Vertragspartner für seine Dienste die europäische Hauptniederlassung in Irland benennt. Dem steht nicht entgegenstehen, dass Airbnb auch am Standort Berlin eine GmbH errichtet hat. Sofern ein Dienstleistungserbringer (was für Airbnb unterstellt sei) über mehrere Niederlassungsorte verfügt, gilt es zu bestimmen, von welchem Ort aus die betreffende Dienstleistung erbracht wird. Im Zweifelsfall ist das Zentrum der konkreten Tätigkeit zu ermitteln.[93] Mit Blick auf die Kundschaft von Airbnb ist insoweit allerdings zu Recht darauf hingewiesen worden, dass sich ein solcher Schwerpunkt innerhalb Europas schwerlich feststellen lässt.[94] Sollte nicht nachzuweisen sein, dass das Deutschlandgeschäft tatsächlich von einer inländischen Niederlassung betrieben wird, müsste daher richtigerweise auf die europäische (Haupt-)

---

[90] Grundlegend BVerwG, *NVwZ* 1996, 893; BVerwG, *NVwZ* 2014, 72; s. auch OVG Greifswald, Beschl. v. 6.7.2016 – 2 S 2.06, Rn. 8 (juris); OVG Münster, *NVwZ-RR* 2008, 20 (21).

[91] Ingold, *DÖV* 2016, 595 (597).

[92] Nachweis in Fn. 56.

[93] Storr, in: Pielow (Hg.), *BeckOK Gewerberecht*, 38. Edition 2017, § 4 GewO Rn. 42.

[94] Windoffer, *LKV* 2016, 337 (339).

Niederlassung in Irland abgestellt werden.[95] In der Folge wäre Airbnb weder anzeigepflichtig noch besonders überwachungsbedürftig. Selbst wenn man diese mögliche Erleichterung aber außer Betracht lässt, ist jedenfalls zusammenfassend festzuhalten, dass das Gewerberecht an die Tätigkeit der Plattformbetreiber (wie auch der Vermietenden) nur Basisanforderungen stellt, die einer Entfaltung des Geschäftsmodells nicht entgegenstehen.

3.3 Baurechtliche Anforderungen

Neben dem Gewerberecht können sich auch aus dem Öffentlichen Baurecht einschränkende Anforderungen für die kurzzeitige Vermietung von Unterkünften über Portale wie Airbnb oder vergleichbare Anbieter ergeben.

3.3.1 Kurzzeitvermietung als genehmigungspflichtige Nutzungsänderung

Im Zentrum steht hier in einem ersten Schritt die Frage, ob die Kurzzeitvermietung als ‚genehmigungspflichtige Nutzungsänderung' zu qualifizieren ist.[96] Eine Nutzungsänderung liegt vor, wenn die der bisher genehmigten Nutzung eigene Variationsbreite verlassen wird und durch die Veränderung bodenrechtliche Belange neu berührt werden können.[97] Dabei kommt es darauf an, ob sich die neue Nutzung von der bisherigen dergestalt unterscheidet, dass sie anderen oder weitergehenden Anforderungen des Bauordnungs- oder Bauplanungsrecht unterworfen ist oder unterworfen sein kann.[98] Wird etwa eine Wohnung, für die eine Genehmigung als Wohngebäude vorliegt, ‚dauerhaft' als Ferienwohnung für einen ‚wechselnden Personenkreis' genutzt, stellt dies eine baugenehmigungspflichtige Nutzungsänderung dar.[99] Der Grund hierfür ist, dass die Vermietung von Ferienwohnungen – wie bereits unter 3.2.2) dargelegt – nicht unter den Begriff der ‚Wohnnutzung' fällt. Die unterschiedlichen bodenrechtlichen Auswirkungen der beiden Nutzungsarten rechtfertigen eine bauplanungsrechtliche typisierende Unterscheidung.[100] Nichts anderes kann gelten, wenn

---

[95] Ebd.

[96] Siehe daneben noch knapp zu den Anforderungen des Bauordnungsrechts der Länder: Ingold, *DÖV* 2016, 595 (598f., 601); Schröder, *GewArch* 2015, 392 (394).

[97] St. Rspr.; zuletzt OVG Berlin-Brandenburg, *NVwZ-RR* 2016, 650f.; s. auch schon OVG Münster, *NVwZ-RR* 2005, 695.

[98] OVG Berlin-Brandenburg, *NVwZ-RR* 2016, 650f.; OVG Münster, *NVwZ-RR* 2005, 695; aus der Lit. z. B. Windoffer, LKV 2016, 337 (339f.).

[99] OVG Berlin-Brandenburg, *NVwZ-RR* 2016, 650 (651); VGH München, Beschl. v. 4.9. 2013 – 14 ZB 13.6, Rn. 11ff. (juris); aus der Lit.: Stock, in: König und Roeser und Stock, BauNVO, 2014, § 3 Rn. 16, 24; ders., in: Ernst und Zinkahn und Bielenberg und Krautzberger, BauNVO, 124. EL 2017, § 3 Rn. 39ff.; anders Pfeffer, *NVwZ* 2016, 729 (731f.).

[100] OVG Berlin-Brandenburg, *NVwZ-RR* 2016, 650 (651); OVG Greifswald, Urt. v. 19.2. 2014 – 3 L 212/12, Rn. 39 (juris); VGH München, Beschl. v. 4.9.2013 – 14 ZB 13.6, Rn. 14 (juris).

die wechselnden Bewohner den angemieteten Wohnraum nicht als Touristen, sondern z. B. als Messegäste oder Geschäftsreisende nutzen.[101] Vor diesem Hintergrund wird man die dauerhafte Nutzung von Wohnraum zur kurzzeitigen Vermietung allgemein als genehmigungspflichtige Nutzungsänderung zu qualifizieren haben.[102] Solange eine Änderungsgenehmigung nicht erteilt ist, erweist sich diese als ‚formell baurechtswidrig', was eine Nutzungsuntersagung zur Folge haben kann.[103]

Grundlegend anders stellt sich die Rechtslage indes dar, wenn eigengenutzter Wohnraum nur während kurzfristiger Abwesenheitszeiten des Primärnutzers (z. B. während seines Urlaubs) vermietet wird.[104] Hierfür spricht insbesondere, dass die Wohnnutzung des ständigen Bewohners durch eine kurze Abwesenheit nicht aufgehoben, mithin die der Wohnnutzung eigene Variationsbreite nicht verlassen wird. Ebenso zu bewerten ist die (wiederholte) Vermietung eines einzelnen Zimmers in der Wohnung des Vermieters bei gleichzeitiger Aufrechterhaltung der Wohnnutzung des Vermieters. Einer Nutzungsänderungsgenehmigung bedarf es daher ‚nur', soweit die ursprüngliche Wohnnutzung durch eine Vielzahl kurzzeitiger Unterkunftsvermietungen in einen ‚Gewerbebetrieb' bzw. einen ‚Beherbergungsbetrieb' überführt wird. Zugleich wird hieraus deutlich, dass die baurechtlichen Anforderungen dem Geschäftsmodell der Kurzzeitvermietung von Wohnraum zwar Grenzen setzen, dieses aber keineswegs grundsätzlich in Frage stellen.

3.3.2 Genehmigungsfähigkeit der Nutzungsänderung

Handelt es sich bei der Kurzzeitvermietung um eine genehmigungspflichtige Nutzungsänderung, ist in einem zweiten Schritt die Frage nach der ‚Genehmigungsfähigkeit' zu klären. In Betracht kommt hier zunächst eine Genehmigung als ‚Beherbergungsbetrieb', ggf. im Wege einer Ausnahme nach § 31 Abs. 1 BauGB.[105] Zu beachten ist aber, dass die mietweise Überlassung von selbständigen Wohnungen nach der überkommenen Judikatur des Bundesverwaltungsgerichts gerade keine ‚Beherbergung' darstellt.[106] Maßgeblich für die

---

[101] Ebenso Ingold, *DÖV* 2016, 595 (597); Redeker, *IMR* 2016, 346; siehe aus der Judikatur z. B. OVG Münster, *NVwZ-RR* 2008, 20 (Vermietung von Zimmern in einem selbst bewohnten Einfamilienhaus für fünf Tage an Messegäste).

[102] Windoffer, *LKV* 2016, 337 (340).

[103] Siehe etwa OVG Berlin-Brandenburg, Beschl. v. 10.5.2012 – 10 S 42.11 (juris).

[104] Überzeugend zum Folgenden insb. Ingold, *DÖV* 2016, 595 (601); ähnlich Schröder, *GewArch* 2015, 392 (394).

[105] Dazu u. a. § 3 Abs. 3 Nr. 1 und § 4 Abs. 3 Nr. 1 BauNVO.

[106] BVerwG, *NVwZ* 1989, 1060; hieran anknüpfend OVG Greifswald, Urt. v. 19.2.2014 – 3 L 212/12, Rn. 50 (juris); s. auch OVG Greifswald, Beschl. v. 30.4.2015 – 3 M 116/04, Rn. 12 (juris), mit der Klarstellung, dass es nicht darauf ankommt, ob die Ferienwohnnutzung in einem ganzen Gebäude (‚Ferienhaus') oder nur in einer einzelnen Wohnung eines im Übrigen anders (etwa zu Dauerwohnzwecken) genutzten Gebäude stattfindet; s. ferner OVG Lüneburg, Urt. v. 11.5.

Abgrenzung erschien bislang, ob neben der Überlassung von Räumen beherbergungstypische Dienstleistungen angeboten und auch typischerweise in Anspruch genommen werden, die einen nennenswerten Umfang erreichen und die Nutzung prägen.[107] Bei ‚reinen‘ Kurzzeitvermietungen von Unterkünften, die eine unabhängige Gestaltung des häuslichen Wirkungskreises ermöglichen, musste die Einordnung als ‚Beherbergungsbetrieb‘ dagegen ausscheiden. Dessen ungeachtet ist eine Genehmigung auch hier als ‚sonstiger Gewerbebetrieb‘ möglich.[108] Zutreffend ist insoweit darauf hingewiesen worden, dass die Anwendung dieses Auffangtatbestands für gewerbliche Kurzzeitvermietungen schlüssig erscheint, weil die Zulassung gewerblicher Nutzungen durch die BauNVO in Abhängigkeit von der Schutzbedürftigkeit der gebietstypischen sonstigen Nutzungen differenziert ausgestaltet wird.[109]

Bestätigt wird die Einordnung als ‚Gewerbebetrieb‘ nunmehr auch durch den zum 13. Mai 2017 eingefügten neuen § 13a BauNVO.[110] Dieser beinhaltet in Satz 1 eine weit gefasste Legaldefinition der Ferienwohnung und nimmt zugleich eine bauplanungsrechtliche Einordnung vor. Als „Ferienwohnungen" werden danach „Räume oder Gebäude [qualifiziert], die einem ständig wechselnden Kreis von Gästen gegen Entgelt vorübergehend zur Unterkunft zur Verfügung gestellt werden und die zur Begründung einer eigenen Häuslichkeit geeignet und bestimmt sind". Die ‚bauplanungsrechtliche Einordnung‘ folgt sodann dahingehend, dass Ferienwohnungen zu den – je nach Baugebiet – ausnahmsweise zulässigen nicht störenden Gewerbebetrieben oder zu den allgemein zulässigen Gewerbebetrieben zählen. Die Zulässigkeit von Ferienwohnungen richtet sich damit nach den für diese Nutzungsarten geltenden Festsetzungen.[111] Nach der wenig klar gefassten Regelung in § 13a Satz 2 BauNVO können Räume (nicht Gebäude!) nach Satz 1 „in den übrigen Fällen", insbesondere bei einer baulich untergeordneten Bedeutung gegenüber der in dem Gebäude vorherrschenden Hauptnutzung zu den – je nach Baugebiet – (ausnahmsweise) zulässigen ‚Be-

---

2015 – 1 ME 31/14, Rn. 23 (juris); OVG Lüneburg, *DVBl* 2014, 254 (255); die Frage offenlassend BVerwG, *NVwZ* 1993, 773 (774); a.A. Ingold, *DÖV* 2016, 595 (597, 601); Schröder, *GewArch* 2015, 392 (393); Stock, in: König und Roeser und Stock, BauNVO, 2014, § 4a Rn. 25, ders., in: Ernst und Zinkahn und Bielenberg und Krautzberger, BauNVO, 124. EL 2017, § 4 Rn. 110, 114, wonach die Vermietung von Ferienwohnungen „der Beherbergung gleichzustellen" sein soll; s. auch VGH Mannheim, BeckRS 2016, 49517 Rn. 10; ferner OVG Münster, *NVwZ-RR* 2008, 20.

[107] OVG Greifswald, Urt. v. 19.2.2014 – 3 L 212/12, Rn. 47 (juris); Windoffer, *LKV* 2016, 337 (340).

[108] VG Berlin, Urt. v. 19.11.2014 – 19 K 51.13, Rn. 30 ff. (juris); s. auch VGH Mannheim, *BeckRS* 2016, 49517 Rn. 10; Windoffer, *LKV* 2016, 337 (340); anders für Ferienwohnungen (unter Rekurs auf die vermeintliche Sonderregelung in § 10 BauNVO): OVG Greifswald, Urt. v. 19.2.2014 – 3 L 212/12, Rn. 50 (juris); OVG Lüneburg, *ZfBR* 2015, 492.

[109] Windoffer, *LKV* 2016, 337 (340).

[110] Art. 2 Nr. 5 des Gesetzes zur Umsetzung der Richtlinie 2014/52/EU im Städtebaurecht und zur Stärkung des neuen Zusammenlebens in der Stadt, BGBl. 2017 I 1057; hierzu Luther, *NJW-Spezial* 2017, 364.

[111] BT-Drs. 18/10942, S. 56 (Gesetzentwurf der Bundesregierung).

trieben des Beherbergungsgewerbes' oder den ‚kleinen Betrieben des Beherbergungsgewerbes' zählen.[112] Hieran soll etwa dann zu denken sein, wenn eine Einliegerwohnung als Ferienwohnung vermietet wird.[113] Entsprechend der Gesetzesbegründung und in Abweichung von der überkommenen Judikatur des Bundesverwaltungsgerichts soll es für die Einordnung einer Ferienwohnung als Beherbergungsbetrieb bei § 13a BauNVO im Übrigen nicht darauf ankommen, ob beherbergungstypische Bewirtungsleistungen erbracht werden.[114] Voraussetzung bleibt freilich – dem Begriff der Ferienwohnung immanent[115] – dass eine Anmietung regelmäßig für Zwecke der ‚Freizeit- und Urlaubsgestaltung' und nicht ganz vorrangig aus anderen (geschäftlichen) Gründen erfolgt.

Bei einer kritischen Würdigung ist festzuhalten, dass § 13a BauNVO bedeutsame Klarstellungen gebracht hat, die ein erhöhtes Maß an Rechtssicherheit für die bauplanungsrechtliche Würdigung der Vermietung von Ferienwohnungen herbeiführen. Zugleich werden hiermit die Voraussetzung für eine Realisierung des Geschäftsmodells der Kurzzeitvermietung von Unterkünften nach dem Modell Airbnb verbessert; ein weiterer Beleg der prinzipiellen Rezeptionsfähigkeit des geltenden Regelungsrahmens für die neuen Geschäftsmodelle der Share Economy.

3.4 Zweckentfremdungsrechtliche Hürden

Die größten Hürden für eine Kurzzeitvermietung von Unterkünften resultieren schließlich aus dem neben das Baurecht tretenden ‚Zweckentfremdungsrecht' auf Ebene der Länder und Kommunen.[116] Bis zum Jahr 2006 bestand eine Gesetzgebungskompetenz des Bundes für das Wohnungswesen in Art. 74 Abs. 1 Nr. 18 GG a. F. Der Bundesgesetzgeber hat hiervon mit dem Mietrechtsverbesserungsgesetz (MietRVerbG) vom 4. November 1971 Gebrauch gemacht.[117] Im Gesetz wurden die Landesregierungen dazu ermächtigt, für Gemeinden, in denen die Versorgung der Bevölkerung mit ausreichendem Wohnraum zu angemessenen Bedingungen besonders gefährdet ist, durch Rechtsverordnung zu bestimmen, dass Wohnraum anderen als Wohnzwecken nur mit Genehmigung der von der

---

[112] Kritisch (noch zum Referentenentwurf) BRAK, Stellungnahme Nr. 20/2016, S. 8.

[113] BT-Drs. 18/10942, S. 57.

[114] Ebd.

[115] BT-Drs. 18/10942, S. 57.

[116] Zum verfahrensrechtlichen Nebeneinander von Baurecht und Zweckentfremdungsrecht: VG Berlin, Beschl. v. 21.2.2014 – 13 L 247.13; s. auch VG München, Urt. v. 22.2.2017 – M 9 K 16.4248, Rn. 19 (juris); s. auch BT-Drs. 18/10942, S. 57, wonach Zweckentfremdungsgesetze der Länder von der Neuregelung des § 13a BauNVO nicht tangiert werden.

[117] Gesetz zur Verbesserung des Mietrechts und zur Begrenzung des Mietanstiegs sowie zur Regelung von Ingenieur- und Architektenleistungen v. 4.11.1971, BGBl. I S. 1745; zuletzt geändert durch Gesetz v. 19.4.2006, BGBl. I S. 866.

Landesregierung bestimmten Stelle zugeführt werden darf.[118] Die Verfassungs-
konformität der Regelung hat das Bundesverfassungsgericht mit Urteil vom
4. Februar 1975 bestätigt und betont, dass die Norm den Bestandsschutz von
Wohnraum mit dem Ziel einer ausreichenden Versorgung der Bevölkerung zu
angemessenen Bedingungen adressiert.[119] Die Föderalismusreform I überführte
dann Teile des ‚Wohnungswesens‘, einschließlich des Zweckentfremdungsrechts,
in die ausschließliche Zuständigkeit der Länder (Art. 70, 74 Abs. 1 Nr. 18 GG
n. F.). Die bundesrechtliche Regelung im MietRVerbG gilt allerdings bis zur
Ersetzung durch Landesrecht fort (Art. 125a Abs. 1 GG). Aktuell finden sich
Regelungen zu Zweckentfremdungsverboten u. a. in Berlin und Hamburg.[120] Die
hieraus resultierenden Hürden für eine Kurzzeitvermietung sollen nachfolgend
illustriert und sodann einer übergreifenden Betrachtung zugeführt werden.

3.4.1 Rechtslage in Hamburg und Berlin

Für Hamburg findet sich die einschlägige Regelung in § 9 des Hamburgischen
Wohnraumschutzgesetzes (HbgWoSchG).[121] Danach darf Wohnraum anderen
als Wohnzwecken nur mit Genehmigung der zuständigen Behörde zugeführt
werden, „[s]ofern die ausreichende Versorgung der Bevölkerung mit Wohnraum
zu angemessenen Bedingungen besonders gefährdet ist“.[122] Die Feststellung
einer entsprechenden Gefährdungslage hat der Senat durch Rechtsverordnung getroffen.[123] Als Zweckentfremdung gilt insbesondere „die Überlassung
von Wohnraum an wechselnde Nutzer zum Zwecke des nicht auf Dauer
angelegten Gebrauchs […]“.[124] Das rigide Verbot erfährt aber zugleich bedeutsame Durchbrechungen. So ist nach § 9 Abs. 2 Satz 4 HbgWoSchG im Zweifel
anzunehmen, dass die eigene Wohnnutzung aufrechterhalten wird und keine
Zweckentfremdung vorliegt, wenn die Nutzung des Wohnraums zu anderen
als Wohnzwecken in der „Hauptwohnung des Nutzungsberechtigten“ stattfindet und „weniger als die Hälfe der Gesamtwohnfläche“ beträgt. Gleiches gilt,
wenn die Nutzung des Wohnraums zu anderen als Wohnzwecken „zeitlich so

---

[118] § 1 Abs. 1 S. 1 MietRVerbG.

[119] BVerfGE 38, 348 (359 ff.).

[120] Kurzüberblick (unter Einbeziehung der Rechtslage in München) bei Bueb, *ZWE* 2016, 207
(210 f.); Schröer und Kullick, *NZBau* 2013, 624; siehe daneben noch zu Zweckentfremdungssat-
zungen in Baden-Württemberg Jurawitz und Gerhard, *VBlBW* 2016, 485.

[121] Gesetz über den Schutz und die Erhaltung von Wohnraum (Hamburgisches Wohnraum-
schutzgesetz) v. 8.3.1982, HmbGVBl. 1982, S. 47; zuletzt geändert durch Gesetz v. 21.5.2013,
HmbGVBl. S. 244; näher Hinrichs, NZM 2014, 545.

[122] § 9 Abs. 1 S. 1 HbgWoSchG.

[123] § 9 Abs. 1 S. 2 HbgWoSchG; siehe insoweit die Verordnung über die Feststellung einer
Gefährdungslage nach § 9 Absatz 1 des Hamburgischen Wohnraumschutzgesetzes v. 1.4.2008,
HmbGVBl. 2008, S. 136.

[124] § 9 Abs. 2 S. 3 Nr. 2 HbgWoSchG.

beschränkt" ist, dass der „Charakter der Wohnung als Hauptwohnung" unberührt bleibt.[125]

Weniger klar stellt sich die Rechtslage in Berlin dar. Dies gilt zwar nicht für den Tatbestand der Zweckentfremdung in §§ 1 und 2 Abs. 1 des Zweckentfremdungsverbotsgesetzes (ZwVbG).[126] Weitaus diffiziler stellt sich aber die Ausnahmeregelung in § 2 Abs. 2 Nr. 5 ZwVbG dar. Danach liegt keine Zweckentfremdung vor, wenn „eine Wohnung durch die Verfügungsberechtigte [...] oder die Mieterin [...] zu gewerblichen oder beruflichen Zwecken mitbenutzt wird, insgesamt aber die Wohnnutzung überwiegt (über 50 vom Hundert der Fläche; bei Küche und Bad wird jeweils hälftige Nutzung unterstellt)". Umstritten ist insoweit bereits, ob diese räumliche 50-Prozent-Regelung neben der explizit angesprochenen teilgewerblichen Nutzung auch – wie in Hamburg – die Vermietung an Feriengäste erfasst.[127] Hinzu kommt, dass sich in § 2 ZwVbG keine explizite Regelung für eine „zeitlich begrenzte Mitnutzung" findet. Das VG Berlin hat in mehreren Entscheidungen vom 9. August 2016 eine analoge Anwendung von § 2 Abs. 2 Nr. 5 ZwVbG abgelehnt und festgestellt, dass auch die nur zeitweise Vermietung einer Wohnung als Ferienwohnung eine genehmigungsbedürftige Zweckentfremdung darstellt.[128] Zugleich hat das Gericht allerdings auch betont, dass es der Gesetzeszweck nicht rechtfertige, dem Eigentümer unter Einschränkung seiner Verfügungsbefugnis zu verwehren, als Wohnraum genutzte Räumlichkeiten, die lediglich zwischenzeitlich zweckfremdungsrechtlich erlaubt leer stehen, während dieser begrenzten Zeiten als Ferienwohnung zu vermieten. Werde die Wohnraumversorgung nicht gefährdet, müsse die Genehmigung nach § 3 Abs. 1 Satz 1 ZwVbG aufgrund des auf Null reduzierten behördlichen Ermessens erteilt werden.[129]

---

[125] § 9 Abs. 2 S. 5 HbgWoSchG.

[126] Gesetz über das Verbot der Zweckentfremdung von Wohnraum (Zweckentfremdungsverbot-Gesetz – ZwVbG) v. 29.11.2013, GVBl. S. 626; geändert durch Gesetz v. 22.3.2016, GVBl. S. 115; instruktiv Körner und Vaagt, *Berliner Anwaltsblatt* 2014, 181; Schultz, *Das Grundeigentum* 2014, 96; siehe daneben noch die Verordnung über das Verbot der Zweckentfremdung von Wohnraum (Zweckentfremdungsverbot-Verordnung – ZwVbVO) v. 4.3.2014, GVBl. 2014, 73, wonach die Versorgung der Bevölkerung mit ausreichendem Wohnraum zu angemessenen Bedingungen im gesamten Stadtgebiet Berlins besonders gefährdet ist (§ 1 Abs. 1 S. 1 ZwVbVO).

[127] Verneinend Sodan, *Verfassungs- und andere Rechtsprobleme von Berliner Regelungen über das Verbot der Zweckentfremdung von Wohnraum*, 2015, 111 f.

[128] VG Berlin, Urt. v. 9.8.2016 – 6 K 153.16, Rn. 19 ff. (juris); VG Berlin, Urt. v. 9.8.2016 – 6 K 151.16 Rn. 21 ff. (juris); VG Berlin, Urt. v. 9.8.2016 – 6 K 112.16, Rn. 18 ff. (juris); VG Berlin, Urt. v. 9.8.2016 – 6 K 91.16, Rn. 21 ff. (juris); anders im Grundsatz für die mietfreie Überlassung einer Wohnung an Gästewohnung: VG Berlin, Urt. v. 14.12.2016 – 6 K 146.16, Rn. 19 ff. (juris); hierzu Wenderoth, *Das Grundeigentum* 2016, 1015.

[129] VG Berlin, Urt. v. 9.8.2016 – 6 K 153.16, Rn. 42 ff. (juris); VG Berlin, Urt. v. 9.8.2016 – 6 K 151.16 Rn. 44 ff. (juris); VG Berlin, Urt. v. 9.8.2016 – 6 K 91.16, Rn. 45 ff. (juris).

3.4.2 Verfassungsrechtliche Würdigung

In verfassungsrechtlicher Perspektive ist mit den Zweckentfremdungsvorschriften insbesondere eine Beeinträchtigung der freien Verfügungsbefugnis des Eigentümers verbunden.[130] Es handelt sich um rechtfertigungsbedürftige Inhalts- und Schrankenbestimmungen im Sinne von Art. 14 Abs. 1 S. 2 GG.[131] Das gilt im Hinblick auf den vom BVerfG anerkannten eigentumskräftigen Schutz des Besitzrechts[132] auch für Mieter. Zwar haben die Karlsruher Richter in ihrer Entscheidung von 1975 einen Verstoß des MietRVerbG gegen Art. 14 GG verneint. Im Zentrum stand seinerzeit aber ‚nur‘ die Ermächtigungsgrundlage des Bundes für die Norm.[133] Fragt man daher konkret nach der Verhältnismäßigkeit der materiellen Zweckentfremdungsverbote in Hamburg und Berlin, so ist einerseits festzuhalten, dass Grundrechtseingriffe zum Zwecke der Bekämpfung von Wohnungsnot – zumal im Lichte der Sozialbindung des Eigentums (Art. 14 Abs. 2 GG) – grundsätzlich gerechtfertigt werden können.[134] Nicht unproblematisch erscheint aber die fehlende Verbotsausnahme für eine „zeitlich anteilige Mitnutzung" in Berlin. Denn bei der Kurzzeitvermietung einer zu Wohnzwecken genutzten (Zweit-)Wohnung während der Abwesenheit des Bewohners tritt kein Wohnraumverlust durch die beabsichtigte Nutzung ein. Das Zweckentfremdungsverbot ist hier zur Bekämpfung der Wohnungsnot schlicht ungeeignet. Dem Rechnung tragend hat das Verwaltungsgericht Berlin unter explizitem Rekurs auf den Grundsatz der Verhältnismäßigkeit angenommen, dass in diesen Fällen ein Anspruch auf Genehmigungserteilung besteht.[135] Bedenkt man, dass bereits die gesetzliche Anordnung einer Zulassungs- oder Genehmigungspflicht einen Grundrechtseingriff darstellt, wäre aber auch an eine Lösung über die verfassungskonforme Auslegung des Zweckentfremdungsverbots selbst zu denken gewesen. Einen Anknüpfungspunkt könnte die in § 2 Abs. 1 Nr. 1 ZwVbG geforderte „wiederholte" Vermietung bilden.

---

[130] Im Hinblick auf eine gewerbliche Verwendung von Eigentumswohnungen als Ferienwohnungen ist zudem an Art. 12 Abs. 1 GG zu denken. Das OVG Berlin-Brandenburg hat im Übrigen mit Beschluss v. 6.4.2017 (5 B 14.16) dem BVerfG die Frage vorgelegt, ob die Regelungen des ZwVbG insoweit mit dem Grundgesetz vereinbar sind, als ihnen Rückwirkung zukommt.

[131] BVerfGE 38, 348 (370); BayVGH, Beschl. v. 2.12.2016 – 12 CS 16.1714 (juris).

[132] BVerfGE 89, 1; kritisch Depenheuer, *NJW* 1993, 2561 (2564); Roellecke, JZ 1995, 74; Schmidt-Preuß, AG 1996, 1

[133] Darauf mit Recht hinweisend auch Schröer und Kullick, *NZBau* 2013, 624 (626).

[134] Näher z.B. VG Berlin, Urt. v. 8.6.2016 – 6 K 103.16, Rn. 88–96 (Art. 12 Abs. 1 GG), Rn. 97–104 (Art. 14 Abs. 1 GG) und Rn. 105–128 (Art. 3 Abs. 1 GG) – juris; Windoffer, LKV 2016, 337 (341).

[135] Dazu die Nachweise in Fn. 129.

3.5 Zwischenfazit

Als zweites Zwischenfazit ergibt sich, dass der öffentlich-rechtliche Regelungs-
rahmen einer Entfaltung des Geschäftsmodells der Kurzzeitvermietung von
Unterkünften zwar gewisse Grenzen setzt, sich aber durchaus als rezeptions-
fähig erweist. ,Gewerberechtlich' gilt für den Vermietenden allenfalls eine
Anzeigepflicht. Selbst den kommerziellen Plattformbetreiber trifft keine
Genehmigungspflicht. Im Hinblick auf eine mögliche Anzeigepflicht und
Überwachungsbedürftigkeit ist zwischen inländischen Anbietern und hier-
von ausgenommenen grenzüberschreitenden Dienstleistern zu differenzieren.
,Baurechtlich' bedarf es einer Nutzungsänderungsgenehmigung ,nur', soweit
die ursprüngliche Wohnnutzung durch eine Vielzahl kurzzeitiger Unterkunftsvermietungen in einen ,Gewerbe-' bzw. ,Beherbergungsbetrieb' überführt wird.
Die Neuregelung zu Ferienwohnungen in der BauNVO schafft mit Blick auf
die Genehmigungsfähigkeit etwaiger Nutzungsänderungen zudem ein erhöhtes
Maß an Rechtssicherheit. ,Zweckentfremdungsrechtlich' unbedenklich (wenngleich bisweilen formal genehmigungsbedürftig) sind grundsätzlich sowohl
die Kurzzeitvermietung einzelner Räume der eigenen Wohnung als auch der
gesamten Wohnung während des eigenen Urlaubs oder sonstiger zeitlich be-
schränkter Abwesenheit.

4 Resümee

Resümierend ist festzuhalten, dass die Rezeptionsfähigkeit des geltenden
öffentlich-rechtlichen Regelungsrahmens für Dienste der Share Economy einer
differenzierten Beurteilung bedarf. Einerseits ist für die Vermittlung von Privatunterkünften festzuhalten, dass die regulatorischen Vorgaben weitgehende
Spielräume zur Realisierung des Geschäftsmodells von Airbnb eröffnen. Dies
gilt bei der gebotenen grundrechtskonformen Auslegung selbst für das vergleichsweise restriktive Berliner Zweckentfremdungsverbot. Andererseits ergibt
sich mit Blick auf die Vermittlung von Privatfahrern, dass insbesondere die Beschränkung der Arten der Auftrags-Entgegennahme in Kombination mit dem
Rückkehrgebot zur Unterbindung des zentralen Geschäftsmodells UberPOP
(gleiches gilt für UberBLACK) führt. Das Verfassungsrecht gebietet insoweit
zwar eine Marktzugangseröffnung durch Erweiterung der Auftragsannahme-
arten, steht den weiteren regulatorischen Anforderungen aber nicht entgegen.
Eine weitergehende Novellierung des Personenbeförderungsrechts in Richtung
einer umfassenden (De-)Regulierung bewegt sich mithin im Optionenspielraum
des demokratisch legitimierten Gesetzgebers. Die insoweit festzustellenden
Unterschiede zwischen den Modellen Uber und Airbnb lassen sich im Übrigen
auch nicht zuletzt mit Blick auf den Gedanken der Share Economy schlüssig

erklären.[136] Während bei der räumlich oder zeitlich begrenzten Mitnutzung von Unterkünften tatsächlich eine Form des Gemeinschaftskonsums vorhandener Güter stattfindet, geht es bei der Vermittlung von Privatfahrern im Modell Uber gerade nicht (wie bei Mitfahrzentralen) um ein Teilen, sondern um die Vermittlung von zusätzlichen Fahrten, die ansonsten überhaupt nicht stattgefunden hätten. In diesem Sinn erweist sich der Regelungsrahmen mithin als durchaus stimmig und kohärent.

---

[136] Überzeugend Wimmer und Weiß, *MMR* 2015, 80 (81).

Die Share Economy als Herausforderung für Arbeitsmarkt und Arbeitsrecht

Rüdiger Krause

1 Einführung

Die Share Economy oder auch Sharing Economy[1] bezeichnet eine neuere Form der Koordination wirtschaftlich relevanter Transaktionen, die sich vor rund zehn Jahren in den USA herausgebildet hat und seither weltweit ausbreitet.[2] Während insbesondere die ökonomischen Aspekte der Share Economy schon seit längerer Zeit ausgiebig diskutiert werden, sind ihre Auswirkungen auf den Arbeitsmarkt und das Arbeitsrecht erst seit Kurzem national (Eichhorst und Spermann 2015; Schmidt 2016; auch Vogelpohl und Simons 2015, 22 f.) wie international (Acevedo 2016; De Stefano 2016; Dølvik und Jesnes 2017; Means und Seiner 2016; Prassl 2018; Scholz 2016, 2017; Sundararajan 2016) stärker in den Fokus geraten. Hierbei wird die Debatte über dieses Thema als Gegenstand der nachfolgenden Ausführungen von vornherein dadurch erschwert, dass kein Konsens darüber besteht, welche Erscheinungen im Einzelnen zur Share Economy zu rechnen sind (Botsman 2013).[3] Als Ausgangspunkt der weiteren Überlegungen soll das Untersuchungsfeld deshalb vorab näher analysiert und eingegrenzt werden.

Bei der Share Economy, die mit Schlagworten wie ‚Teilen statt Haben‘ und ‚Nutzen statt Besitzen‘ umschrieben wird, geht es im Kern darum, dass an materiellen Gütern, an deren temporärer Nutzung ein Interesse besteht, kein Eigentum mehr, sondern lediglich ein vorübergehendes Gebrauchsrecht erworben wird, die Nutzung dieser Güter also mit anderen ‚geteilt‘ wird (Monopolkommission 2016, Rn. 1182; Kreutzer und Land 2017, 245 ff.; Peitz und Schwalbe 2016, 4 ff.; Puschmann und Alt 2016, 95). Nun ist diese Grundidee an sich nicht neu, sondern wird schon seit Langem etwa in Gestalt von Leihbibliotheken und landwirtschaftlichen Maschinenringen praktiziert. Neu ist aber die sprunghafte Ausbreitung von Geschäftsmodellen, die in einem immer umfangreicheren Maße

---

[1] Der Begriff „Sharing Economy" geht anscheinend zurück auf Lessig 2008, 143 ff. Allerdings war der Begriff „Share Economy" bereits Jahrzehnte zuvor durch Weitzman eingeführt worden; siehe Weitzman 1984.

[2] Kurzer Abriss der Entwicklung bei Demary 2015a, 8.

[3] Heinrichs spricht von einer „Dachmarke mit Spezialthemen" (Heinrichs 2014, 16).

an den unterschiedlichsten Gütern temporäre Rechte zur Nutzung oder Mitbenutzung vermitteln. Die bekanntesten Beispiele für diese Entwicklung sind der
Fahrvermittlungsdienst Uber und der Unterkunftsvermittlungsdienst Airbnb,
die zugleich den rasanten ökonomischen Aufstieg dieser neuartigen Geschäftsmodelle verkörpern. So wurde Uber, das erst 2009 in Kalifornien gegründet
wurde, im Jahr 2016 von den Investoren mit ca. 60 Milliarden US-Dollar bewertet, während es Airbnb, das 2008 ebenfalls in Kalifornien gegründet wurde,
auf eine Marktkapitalisierung von immerhin ca. 25 Milliarden US-Dollar brachte
(Peitz und Schwalbe 2016, 2). Das Geschäftsmodell von Uber besteht bekannt-
lich darin, das Angebot von und die Nachfrage nach Beförderungen von Privaten
im Personennahverkehr durch andere Private in deren eigenen Kraftfahrzeugen
zusammenzuführen. Bei Airbnb geht es um vorübergehende Übernachtungsmöglichkeiten in Privatwohnungen, die sich zumeist an touristisch attraktiven
Standorten befinden. Beide Konzepte zielen damit auf das Zustandekommen
von Peer-to-Peer-Transaktionen (P2P-Modelle) zwischen Privatpersonen (C2C-
Modelle, Consumer-to-Consumer). Im vorliegenden Kontext wird deshalb auch
teilweise von ‚collaborative consumption‘ gesprochen (Kreutzer und Land 2017,
245). Die Share Economy beschränkt sich zwar nicht zwangsläufig auf Kontakte zwischen Verbrauchern. Vielmehr umfasst ihr Grundgedanke auch B2C-
Modelle (Business-to-Consumer) und B2B-Modelle (Business-to-Business).[4]
Die Peer-to-Peer-Märkte, auf denen sich nichtprofessionelle Privatpersonen begegnen, stellen aber das eigentliche Novum der Share Economy dar und sollen
daher im Zentrum der folgenden Darlegungen stehen.

Dabei besteht allerdings kein Grund, die Share Economy auf die sequenzielle
Nutzung oder Mitbenutzung von dauerhaften materiellen Gütern zu beschränken (so aber Peitz und Schwalbe 2016, 5). Vielmehr kann der ohnehin
unscharfe Begriff der Share Economy durchaus weiter gefasst und auf die Vermittlung von ortsgebundenen Dienstleistungen durch Privatpersonen wie die
Auslieferung von Lebensmitteln oder Reinigungstätigkeiten in Privathaushalten
erstreckt werden, sodass auch Geschäftsmodelle wie Deliveroo und TaskRabbit
in den Blick geraten. Zudem geht es selbst bei Uber letztlich nicht um die
Mitbenutzung eines privaten Kraftfahrzeugs durch bloßes Mitfahren, sondern
um eine gezielte Personenbeförderung und daher um eine Dienstleistung des
jeweiligen Fahrers.[5] In diesem Sinne haben sich auch die Monopolkommission (Monopolkommission 2016, Rn. 1182, 1190) sowie der Wissenschaftliche
Beirat beim Bundesministerium für Wirtschaft und Energie (Wissenschaftlicher
Beirat beim Bundesministerium für Wirtschaft und Energie 2017, 4) geäußert.

---

[4] Für eine definitorische Begrenzung der Share Economy auf Peer-to-Peer-Märkte aber
Dervojeda et al. 2013, 3; Peitz und Schwalbe 2016, 5 ff.

[5] Dabei soll der Begriff der Dienstleistung ökonomisch in einem weiten Sinne verstanden
werden. Juristisch kann es sich sowohl um Dienstverträge (§§ 611 ff. BGB) als auch um Werk-
verträge (§§ 631 ff. BGB) handeln.

Gleiches gilt für die Europäische Kommission, bei der die Share Economy unter der Bezeichnung ‚kollaborative Wirtschaft' firmiert (Europäische Kommission 2016, 3; ferner Europäisches Parlament 2016). Darüber hinaus betrifft das Spannungsverhältnis zum Arbeitsmarkt bzw. zum Arbeitsrecht naturgemäß gerade diejenigen Segmente der Share Economy, bei denen es zumindest vorrangig um Dienstleistungen geht, während die Nutzung oder Mitbenutzung materieller Güter für sich genommen unerheblich ist. Ausgeklammert werden sollen dagegen diejenigen Geschäftsmodelle, bei denen sämtliche Transaktionen einschließlich der zu erbringenden Dienstleistung selbst nur über das Internet abgewickelt werden. Zwar rechnen manche Darstellungen Unternehmen wie Upwork oder sogar Amazon Mechanical Turk und damit Cloudwork bzw. Crowdwork im engeren Sinne[6] ebenfalls noch zum Bereich der Share Economy (Eichhorst und Spermann 2015, 4 ff.; Sundararajan 2016). Auch weisen diese Gestaltungen teilweise vergleichbare Eigenheiten und Problemlagen auf (Berg 2016; De Stefano 2016; Prassl 2018). Dennoch bestehen zwischen ortsabhängigen und ortsunabhängigen Dienstleistungen nicht unerhebliche Unterschiede. So können reine Internetarbeiten global vergeben und geleistet werden, wodurch besondere Fragen aufgeworfen werden, die sich bei lokal begrenzten Tätigkeiten nicht stellen.[7] Um sich vom Grundgedanken der Share Economy nicht zu weit zu entfernen, sollen online nicht nur vermittelte, sondern auch erbrachte Dienstleistungen nachfolgend daher nicht eigenständig thematisiert werden.

Der generelle Aufschwung der Share Economy, die aufs Ganze gesehen sehr unterschiedliche Ausprägungen von der temporären Nutzung von Elektrowerkzeugen, Fahrrädern und Kleidungsstücken bis zum Hundeausführen sowie dem Mitkochen von Mahlzeiten umfasst (Dervojeda et al. 2013, 6 f.; Peitz und Schwalbe 2016, 2) und der ein weiteres rapides Wachstum vorausgesagt wird,[8] verdankt sich zum einen veränderten Konsumgewohnheiten (Puschmann und Alt 2016, 93). So hat insbesondere die Finanz- und Wirtschaftskrise der Jahre 2007/2008 bei vielen Verbrauchern zu einem Nachlassen der Kaufkraft und hierdurch bedingt zu einem Umdenken im Hinblick auf die Frage geführt, auf welche Weise Konsumbedürfnisse künftig kostengünstiger befriedigt werden können. Dazu kommen zum anderen ein schwindendes Vertrauen in traditionelle Unternehmen sowie Lifestyle-Aspekte. Weiter bringt man die Share Economy nicht selten mit einem ökologisch nachhaltigeren Wirtschaften in Verbindung, weil die Nutzung desselben Gutes durch verschiedene Nachfrager zu einem

---

[6] Transparente Kategorisierung der verschiedenen dienstleistungsbezogenen Ausprägungen der Plattformökonomie bei Schmidt 2016, 5 ff.

[7] Noch andere Einteilung bei Todoli-Signes 2017, 245 ff., der die Share Economy nicht nur von *Online-Crowdsourcing*, sondern auch von *Offline-Crowdsourcing* abgrenzt, zu dem er Uber rechnet.

[8] Für den europäischen Raum siehe Europäische Kommission 2016, 2; zur Projektion auf globaler Ebene siehe PwC 2015, 14.

effizienteren Einsatz der vorhandenen Ressourcen bzw. zu einem geringeren Ressourcenverbrauch führen würde (Dröge 2014, 24). Auch trage die Share Economy durch Peer-to-Peer-Transaktionen zwischen Privatpersonen zu intensiveren sozialen Kontakten insbesondere im näheren Umfeld bei und bewirke hierdurch einen stärkeren sozialen Zusammenhalt („Sozialkapital"). Diese ökologisch und sozial inspirierten Zielsetzungen mögen für bestimmte und dabei vor allem für nicht gewinnorientierte Ausprägungen der Share Economy zutreffen. Für die hier näher zu betrachtenden Geschäftsmodelle ist es hingegen mehr als fraglich, ob sich die teilweise erhofften ökologischen und sozialen Effekte tatsächlich einstellen (Loske 2014, 21 f.; Paech 2015, 103 f.). So kann die Umweltbelastung durch Sharing-Modelle aufgrund des Rebound-Effekts sogar noch ansteigen, indem kostengünstige Nutzungsmöglichkeiten den Gesamtnutzungsgrad etwa von Pkw erhöhen (Eichhorst und Spermann 2015, 11). Im Übrigen sollte man sich durch Schlagworte wie ‚community',[9] ‚alternative Wirtschaftsform', ‚mittlerer Weg zwischen Kapitalismus und Sozialismus' (Sundararajan 2016, 44) und dergleichen nicht darüber hinwegtäuschen, dass die verschiedenen Akteure vorrangig an einer Maximierung des eigenen Nutzens interessiert sind. Dies gilt schon für das Verhältnis zwischen den Peers, bei dem es nicht um ein solidarisches Teilen von Gütern, sondern schlicht um einen durch Marktmechanismen vermittelten Leistungsaustausch geht (Wissenschaftlicher Beirat beim Bundesministerium für Wirtschaft und Energie 2017, 6).[10] Erst recht gilt dies für die als Intermediäre fungierenden Unternehmen, deren Aktivitäten bei nüchterner Betrachtung auf die profitorientierte Erschließung von neuen Märkten abzielen, was aus ökonomischer Perspektive zumeist auch unumwunden konzediert wird (Peitz 2014, 6; Peitz und Schwalbe 2016, 9; Priddat 2015, 99 ff.). Nicht umsonst lautet der Titel eines US-amerikanischen Beitrags kurz und bündig *The sharing economy isn't about sharing at all* (Eckhardt und Bardhi 2015).[11] In diesem Sinne plädiert das Bundesministerium für Arbeit und Soziales in seinem *Weißbuch Arbeiten 4.0* ebenfalls dafür, den Begriff des Teilens für nicht gewinnorientierte Gestaltungsformen zu reservieren (Bundesministerium für Arbeit und Soziales 2016, 56, 202). Wichtiger als semantische Auseinandersetzungen ist es freilich, die Eigenheiten und Effekte der jeweiligen Geschäftsmodelle als Grundlage ihrer Bewertung möglichst präzise zu erfassen.

Als wesentlicher Treiber der Share Economy werden allenthalben die enormen Fortschritte in der Informations- und Kommunikationstechnologie genannt (Demary 2015b, 7 ff.; Haucap 2015, 92; Puschmann und Alt 2016, 93 f.). So hat

---

[9] Siehe dazu auch die Umschreibung von Schröder, nach der Uber „Communities von registrierten Fahrern und registrierten Fahrgästen" generiere und verknüpfe (Schröder 2015, 145).

[10] Zum Einfluss von Marktmechanismen auf die Motivation der Akteure anschaulich Sandel 2013, 134 f.

[11] In diesem Sinne auch Degryse 2016, 28 ff.; ferner Zuboff 2015, 124: „‚sharing' is simply the new rhetoric of accumulation".

die massenhafte Verbreitung von digitalen Endgeräten wie vor allem Smartphones und Tablets die Möglichkeit geschaffen, praktisch von jedem Ort und zu jeder Zeit auf mobile Funknetze bzw. das mobile Internet zuzugreifen, um die für die jeweilige Transaktion erforderlichen Informationen abzurufen. Je nach Geschäftsmodell kommen zudem GPS und hochauflösende Kameras zum Einsatz (Peitz und Schwalbe 2016, 6 ff.). Diese technologischen Innovationen haben Unternehmen in die Lage versetzt, Internetplattformen bzw. Smartphone-Apps zu entwickeln, deren Nutzung die früher prohibitiv hohen Kosten für wirtschaftliche Transaktionen zwischen Privatpersonen außerhalb des engeren sozialen Umfeldes massiv verringert haben. Dabei ist es den Intermediären gelungen, mithilfe der Technik das Vertrauensproblem zu bewältigen, das dann entsteht, wenn es um ökonomische Transaktionen zwischen Personen geht, die einander fremd, aufgrund der Eigenheit der jeweiligen Transaktion (Personenbeförderung, vorübergehende Überlassung eines kostspieligen Wirtschaftsguts, Entgegennahme einer Dienstleistung in der eigenen Wohnung) aber darauf angewiesen sind, sich – häufig wechselseitig – ein nicht unerhebliches Maß an Vertrauen entgegenzubringen. So zeichnen sich die kommerziellen Plattformbetreiber dadurch aus, dass sie umfassende Bewertungs- und Reputationsmechanismen etablieren, die sich regelmäßig auf beide Marktseiten beziehen und die es durch eine Einsichtnahme in das jeweilige Rating ermöglichen, vor der konkreten Transaktion einschätzen zu können, ob man es mit einem kompetenten und vertrauenswürdigen Partner zu tun hat, wodurch Informationsasymmetrien sowie dem Risiko opportunistischen Verhaltens entgegengewirkt werden (Peitz und Schwalbe 2016, 10 ff.; Wissenschaftlicher Beirat beim Bundesministerium für Wirtschaft und Energie 2017, 8 ff.). Anderenfalls wäre etwa bei einem Fahrvermittlungsdienst wie Uber kaum jemand bereit, in einer fremden Stadt mitten in der Nacht in das Fahrzeug eines Unbekannten zu steigen bzw. einen Unbekannten in das eigene Fahrzeug einsteigen zu lassen. Ergänzt wird dies alles durch elektronische Bezahlsysteme, die von den Plattformbetreibern eingerichtet werden und die neben ihrer Funktion zur Finanzierung der Intermediäre zusätzlich dazu beitragen, dass die konkrete Transaktion für die Anbieter bzw. Nachfrager der jeweiligen Leistung möglichst reibungslos verläuft.

2 Die Share Economy als Deregulierung von Arbeitskraft

Die hier in Rede stehenden Plattformbetreiber wie Uber, Deliveroo und Task-Rabbit verstehen sich selbst als reine Technologieunternehmen, deren Funktion darin liegt, zwischen den Peers eine vertragliche Beziehung über die jeweilige Dienstleistung zu vermitteln, während sich der Leistungsaustausch als solcher ausschließlich zwischen den Peers vollziehen soll. Deutlich wird dies etwa an den Nutzungsbedingungen von Uber, die eindeutig die Vorstellung des Unternehmens zum Ausdruck bringen, selbst keine Beförderungsleistungen anzubieten, sondern diese Leistungen zwischen dem Fahrer und dem Kunden nur zu vermitteln (O. V. 2017b). Dem entspricht es, wenn die Share Economy im ökonomischen Schrifttum häufig ohne nähere Unterscheidung zwischen materiellen Gütern und Dienstleistungen dahin charakterisiert wird, dass sie darauf abziele, Konsumenten den Zugang zu ‚assets‘ und ‚services‘ zu vermitteln, die anderen Konsumenten ‚gehörten‘ (Dervojeda et al. 2013, 2 f.).[12] Danach soll die Wertschöpfungszutat der Intermediäre lediglich darin bestehen, über die jeweilige Plattform den Matching-Prozess zwischen den Peers zustande zu bringen (Monopolkommission 2016, Rn. 1190). Die sozialpolitische Brisanz dieses Verständnisses der neuen Geschäftsmodelle für den Arbeitsmarkt und das Arbeitsrecht erschließt sich, wenn man sich das Innenverhältnis zwischen dem Plattformbetreiber und den jeweiligen Leistungserbringern näher vor Augen führt und mit der herkömmlichen Form der Organisation von Wertschöpfung auf Dienstleistungsmärkten vergleicht.

So werden Personenbeförderungen im Gelegenheitsverkehr[13] in der traditionellen Wirtschaft regelmäßig von Taxiunternehmen angeboten, die sich zur Durchführung der konkreten Fahrten auf von ihnen angestellte Fahrer stützen. Entsprechendes gilt für Dienstleistungen wie etwa Reinigungstätigkeiten oder Auslieferungen. Die auf diesen Dienstleistungsmärkten tätigen Unternehmen tragen im Verhältnis zu ihren Angestellten zahlreiche arbeits- und sozialrechtliche Verantwortlichkeiten, die aus zwingenden Vorschriften resultieren und die automatisch an das Vorliegen eines Arbeitsvertrags bzw. eines sozialversicherungspflichtigen Beschäftigungsverhältnisses anknüpfen. Erwähnt seien nur die Zahlung von Mindestlohn (seit dem 1. Januar 2017 für jede geleistete Arbeitsstunde 8,84 Euro brutto), die grundsätzliche Übernahme des Verwendungsrisikos (d. h. des Risikos, für die angebotene Dienstleistung keinen Abnehmer zu finden), die Gewährung von Urlaub und Entgeltfortzahlung im Krankheitsfall sowie die Beteiligung an den Beiträgen zu den verschiedenen Sozialversicherungen einschließlich der Zahlung als Gesamtsozialversicherungsbeitrag an die jeweilige Einzugsstelle.[14]

Das Geschäftsmodell der Plattformbetreiber besteht nun erklärtermaßen darin, diese arbeits- und sozialrechtlichen Verantwortlichkeiten abzustreifen bzw. die hinter den Regulierungen stehenden Risiken den einzelnen Dienstleistern zu überlassen, indem diese in den Nutzungsbedingungen mehrfach als ‚unabhängige Leistungsanbieter‘ bezeichnet werden, die mit den Nutzern über jede Beförderungsleistung einen gesonderten Vertrag abschließen (O. V. 2017b). Das jeweilige Dienstleistungsangebot (z. B. gelegentliche Personenbeförderungen

---

[12] Dabei ist es juristisch allerdings schief, von einer dem Konsumenten ‚gehörenden‘ Dienstleistung zu sprechen, was hier indes nicht weiter vertieft werden soll.

[13] Zum Begriff siehe §§ 2 Abs. 1 S. 1 Nr. 4, 46 PBefG.

[14] Hinzu treten die Pflichten des Arbeitgebers im Lohnsteuerabzugsverfahren.

in einer bestimmten Stadt) wird hierdurch sowohl personell wie auch gegenständlich gleichsam ‚atomisiert‘. Die dienstleistungsbezogene Share Economy wird daher nicht ohne Grund auch als ‚On-Demand Economy‘ bzw. als ‚Gig Economy‘ bezeichnet (De Stefano 2016; Prassl 2018; Todoli-Signes 2017), weil sie eine Tätigkeit, die herkömmlicherweise durch kontinuierlich beschäftigte Angestellte wahrgenommen wird, entsprechend der Kundennachfrage in einzelne ‚Auftritte‘ aufspaltet. Aus einer durch Arbeits- und Sozialrecht im Interesse der Beschäftigten, aber auch im Interesse der Allgemeinheit umfangreich regulierten Arbeitskraft wird nach dem Selbstverständnis der Plattformbetreiber somit eine weitgehend unregulierte Arbeitskraft in Gestalt von Solo-Selbstständigen, für die nur das allgemeine Vertragsrecht gilt (Monopolkommission 2016, Rn. 1225). Diese Umgestaltung von regulierter in unregulierte Arbeitskraft ist für das Geschäftsmodell der Plattformbetreiber geradezu existenziell, weil die Intermediäre regelmäßig weder administrativ noch finanziell dazu in der Lage sind, die Arbeitgeberverantwortlichkeit zu übernehmen.

Allerdings lösen sich die hinter den arbeits- und sozialrechtlichen Normen stehenden materiellen Bedürfnisse nach angemessener Vergütung sowie nach Erholung und Vorsorge für Krankheit und Alter bei Solo-Selbstständigen nicht einfach in Luft auf. Daher bedarf es eigentlich dahingehender Vorkehrungen des jeweiligen Dienstleisters sowie eines im Vergleich zu Angestellten höheren Entgelts. Ein entsprechend höherer Verdienst lässt sich mangels Marktmacht der Solo-Selbstständigen indes häufig nicht durchsetzen. Hinzu kommt, dass Unternehmen wie Uber die gesamte Preisgestaltung in die eigenen Hände nehmen und es den ‚unabhängigen Leistungsanbietern‘ sogar untersagen, in eigenständige Verhandlungen über ein höheres Entgelt mit den Kunden einzutreten. Damit fehlt es den Dienstleistern vielfach an den finanziellen Ressourcen für eine hinreichende soziale Absicherung. Zudem mangelt es diesem Personenkreis bisweilen auch am Bewusstsein für die Notwendigkeit einer langfristigen Risikovorsorge.[15] Zugespitzt formuliert läuft plattformvermittelte Beschäftigung also darauf hinaus, regulierte Arbeitsverhältnisse mit einem bestimmten arbeits- und sozialrechtlichen Schutzniveau durch unregulierte (‚Mikro-Unternehmer‘) und dazu bei einer Gesamtbetrachtung häufig weniger ertragreiche Tätigkeitsverhältnisse zu substituieren. Aus einer anderen Perspektive kann man auch von einer ‚Re-Kontraktualisierung‘ sprechen, indem die Arbeitsbeziehungen nunmehr grundsätzlich zivilrechtlich gestaltet und damit (vorbehaltlich der Grenzziehungen des allgemeinen bürgerlichen Rechts) faktisch durch die marktstärkere Seite geformt, aber nicht mehr durch die deutlich engeren Schranken des Arbeits- und Sozialrechts institutionell eingerahmt werden (Mückenberger 2017, 6).

---

[15] Zum Absicherungsstatus und Absicherungsverhalten (im Hinblick auf *Crowdworker*) eingehend Pürling 2016.

Das Geschäftsmodell der Plattformbetreiber besteht allerdings vielfach nicht lediglich darin, selbstständig Erwerbstätigen zusätzliche Kunden zuzuführen. Vielmehr zielen jedenfalls bestimmte Ausprägungen kommerzieller Plattformen darauf ab, der Nachfragerseite die jeweilige Dienstleistung mit einer gewissen Verlässlichkeit bereitzustellen. Auch insoweit bildet Uber wieder das Paradebeispiel, weil dieses Modell darauf ausgerichtet ist, dass eine hinreichend große Gruppe von Fahrern in einer bestimmten Stadt räumlich verteilt ständig unterwegs ist, um potenziellen Fahrgästen zeitnah eine Beförderungsleistung anbieten zu können. Können Personen, die an einer Beförderung interessiert sind, nicht damit rechnen, in einem absehbaren Zeitraum auf einen Uber-Fahrer zu treffen, werden sie nämlich vielfach wieder auf traditionelle Taxis zurückgreifen. Entsprechendes gilt etwa für die Auslieferung von Speisen und sonstigen Waren. Der Plattformbetreiber ist daher regelmäßig an einem ‚Schwarm' von Solo-Selbstständigen interessiert, der zwar nicht formal unter seinem Kommando steht, aus dessen Mitte bei Bedarf aber stets jemand bereits ist, eine konkrete Kundennachfrage zu befriedigen. Mehr noch: Während ein gewöhnlicher Arbeitgeber im Eigeninteresse darauf achtet, keine im Verhältnis zur Kundennachfrage zu große Anzahl von Arbeitnehmern einzustellen, weil ihn dann entsprechende Lohnzahlungspflichten treffen, ist es für den Plattformbetreiber gerade umgekehrt von Vorteil, wenn eine möglichst große Anzahl von selbstständigen Dienstleistern ‚umherschwärmt', damit kein gewinnbringender Kundenwunsch unerfüllt bleibt. Dass sich das durchschnittliche Einkommen der Dienstleister hierdurch verringert, muss den Betreiber der Plattform zumindest so lange nicht kümmern, wie es nicht zu einem massenhaften Rückzug der Solo-Selbstständigen vom Markt kommt. Durch diese Form der Koordination von selbständigen Dienstleistungen mutiert die menschliche Arbeitskraft in den Händen des Plattformbetreibers damit praktisch selber zu einer Handelsware, die der Nachfragerseite möglichst flexibel angeboten wird. Dem entspricht es, wenn die Intermediäre ihren Gewinn nicht lediglich aus einer schlichten und am eigentlichen Leistungsaustausch desinteressierten Maklertätigkeit, sondern gerade aus dem Einsatz der Arbeitskraft der Dienstleister ziehen, was sich etwa bei Uber daran zeigt, dass nicht die Herstellung der Verbindung zwischen den Peers als solche entgolten wird, sondern ein Abzug in Höhe von 20 bis 30 Prozent vom Fahrpreis erfolgt, der sich wiederum nach der Fahrtstrecke und damit nach der erbrachten Arbeit des Fahrers richtet (Prassl und Risak 2016, 639; auch Slee 2016, 81 f.). Im Hinblick auf die dem Kunden zugutekommende Dienstleistung als solche besteht daher praktisch kein Unterschied zwischen einem Plattformbetreiber und einem herkömmlichen Unternehmen, das eine Dienstleistung unter Zuhilfenahme von Arbeitnehmern bereitstellt und möglichst gewinnbringend vermarktet. Im Gegensatz zu einem traditionellen Unternehmen läuft das Geschäftsmodell der Intermediäre allerdings darauf hinaus, einen Schwarm von Solo-Selbstständigen ins Leben zu rufen und von der Arbeitskraft der konkreten Leistungserbringer zu profitieren, ohne indes irgendwelchen arbeits- und sozialrechtlichen Regulierungen unterworfen zu sein.

3 Herausforderungen für den Arbeitsmarkt

Diese Liberalisierung der Arbeitskraft durch die plattformbasierte Vermittlung von weitgehend unregulierten Dienstleistungen wird aus beschäftigungspolitischer Perspektive vielfach begrüßt. So geht die Europäische Kommission davon aus, dass die kollaborative Wirtschaft neue Beschäftigungsmöglichkeiten schafft, bei denen sogar ein höheres Einkommen erzielt werden könne (Europäische Kommission 2016, 12). Das Europäische Parlament spricht vergleichbar von Arbeitsmarktchancen für junge Menschen, Migranten, Teilzeitkräfte und ältere Menschen (Europäisches Parlament 2017, Erwägungsgrund G). Auch wenn für diese Thesen keine näheren Begründungen oder gar Belege geliefert werden, dürfte es jeweils um die Grundvorstellung gehen, nach der eine unregulierte Beschäftigungsform ohne soziale Absicherung und unter Risikoabwälzung auf den Dienstleister die Barrieren für den Eintritt auf den Arbeitsmarkt absenkt (Eichhorst und Spermann 2015, 8).

Soweit es bei einer Plattformbeschäftigung nur um einen gelegentlichen Zusatzverdienst von sozial anderweitig abgesicherten Personen geht, wiegen die Bedenken im Hinblick auf die interne Beziehung zwischen Dienstleister und Plattformbetreiber in der Tat eher gering. Anders stellt sich die Situation dagegen dar, wenn die Plattformbeschäftigung die Haupteinnahmequelle bildet und damit dem Lebensunterhalt dient. Sofern die Tätigkeit mangels Marktmacht nur gering entlohnt wird, der Dienstleister das volle Risiko trägt, für die von ihm angebotene Leistung keinen Abnehmer zu finden, und es darüber hinaus an einer sozialen Absicherung für Krankheit und Alter fehlt, kann eine solche Beschäftigungsform nicht allein deshalb pauschal als positiv bewertet werden, weil sie dem Dienstleister überhaupt eine Verdienstmöglichkeit verschafft und ihm zudem bei der Ausgestaltung seiner Tätigkeit größtmögliche Freiheit einräumt (so aber Allen und Berg 2014, 33 f.). Dass die Umstellung von einer abhängigen auf eine (zumindest scheinbar) selbstständige Beschäftigung die Einnahmensituation nicht unbedingt verbessert, zeigt das Beispiel der Uber-Fahrer in den USA. So wurden für diesen Personenkreis durchschnittliche Stundenlöhne für Ende 2015 in Denver von 13,17 US-Dollar, in Houston von 10,75 US-Dollar und in Detroit von 8,77 US-Dollar ermittelt (O'Donovan und Singer-Vine 2016). Da Uber-Fahrer ihr eigenes Kraftfahrzeug benutzen, für alle fahrtbedingten Kosten selber aufkommen müssen und zudem nicht sozial abgesichert sind, wird der US-Mindestlohn von 7,25 US-Dollar somit zumindest teilweise nicht erreicht.[16]

---

[16] Die Behauptung von Uber, dass UberX-Fahrer in New York jährlich durchschnittlich

Angestellte Taxifahrer verdienen zwar regelmäßig auch nicht mehr oder sogar weniger als Uber-Fahrer, tragen dafür aber erheblich geringere Nebenkosten und Risiken. Dabei nützt es nichts, lediglich auf die bisherige ‚Unternutzung' von Ressourcen als Treibstoff der neuen Geschäftsmodelle zu verweisen, weil damit die normative Frage noch nicht beantwortet wird, unter welchen institutionellen Bedingungen menschliche Arbeit geleistet werden soll. Auch genügt es nicht, in diesem Zusammenhang als Legitimation lediglich die autonome Entscheidung jedes Bürgers für die Art der eigenen Tätigkeit anzuführen (in diesem Sinne aber Monopolkommission 2016, Rn. 1227), sofern der Einzelne nicht die freie Wahl zwischen verschiedenen Beschäftigungsformen hatte und sich nicht bewusst für eine sozial geringer abgesicherte Tätigkeit als ‚Preis' für eine größere Autonomie bei der Erwerbsarbeit entschieden, sondern sich nur dem ‚stummen Zwang der ökonomischen Verhältnisse' gebeugt hat.

Im Übrigen ist es nicht zu bestreiten, dass auf dem Gebiet der haushalts-nahen Dienstleistungen sowie im Care-Sektor ein erhebliches Beschäftigungs-potenzial besteht, das durch Internet-Plattformen erschlossen werden kann (Bundesministerium für Arbeit und Soziales 2016, 129). Dies bedeutet aber nicht zwangsläufig, dass Märkte für personen- und haushaltsbezogene Dienst-leistungen nur durch schlechte Arbeitsbedingungen für die Beschäftigten etab-liert werden können und Kunden damit in die Situation geraten, digital ver-mittelte Dienstleistungen zu vertretbaren Kosten nur in Anspruch nehmen zu können, indem sie prekäre Arbeitsbedingungen unterstützen.[17] Vielmehr kommen durchaus verschiedene Instrumente in Betracht, um diesem Dilemma entgegenzutreten. So wird etwa für Belgien und Frankreich berichtet, dass es mit Hilfe von steuerlich begünstigten Gutscheinmodellen gelungen ist, auch solche Unternehmen wettbewerbsfähig zu machen, die entsprechende Dienstleistungen mit fest angestelltem Personal anbieten (Angermann und Eichhorst 2013, 10; Eichhorst und Spermann 2015, 14).

Darüber hinaus darf sich die arbeitsmarktpolitische Bewertung nicht auf das Innenverhältnis zwischen Dienstleister und Plattformbetreiber beschränken, sondern muss etwaige externe Effekte einbeziehen. So ist es in mehreren US-amerikanischen Großstädten (New York, Los Angeles, San Francisco) durch den Markteintritt von Uber nicht lediglich zu einer Ausdehnung der lokalen Märkte für individuelle Personenbeförderungen, sondern auf den jeweiligen Taximärkten auch zu Substitutionseffekten gekommen (Monopolkommission 2016, Rn. 1250; ferner Bond 2015, 87 ff.). Ohne die Arbeitsbedingungen gerade von herkömmlichen Taxifahrern beschönigen zu wollen, ist dies ein Anzeichen dafür, dass zumindest die Gefahr einer ‚disruptiven' Verdrängung regulärer Be-

---

rund 90 000 US-Dollar verdienen würden, ist daher von Griswold 2014b, als „[i]n Search of Ubers's Unicorn" bezeichnet worden. Siehe aber auch die positivere Analyse von Hall / Krueger 2016, 25 ff.

[17] Zu diesem ‚Kundendilemma': Bundesministerium für Arbeit und Soziales 2016, 129.

schäftigungsverhältnisse besteht, die jedenfalls im Grundsatz mit stärkeren arbeits- und sozialrechtlichen Absicherungen versehen sind. Zurückführen lassen sich diese Verdrängungseffekte zu wesentlichen Teilen auf die niedrigeren Entgelte, die von den Kunden an die als Solo-Selbstständige tätigen Uber-Fahrer für die jeweilige Fahrt im Vergleich zu herkömmlichen Taxiunternehmen zu entrichten sind. Allgemeiner gesprochen kann es somit dazu kommen, dass sich Unternehmen, die ihre Dienstleistungen mithilfe von regulären Angestellten erbringen, gegenüber Plattformbetreibern und den darüber vermittelten selbständigen Dienstleistern im Wettbewerb den Kürzeren ziehen und hierdurch in der weiteren Folge arbeits- und sozialrechtlich regulierte Beschäftigungsverhältnisse gegenüber Solo-Selbständigen an Boden verlieren. Aus der Verbraucherperspektive mag eine solche Entwicklung auf den ersten Blick von Vorteil sein, weil sie zu einem breiteren Angebot und niedrigeren Preisen führt. Gesamtgesellschaftlich ist eine Entwicklung, die das sozial stabilisierende ‚Normalarbeitsverhältnis‘[18] zurückdrängt und insbesondere zu Einnahmeausfällen in den Sozialversicherungen führt, dagegen kritisch zu bewerten. Dass es in den USA mittlerweile einen Pool von 92 Millionen Personen und damit von 37 Prozent der arbeitsfähigen Bevölkerung geben soll, die mangels permanenter Beschäftigung (auch) auf On-Demand Arbeit angewiesen sind (Zuboff 2015, 120), kann kein Vorbild sein.

Allerdings ist nicht zu übersehen, dass diese Problematik nicht nur bei Plattformbeschäftigten, sondern grundsätzlich auch bei sonstigen Solo-Selbstständigen auftreten kann. Insofern gehört die Diskussion um die soziale Absicherung von Plattformbeschäftigten in den größeren Kontext der schon seit Längerem geführten Debatte über einen angemessenen Sozialschutz für ‚kleine‘ Selbstständige. Zwar sollte diese Frage nicht überdramatisiert werden. Zum einen ist die Zahl der Solo-Selbstständigen in Deutschland nach einem starken Anstieg in den Jahren nach 2002 seit dem Jahr 2012 leicht rückläufig und hat sich mit Stand von 2015 auf eine Größenordnung von ca. 2,3 Millionen Personen (bei insgesamt über 40 Millionen Erwerbstätigen) eingependelt (Statistisches Bundesamt 2016, Tab. 3.7; Brenke und Beznoska 2016, 18 f.; zur Entwicklung eingehend Mai und Marder-Puch 2013, 484 ff.). Zum anderen gehört nur eine Minderheit der kleinen Selbstständigen zu den ausgesprochenen Geringverdienern mit Bruttostundenverdiensten von unter sechs Euro mit Stand von 2014 (Brenke und Beznoska 2016, 39). Dennoch ist der betroffene Kreis mit rund 500 000 Personen nicht unbeträchtlich. Ferner bewirkt die Zunahme digitaler Plattformen, dass auch das Risiko ertragsschwacher selbstständiger Dienstleister entsprechend wächst.

---

[18] Dazu grundlegend Mückenberger 1985; siehe auch Mückenberger 1986, 1989; Waltermann 2010a; aus internationaler Perspektive: Deakin 2014.

Dabei liegt das dringlichste sozialpolitische Problem in der Gewährleistung einer angemessenen Altersvorsorge für kleine Selbstständige (Waltermann 2017). So verfügt nach dem Alterssicherungsbericht 2016 fast die Hälfte der 1,7 Millionen ehemaligen Selbstständigen über ein Nettoeinkommen von weniger als 1 000 Euro (Bundesregierung 2016, 107, 110). Als Abhilfemaßnahme kommt eine generelle Einbeziehung von Solo-Selbstständigen in die gesetzliche Rentenversicherung in Betracht (so auch Bundesministerium für Arbeit und Soziales 2016, 12, 173; gleichsinnig jetzt der Koalitionsvertrag von CDU / CSU und SPD 2018, 93), sei es durch eine Streichung der Einschränkung gemäß § 2 Abs. 1 Nr. 9 Buchst. b SGB VI (näher Waltermann 2010b, 167 ff., 169) oder durch eine vollständige Neufassung von § 2 SGB VI (Waltermann 2017, 429). Daneben lässt sich – in Anlehnung an die Künstlersozialabgabe im Sinne der §§ 23 ff. KSVG – an eine Sozialabgabe der Betreiber von Plattformen für selbständige Dienstleistungen denken, weil diese in gewisser Weise die über die Plattform vermittelte Arbeitskraft der Leistungsanbieter zu ihren Gunsten verwerten und damit zumindest „wie Arbeitgeber"[19] auftreten (Eichhorst et al. 2016, 402).[20] Dies gilt umso mehr, als das Geschäftsmodell der Plattformbetreiber häufig darauf hinausläuft, von jeder P2P-Transaktion einen bestimmten Prozentsatz in die eigenen Taschen zu leiten, ohne in irgendeiner Weise eine Verantwortung für die Dienstleister zu übernehmen, obwohl das Funktionieren der Plattform von deren Mitwirkung abhängt (zu diesem Effekt: Huws 2016, 27). Wenn es etwa in Indonesien möglich ist, dass beim elektronischen Abrechnen einer Mitfahrt auf dem Moped-Taxi die App Go-Yek einen bestimmten Betrag automatisch an die Sozialversicherung überweist (Mihm 2017), sollte eine vergleichbare Lösung auch in Deutschland geschaffen werden können.

4 Herausforderungen für das Arbeitsrecht

Die bisherigen Ausführungen haben das Selbstverständnis der Plattformbetreiber zugrunde gelegt, dass es sich bei den vermittelten Leistungserbringern tatsächlich um unabhängige Leistungsanbieter handelt. Eine derartige Einordnung versteht sich indes keineswegs von selbst. Vielmehr wird national (Kocher und Hensel 2016; Lingemann und Otte 2015) und international (Acevedo 2016; Cherry 2016; De Stefano 2016; Liebman 2017; Means und Seiner 2016; Prassl und Risak 2016; Rogers 2016) zunehmend darüber diskutiert, ob und unter welchen Vorausset-

---

[19] So die Begründung für die finanzielle Beteiligung der Kulturvermarkter an der Künstlersozialversicherung, BT-Drucks. 9/26, 17; zur sozialen Verantwortung der Vermarkter siehe auch BVerfG 8.4.1987 – 2 BvR 909/82 u. a., BVerfGE 75, 108 (159 f.).

[20] Die gegenläufige Aussage in Bundesministerium für Arbeit und Soziales 2016, 173, dürfte sich nur auf das Modell eines eigenständigen berufsständischen Versorgungswerkes beziehen.

zungen Plattformbeschäftigte wie insbesondere Uber-Fahrer in Wirklichkeit als Arbeitnehmer oder zumindest als arbeitnehmerähnliche Personen einzustufen sind. Diese Frage betrifft das Innenverhältnis zwischen dem Plattformbetreiber und den jeweiligen Dienstleistern, wird durch die Qualifikation des Außenverhältnisses zwischen dem Plattformbetreiber und den Dienstleistungsempfängern aber zumindest mitbeeinflusst. Denn wenn der Betreiber der Plattform mit der konkret erbrachten Dienstleistung im Außenverhältnis zu den Kunden letztlich nichts zu tun hat, wird man die Beschäftigten im Innenverhältnis schwerlich als Arbeitnehmer einordnen können.

Nun hat der EuGH in einem aktuellen Vorlageverfahren zum Außenverhältnis zwischen Uber und den Fahrgästen entschieden, dass die Leistungen von Uber entgegen der Selbsteinschätzung durch das Unternehmen nicht als ein „Dienst der Informationsgesellschaft" im Sinne von Art. 2 Buchst. a der Richtlinie 2000/31/EG in Verbindung mit Art. 1 Nr. 2 der Richtlinie 98/34/EG, sondern als eine Verkehrsdienstleistung im Sinne von Art. 58 Abs. 1 AEUV und Art. 2 Abs. 2 Buchst. d der Richtlinie 2006/123/EG zu qualifizieren sind.[21] Diesem Urteil vorausgegangen war eine detaillierte Analyse des Geschäftsmodells durch Generalanwalt Szpunar, wonach Uber durch zahlreiche vertragliche und informationstechnische Vorgaben für die Fahrer das Angebot an Personenbeförderungsleistungen selbst generiert, die wesentlichen Merkmale des Angebots regelt und dessen Funktionalität organisiert.[22] Dies liegt auf der Linie zumindest eines Teils der deutschen Gerichte[23] sowie des deutschen Schrifttums (Alexander und Knauff 2015, 202 f.; Kramer und Hinrichsen 2015, 147 f.; Nebel und Kramer 2014, 1533; Wimmer und Weiß 2015, 85; anders aber Ingold 2014, 3335; Schröder 2015, 145), die Uber im Hinblick auf die verschiedenen Dienste (UberBLACK, UberPOP) ebenfalls selber als Betreiber des Beförderungsverkehrs im Sinne des Personenbeförderungsgesetzes einstufen und die anderweitigen Angaben in den Nutzungsbedingungen schlicht für eine *falsa demonstratio* (so ausdrücklich Kramer und Hinrichsen 2015, 148) halten. Eine vergleichbare Sichtweise kommt in verschiedenen Entscheidungen US-amerikanischer[24] und britischer Gerichte[25]

---

[21] EuGH 20.12.2017 – C-434/15 – Asociación Profesional Elite Taxi, ECLI:EU:C:2017:981; ebenso EuGH 10.4.2018 – C-320/16 – Uber France SAS, ECLI:EU:C:2018:221.

[22] Schlussanträge in der Rechtssache C-434/15 – Asociación Profesional Elite Taxi, Rn. 43 ff., 72, ECLI:EU:C:2017:364; bestätigt durch GA Szpunar in den Schlussanträgen in der Rechtssache C-320/16 – Uber France SAS, Rn. 17.

[23] OVG Hamburg 24.9.2014 – 3 Bs 175/14, NVwZ 2014, 1528 (1529 f.); OVG Berlin-Brandenburg 10.4.2015 – OVG 1 S 96.14, CR 2015, 376 (377 ff.); OLG Frankfurt/M. 9.6. 2016 – 6 U 73/15, GRUR-RR 2017, 17 (18 ff.); andere Gerichte haben diese Frage allerdings offengelassen und sich darauf gestützt, dass Uber zumindest als Teilnehmer für die Wettbewerbsverstöße der Fahrer verantwortlich sei; siehe KG 11.12.2015 – 5 U 31/15, GRUR-RR 2016, 84 (86 f.); ebenso der BGH 18.5.2017 – I ZR 3/16, GRUR 2017, 743 (748) in seinem Vorlagebeschluss an den EuGH (dort anhängig unter dem Az. C-371/17 – Uber).

[24] Cotter v. Lyft, Inc., 60 F. Supp. 3d 1067 (N.D. Cal. 2015).

[25] Aslam v. Uber BV (2017) IRLR 4 (ET); Uber BV v. Aslam (2018) IRLR 97 (EAT).

zum Ausdruck, die Uber bzw. den Konkurrenten Lyft nicht als reines Technologieunternehmen, sondern selber als Beförderungsdienstleister qualifizieren und die für die gegenteiligen Beteuerungen dieser Unternehmen teilweise recht drastische Worte finden („obviously wrong",[26] „absurdity of these propositions speaks for itself"[27]).

Darüber hinaus ist es zwar nicht in Deutschland, wohl aber in den USA[28] sowie mittlerweile auch in Großbritannien zu mehreren gerichtlichen Urteilen gekommen, in denen es unmittelbar um den Status von Plattformbeschäftigten im Sinne verschiedener arbeitsrechtlicher Regelungen ging. In den USA ist vor allem Uber bis in die jüngste Zeit in eine Vielzahl solcher Verfahren verstrickt worden.[29] Dabei haben verschiedene Gerichte zumindest eine Neigung für die Klassifikation von Uber-Fahrern bzw. Lyft-Fahrern als Arbeitnehmer erkennen lassen.[30] Abschließende Entscheidungen sind soweit ersichtlich aber noch nicht ergangen, was offenbar auch daran liegt, dass Uber einige Sammelklagen gegen Zahlung erheblicher Beträge vorsorglich durch Vergleich beendet hat. Hervorzuheben ist in diesem Zusammenhang vor allem die Entscheidung des London Central Employment Tribunal in der Rechtssache ‚Aslam v. Uber BV', in der das Gericht mit einer ausgesprochen akribischen Begründung die Eigenschaft von zwei Uber-Fahrern als ‚Worker' im Sinne verschiedener britischer Arbeitnehmerschutzgesetze (Employment Rights Act, National Minimum Wage Act, Working Time Regulations) bejaht hat.[31] Das gegenteilige Vorbringen von Uber, die Situation in London stelle sich als ein Mosaik von 30 000 Kleinunternehmen dar, die durch eine gemeinsame Plattform verbunden seien, sei „faintly ridiculous".[32] Dabei konzediert das Gericht durchaus, dass kein Uber-Fahrer rechtlich verpflichtet ist, die Smartphone-App als technologische Infrastruktur und einzige Verbindungslinie zwischen Fahrer und Uber im Hinblick auf die Vermittlung von Fahrten anzuschalten. Die Situation ändere sich aber schlagartig, wenn das Smartphone eingeschaltet wird und sich der Fahrer nunmehr in einem bestimmten Gebiet zur Übernahme konkreter Fahrten bereithält. In diesem Fall komme es nämlich durch die Steuerung der Datenflüsse, die sich auf die Vermittlung, Durchführung, Bezahlung und Bewertung von

---

[26] Cotter v. Lyft, Inc., 60 F. Supp. 3d 1067 (N.D. Cal. 2015), 1078.

[27] Aslam v. Uber BV (2017) IRLR 4 (ET) Rn. 91.

[28] Allgemeine Übersicht über die arbeitsrechtsbezogene On-Demand Economy Litigation bei Cherry 2016, 584 f; siehe auch Liebman 2017, 227 ff.

[29] Allerdings ist die Situation insoweit recht unübersichtlich. Einen partiellen Überblick liefern die Webseiten http://uberlawsuit.com und http://www.uberlitigation.com. Hierzu auch Noto La Diega 2015, 397 ff.

[30] Siehe Berwick v. Uber Technologies, Inc., CGC-15–546378 (Superior Court Cal. 2015); Cotter v. Lyft, Inc., 60 F. Supp. 3d 1067 (N.D. Cal. 2015); O'Connor v. Uber Technologies, Inc., 82 F. Supp. 3d 1133 (N.D. Cal. 2015).

[31] Aslam v. Uber BV (2017) IRLR 4 (ET).

[32] Aslam v. Uber BV (2017) IRLR 4 (ET) Rn. 90.

Fahrten beziehen, zu einer umfassenden Kontrolle von Uber über die Beför-
derungsvorgänge, wodurch die Fahrer auch ohne eine ausdrückliche Weisung,
eine bestimmte Fahrt mit einem bestimmten Passagier auf einer bestimmten
Route durchzuführen, in ein ausgesprochen enges Korsett an Vorgaben einge-
zwängt würden. Im Übrigen versuche das Unternehmen durch verschiedene Mechanismen bis hin zum zwangsweisen ‚Ausloggen' die Fahrer dazu anzuhalten,
sich dem Willen von Uber zu beugen, möglichst jede angebotene Fahrt auch
tatsächlich anzunehmen. Diese Einschätzung ist vom Employment Appeal
Tribunal inzwischen bestätigt worden.[33] Eine vergleichbare Argumentation
findet sich in der US-amerikanischen Rechtsprechung,[34] wobei der vergleichsweise flexible „control-test" die Bejahung der Arbeitnehmereigenschaft offenbar
erleichtert (Mückenberger 2017, 20 Fn. 10).[35] Dagegen sind Deliveroo-Fahrer
vom britischen Central Arbitration Committee nicht als ‚Worker' im Sinne des
Trade Union and Labour Relations (Consolidation) Act eingestuft worden.
Ausschlaggebend hierfür war, dass den Fahrern von Deliveroo (kurz vor der
Anhörung der Beteiligten durch das Committee und offenbar zur Vermeidung
einer nachteiligen Entscheidung) das Recht eingeräumt wurde, sich auch noch
nach der Übernahme eines Lieferauftrags durch einen beliebigen Dritten vertreten zu lassen, obwohl diese Option von den Fahrern (vorhersehbar) faktisch
kaum genutzt wird.[36]

Für das deutsche Recht scheint die Ausgangssituation im Hinblick auf die
Feststellung der Arbeitnehmerstellung dagegen von vornherein ungünstiger zu
sein. So soll es für die Arbeitnehmereigenschaft nach tradierter Auffassung in
Rechtsprechung[37] und Schrifttum[38] auf die persönliche Abhängigkeit des Beschäftigten ankommen, die dann anzunehmen ist, wenn der Betroffene weisungs-
gebunden tätig und in die Organisation des Auftraggebers eingegliedert ist.
Dabei werden Weisungsbindung und Eingliederung üblicherweise als kumulativ
erforderliche Merkmale für das Vorliegen eines Arbeitsvertrags angesehen. In
diesem Sinne definiert der seit dem 1. April 2017 geltende neue § 611a Abs. 1
S. 1 BGB den Arbeitsvertrag nunmehr erstmals umfassend als einen Vertrag,
der die Pflicht zur Leistung weisungsgebundener, fremdbestimmter Arbeit in

---

[33] Uber BV v. Aslam (2018) IRLR 97 (EAT).

[34] Cotter v. Lyft, Inc., 60 F. Supp. 3d 1067 (N.D. Cal. 2015), 1078f.

[35] Nähere Analyse der Entscheidungen durch Rogers 2016, 491 ff., der sich selber unter
Berufung auf das „Anti-Domination Principle" für eine großzügige Qualifikation von Platt-
formbeschäftigten als Arbeitnehmer ausspricht (a.a.O, 500 ff.). Für einen „Worker Flexibility
Test" Means und Seiner 2016, 1535 ff.

[36] Independent Workers' Union of Great Britain v. RooFoods Ltd. (t/a Deliveroo) (2018)
IRLR 84 (CAC).

[37] Aus jüngerer Zeit etwa BAG 31.7.2014 – 2 AZR 422/13, NZA 2015, 101 Rn. 24; 11.8.
2015 – 9 AZR 98/14, NZA-RR 2016, 288 Rn. 16; 14.12.2016 – 9 AZR 305/15, NZA 2016, 1453
Rn. 15.

[38] Statt vieler Schaub 2017, § 8 Rn. 21 ff.

persönlicher Abhängigkeit enthält, wobei der Gesetzgeber erklärtermaßen nur die bisherige Rechtsprechung des Bundesarbeitsgerichts (BAG) festschreiben, also keinen neuen Arbeitnehmerbegriff schaffen wollte (Deutscher Bundestag 2016, 31).[39] Legt man diese Definition zugrunde, fällt eine Einordnung von Plattformbeschäftigten nicht leicht. Auf der einen Seite bestehen für Uber-Fahrer im Hinblick auf die Anforderungen an ihre Person, an den Zustand ihres Kraftfahrzeugs und an ihr Verhalten gegenüber dem Kunden zahlreiche Vorgaben. Auf der anderen Seite fehlt es an einer formalen Rechtspflicht, einen per Smartphone-App übermittelten Fahrauftrag auch tatsächlich zu übernehmen. Vor dem Hintergrund der Aussage des BAG, dass ohne eine vertragliche Verpflichtung zur Dienstleistung kein Arbeitsvertrag vorliegt,[40] erscheint eine Arbeitnehmereigenschaft somit zweifelhaft.

Allerdings kommt es für die Qualifikation nicht auf bloße Bezeichnungen, sondern auf die tatsächliche Durchführung des Vertragsverhältnisses an, wie § 611a Abs. 1 S. 5 BGB noch einmal ausdrücklich klarstellt. Dementsprechend ist es seit jeher Sache der Gerichte, sich nicht von den schriftlich niedergelegten Kautelen blenden zu lassen, die „armies of lawyers"[41] im Interesse ihrer Mandanten ersinnen, um die wahren Rechte und Pflichten der Parteien zu verhüllen. Berücksichtigt man, dass ein Plattformbetreiber wie Uber sowohl auf die unmittelbare Fahrtätigkeit als auch auf das sonstige Verhalten der Fahrer durch ein ausgefeiltes Qualitätsmanagement in Gestalt von als ‚Vorschläge' verkleideten Reglementierungen,[42] technikbasierten Evaluations- und Reputationsmechanismen sowie Sanktionsmaßnahmen bis hin zur Sperrung oder Löschung des Accounts umfassend Einfluss nimmt[43] und sie insbesondere dazu bringen will, möglichst alle angebotenen Fahraufträge anzunehmen,[44] ist das Vorliegen eines Arbeitsvertrags deshalb begründbar (Däubler 2016, 34 f.; Heuschmid und Klebe 2016, 75; zurückhaltender Lingemann und Otte 2015, 1043 f.). Wie die US-amerikanische Diskussion zeigt (Eisenbrey und Mishel 2016; Rogers 2016, 509 f.; skeptisch aber Acevedo 2016, 33 f.; Harris und Krueger 2015, 13), lassen sich die daraus erwachsenden Rechtsfolgen wie etwa die Anwendung des gesetzlichen Mindestlohns, praktisch durchaus bewältigen. Sofern die Steuerung des Verhaltens der Tätigen durch die jeweilige informationstechnische Infrastruktur weniger stark ausgeprägt ist, liegt dagegen keine Arbeitnehmereigenschaft vor.

---

[39] Zum Verhältnis von Weisungsbindung, Fremdbestimmtheit und persönlicher Abhängigkeit eingehend Wank 2017, 143 ff.

[40] BAG 28.11.1990 – 7 ABR 51/89, ZTR 1991, 435 (436); 31.7.2002 – 7 AZR 181/01, ZTR 2003, 198 (198); 15.2.2012 – 10 AZR 111/11, NZA 2012, 733 (735); 16.5.2012 – 5 AZR 268/11, NZA 2012, 974 (975).

[41] Plastisch Consistent Group Ltd. v. Kalwak [2007] IRLR 560 Rn. 57.

[42] Z. B. im Hinblick auf die im Auto zu spielende Musik.

[43] Einzelheiten in O'Connor v. Uber Technologies, Inc., 82 F. Supp. 3d 1133 (N. D. Cal. 2015), 1149 ff.

[44] Zur Zielgröße einer 90-prozentigen Annahmequote siehe Slee 2016, 92.

Dies ist etwa im Hinblick auf eine Plattform wie BlaBlaCar anzunehmen, die lediglich Mitfahrgelegenheiten bei solchen Personen vermittelt, die ohnehin zur Durchführung einer zumeist längeren Fahrt entschlossen sind.[45]

Daneben kennt das deutsche Recht mit der Rechtsfigur der arbeitnehmerähnlichen Person eine Zwischenkategorie von solchen Beschäftigten, die zwar nicht persönlich, wohl aber wirtschaftlich abhängig sind und die über einen eingeschränkten arbeitsrechtlichen Schutz verfügen, zu dem etwa ein Urlaubsanspruch sowie die Einbeziehung in den technischen Arbeitsschutz, nicht aber ein Anspruch auf Mindestlohn und der Kündigungsschutz gehören. Nicht außer Acht gelassen werden sollte zudem, dass sich ein gewisser Schutz der Beschäftigten schon nach geltendem Recht auch losgelöst vom Arbeitsrecht über die allgemeine AGB-Kontrolle[46] ergibt, weil die vertraglichen Bestimmungen zwischen dem Plattformbetreiber und den Beschäftigten durchgängig vorformuliert sind. Allerdings führt eine solche Kontrolle grundsätzlich nur ,negativ' zur Unanwendbarkeit unangemessener Klauseln, nicht aber ,positiv' zur zusätzlichen Gewährung von Sozialschutz. Alles in allem bleibt somit ein gewisses Unbehagen bei dem Versuch, mit den für die industrielle Arbeitswelt des 20. Jahrhunderts entwickelten Kriterien die Probleme der digitalisierten Arbeitswelt des 21. Jahrhunderts lösen zu wollen.[47]

5 Weitere Handlungsperspektiven

Perspektivisch ist daher nach weiteren Handlungsoptionen zu fragen. Dies betrifft zum einen eine Fortentwicklung des Arbeitnehmerbegriffs, die auch digital vermittelte Abhängigkeiten in den Blick nimmt und die vor allem stärker marktfunktional danach fragt, ob der Beschäftigte nach den vertraglichen Regelungen sowie deren tatsächlicher Durchführung in der Lage ist, eigene unternehmerische Entscheidungen auf eigene Rechnung zu treffen (Mückenberger 2017, 29; Wank 2017, 145), was etwa bei Uber-Fahrern nicht der Fall ist, weil eigenständige Verhandlungen mit den Fahrgästen über die zu erbringende Beförderungsleistung sowie über den Preis nicht nur nicht vorgesehen, sondern vielmehr ausdrücklich ausgeschlossen sind.[48] Der Gesetzgeber hat einer allzu forschen Weiterentwicklung des Arbeitnehmerbegriffs im Wege der richterlichen Rechtsfortbildung mit der aktuellen Festschreibung eines bestimmten Rechtszustandes durch § 611a

---

[45] Ebenso Todoli-Signes 2017, 246: „outside the scope of labour law".

[46] §§ 305 ff. BGB.

[47] So Cotter v. Lyft, Inc., 60 F. Supp. 3d 1067 (N. D. Cal. 2015), 1081 f., mit der angesichts der Ambiguität der Situation (auf das geltende deutsche Recht freilich nicht übertragbaren) Überlegung, die Arbeitnehmereigenschaft erst dann zu bejahen, wenn der Beschäftigte (Fahrer) eine bestimmte Stundenanzahl für den Plattformbetreiber (Lyft) tätig ist.

[48] Dazu auch Aslam v. Uber BV (2017) IRLR 4 (ET) Rn. 90.

BGB zwar erst einmal einen Riegel vorgeschoben. Künftige gesetzgeberische Aktivitäten werden hierdurch aber selbstverständlich nicht ausgeschlossen. Denkbar
und vermutlich aussichtsreicher ist es zum anderen, die grundsätzlich strenge
Dichotomie zwischen Arbeitnehmern und Nichtarbeitnehmern durch eine
Stärkung der Rechtsfigur der arbeitnehmerähnlichen Person bzw. durch eine Er-
streckung von arbeitsrechtlichen Schutzinstrumenten auch auf Solo-Selbständige
noch weiter abzumildern (Kocher und Hensel 2016, 988 f.; Mückenberger 2017,
25 ff.; auch Bundesministerium für Arbeit und Soziales 2016, 175), womit man
zugleich an eine international geführte Diskussion anknüpfen würde (Davies
und Freedland 2000; Freedland 2006; Freedland und Kountouris 2011, 195 f.).

Noch ganz am Anfang steht schließlich die Kollektivierung von Plattform-
beschäftigten, um auf diese Weise zu besseren Arbeitsbedingungen zu gelangen.
Rechtstatsächlich finden sich hierzu neben verschiedenen Aktionen von Uber-
Fahrern in den USA (Acevedo 2016, 13; Griswold 2014a; Rogers 2015, 99)
auch in Europa erste Ansätze wie etwa die Streiks von Deliveroo-Fahrern in
London im August 2016 (Dewhurst 2016)[49] und Foodora-Fahrern in Turin im
Oktober 2016 (Animento et al. 2017; Coccorese 2016; Tassinari und Maccarone
2017), die Bildung eines Betriebsrats bei Foodora in Wien im April 2017 (O. V.
2017a) oder die Kollektivverhandlungen zwischen der Geschäftsführung von
Foodora und Arbeitnehmervertretern in Berlin im August 2017 (Kieschnick
2017; dazu auch Palmer 2017).[50] Weiter ist die auf eine internationale Initiative
von Arbeitnehmerorganisationen zurückgehende ‚Frankfurter Erklärung zu
plattformbasierter Arbeit‘ von Dezember 2016 zu erwähnen, die sich für faire
Konditionen auch in der Plattformökonomie ausspricht (IG Metall et al. 2016).
Der französische Gesetzgeber hat sogar schon reagiert und im August 2016
eine neue Regelung in den Code du Travail eingeführt, die ein Recht von selbstständigen Dienstnehmern (‚Travailleurs indépendants‘) gegenüber den Plattformbetreibern auf eine kollektive Interessenwahrnehmung vorsieht.[51] Rechtlich
stellt sich hierbei die Frage, welche Schranken das europäische Wettbewerbsrecht in Gestalt von Art. 101 AEUV für eine tarifvertragliche Regulierung der
Beschäftigungsbedingungen von Solo-Selbstständigen aufstellt und ob insbesondere Plattformbeschäftigte bei einer marktfunktionalen Betrachtung nicht
mehr als unabhängige Wirtschaftsteilnehmer angesehen werden können, sodass
sie nicht dem Kartellverbot unterliegen.[52]

---

[49] Siehe dazu aber die Ablehnung der Qualifikation von Deliveroo-Fahrern als ‚Worker‘
im Sinne des Trade Union and Labour Relations (Consolidation) Act durch die Entscheidung
Independent Workers' Union of Great Britain v. RooFoods Ltd. (t/a Deliveroo) (2018) IRLR
84 (CAC).

[50] Zu weiteren Beispielen aus dem außereuropäischen Ausland siehe Prassl 2018, 114.

[51] Art. L. 7342–6 Code du Travail.

[52] Zu diesem Problemkreis siehe EuGH 4.12.2014 – C-413/13 – FNV Kunsten, ECLI:
EU:C:2014:2411; dazu Fuchs 2016; Goldmann 2015; Heuschmid und Hlava 2015; Rieble 2016;
ferner bereits Latzel und Serr 2014.

6 Schlussbemerkungen

Soweit es im Rahmen der Share Economy bzw. Plattformökonomie um Dienstleistungen geht, bauen zahlreiche Geschäftsmodelle auf einer Substitution von regulierter durch unregulierte Arbeit auf. Dies mag aus wettbewerblicher Sicht begrüßenswert sein, führt im Hinblick auf den Arbeitsmarkt und das Arbeitsrecht aber zu erheblichen Friktionen und wirft daher die Frage nach einer Gegensteuerung auf. Auch wenn die durch neuere Technologien ermöglichte Erschließung neuer Märkte nicht von vornherein ausgebremst werden sollte, ist jedenfalls darauf zu achten, dass anerkannte Sozialstandards dabei nicht auf der Strecke bleiben. Moderne Informations- und Kommunikationstechnologien sollten Arbeitsvorgänge erleichtern, nicht aber dazu genutzt werden, geltendes Arbeitsrecht zu vermeiden oder gar zu verletzen. Zugespitzt formuliert: Über das angemessene Schutzniveau für Erwerbsarbeit sollte nicht durch im Interesse von Unternehmen entwickelte Algorithmen, sondern durch einen offenen demokratischen Prozess entschieden werden.

Literaturverzeichnis

Acevedo, Deepa D. (2016), "Regulating Employment Relationships in the Sharing Economy", *Employee Rights and Employment Policy Journal* 1/20, 1–35.

Alexander, Christian / Knauff, Matthias (2015), „Per App ans Ziel? Internetbasierte Mobilitätsdienste aus personenbeförderungs- und wettbewerbsrechtlicher Perspektive", *Gewerbearchiv* 5/61, 200–208.

Allen, Darcy / Berg, Chris (2014), *The sharing economy. How over-regulation could destroy an economic revolution*, Melbourne.

Angermann, Annette / Eichhorst, Werner (2013), *Who Cares for You at Home? Personal and Household Services in Europe*, IZA Policy Paper No. 71, Bonn.

Animento, Stefania / Di Cesare, Giogio / Sica, Cristian S. (2017), „Total Eclipse of Work? Neue Protestformen in der gig economy am Beispiel des Foodora Streiks in Turin", *PROKLA – Zeitschrift für kritische Sozialwissenschaft* 2/47, 271–290.

Berg, Janine (2016), "Income security in the on-demand economy: Findings and policy lessons from a survey of crowd workers", *Comparative Labor Law & Policy Journal* 3/37, 543–576.

Bond, Andrew T. (2015), "An App for That: Local Governments and the Rise of the Sharing Economy", *Notre Dame Law Review Online* 2/90, 77–96.

Botsman, Rachel (2013), "The Sharing Economy lacks a shared definition", *Fast Company*, Online erschienen am 21.11.2013.

Brenke, Karl / Beznoska, Martin (2016), *Solo-Selbständige in Deutschland. Strukturen und Erwerbsverläufe*, Forschungsbericht 465 des Bundesministeriums für Arbeit und Soziales, Berlin.

Bundesministerium für Arbeit und Soziales (2016), *Weißbuch Arbeiten 4.0*, Berlin.

Bundesregierung (2016), *Ergänzender Bericht zum Rentenversicherungsbericht 2016 gemäß § 154 Abs. 2 SGB VI (Alterssicherungsbericht 2016)*, Berlin.

CDU/CSU/SPD (2018). *Koalitionsvertrag zwischen CDU, CSU und SPD 19. Legislaturperiode: Ein neuer Aufbruch für Europa. Eine neue Dynamik für Deutschland. Ein neuer Zusammenhalt für unser Land*, Berlin.

Cherry, Miriam A. (2016), "Beyond Misclassification: The Digital Transformation of Work", *Comparative Labor Law & Policy Journal* 3/37, 577–502.

Coccorese, Paolo (2016). "Foodora, lo sciopero si allarga da Torino a Milano", *La Stampa*, Online erschienen am 15.10.2016.

Däubler, Wolfgang (2016), „Digitalisierung und Arbeitsrecht", *Soziales Recht*, Sonderausgabe Juli 2016, 2–44.

Davies, Paul/Freedland, Mark (2000), "Employees, workers, and the autonomy of labour law", in: Hugh Collins/Paul Davies/Roger Rideout (Hgg.), *Legal Regulation of the Employment Relation*, London, 267–286.

Deakin, Simon (2014), "The Standard Employment Relationship in Europe – Recent Developments and Future Prognosis", *Soziales Recht* 3/4, 89–99.

Degryse, Christophe (2016), *Digitalisation of the economy and its impact on labour markets*, ETUI Working Paper 2016.02, Brüssel.

Demary, Vera (2015), *Competition in the Sharing Economy*, IW Policy Paper No. 19/2015, Köln.

Dervojeda, Kristina/Verzijl, Diederik/Nagtegaal, Fabian/Lengton, Mark/Rouwmaat, Elco/Monfardini, Erica/Frideres, Laurent/PwC Netherlands (2013), *The Sharing Economy. Accessibility Based Business Models for Peer-to-Peer Markets*, Case study 12 im Auftrag der Europäischen Kommission, Brüssel.

De Stefano, Valerio (2016), *The Rise of the "just-in-time workforce": On-demand work, crowdwork and labour protection in the "gig-economy"*, Conditions of Work and Employment Series No. 71 ILO, Genf.

Deutscher Bundestag (2016). *Entwurf eines Gesetzes zur Änderung des Arbeitnehmerüberlassungsgesetzes und anderer Gesetze*, BT-Drucksache 18/9232, Berlin.

Dewhurst, Mags (2016). "Deliveroo couriers are right to strike: the company's claims of freedom are a sham", *The Guardian*, Online erschienen am 16.08.2016.

Dølvik, Jon E./Jesnes, Kristin (2017), *Nordic labour markets and the sharing economy. Report from a pilot project*, TemaNord 2017: 508, Kopenhagen.

Dröge, Katharina (2014), „Auch Teilen braucht Regeln", *ifo Schnelldienst* 21/67, 24–27.

Eckhardt, Giana M./Bardhi, Fleura (2015), "The sharing economy isn't about sharing at all", *Harvard Business Review Digital Articles*, Online erschienen am 28.01.2015.

Eichhorst, Werner/Hinte, Holger/Rinne, Ulf/Tobsch, Verena (2016), „Digitalisierung und Arbeitsmarkt: Aktuelle Entwicklungen und sozialpolitische Herausforderungen", *Zeitschrift für Sozialreform* 4/62, 383–409.

–/Spermann, Alexander (2015), Sharing Economy – Chancen, Risiken und Gestaltungsoptionen für den Arbeitsmarkt, IZA Research Report No. 69, Bonn.

Eisenbrey, Ross/Mishel, Lawrence (2016), "Uber Business Model Does Not Justify a New 'Independent Worker' Category", *Economic Policy Institute*, Online erschienen am 17.05.2016.

Europäische Kommission (2016), *Europäische Agenda für die kollaborative Wirtschaft*, Mitteilung vom 2.6.2016, COM(2016) 356 final, Brüssel.

Europäisches Parlament (2017), *Entschließung vom 15.06.2016, P8_TA-PROV(2017)0271*, Straßburg.

Freedland, Mark (2006), "From the Contract of Employment to the Personal Work Nexus", *Industrial Law Journal* 1/35, 1–29.

–/ Kountouris, Nicola (2011), "The Legal Characterization of Personal Work Relations and the Idea of Labour Law", in: Guy Davidov/Brian Langille (Hgg.), *The Idea of Labour Law*, Oxford, 190–208.

Fuchs, Maximilian (2016), „Tarifverträge Selbstständiger und europäisches Wettbewerbsrecht", *Zeitschrift für europäisches Sozial- und Arbeitsrecht* 8/15, 297–306.

Goldmann, Julius (2015), „Tarifverträge für selbständige Dienstleistungsanbieter als Verstoß gegen EU-Kartellrecht?", *Europäische Zeitschrift für Arbeitsrecht* 4/8, 509–518.

Griswold, Alison (2014a), "Uber Just Caved on a Big Policy Change After Its Drivers Threatened to Strike", *Slate*, Online erschienen am 12.09.2014.

– (2014b), "In Search of Ubers's Unicorn", *Slate*, Online erschienen am 27.10.2014.

Hall, Jonathan V./Krueger, Alan B. (2016), *An Analysis of the Labor Market for Uber's Driver-Partners in the United States*, NBER Working Paper No. 22843, Cambridge.

Harris, Seth D./Krueger, Alan B. (2015), *A Proposal for Modernizing Labor Laws for Twenty-First-Century Work: The "Independent" Worker*, Hamilton Project Discussion Paper 2015–10, Washington D. C.

Haucap, Justus (2015), „Die Chancen der Sharing Economy und ihre möglichen Risiken und Nebenwirkungen", *Wirtschaftsdienst* 2/95, 91–95.

Heinrichs, Harald (2014), „Sharing Economy: Potenzial für eine nachhaltige Wirtschaft", *ifo Schnelldienst* 21/67, 15–17.

Heuschmid, Johannes/Hlava, Daniel (2015), „Anmerkung zu EuGH vom 04.12.2014 – C-413/13", *Arbeit und Recht* 5/63, 194–195.

–/ Klebe, Thomas (2016), „Erwerbsarbeit in der Plattformökonomie und Schutz des Arbeits- und Sozialrechts?", in: Ulrich Faber/Kerstin Feldhoff/Katja Nebe/Kristina Schmidt/Uesula Waßer (Hgg.), *Gesellschaftliche Bewegungen – Recht unter Beobachtung und in Aktion, Festschrift für Wolfhard Kohte*, Baden-Baden, 73–84.

Huws, Ursula (2016), "Platform Labour: Sharing Economy or Virtual Wild West?", *Journal for a Progressive Economy* 1/7, 24–27.

IG Metall/Dänische Gewerkschaft der Vertriebs- und Büroangestellten/International Brotherhood of Teamsters/Kammer für Arbeit und Angestellte/Österreichischer Gewerkschaftsbund/Service Employees International Union/Unionen (2016), *Frankfurter Erklärung zu plattformbasierter Arbeit. Vorschläge für Plattformbetreiber, Kunden, politische Entscheidungsträger, Beschäftigte und Arbeitnehmerorganisationen*, Frankfurt a. M.

Ingold, Albert (2014), „Gelegenheitsverkehr oder neue Verkehrsgelegenheiten? Taxi-Apps und Ridesharing als Herausforderung für das Personenbeförderungsrecht", *Neue Juristische Wochenschrift* 46/67, 3334–3339.

Kieschnick, Thomas (2017), „Foodora und Kurierfahrer bewegen sich aufeinander zu", *B. Z.*, Online erschienen am 18.08.2017.

Kocher, Eva/Hensel, Isabell (2016), „Herausforderungen des Arbeitsrechts durch digitale Plattformen – ein neuer Koordinationsmodus von Erwerbsarbeit", *Neue Zeitschrift für Arbeitsrecht* 16/33, 984–990.

Kramer, Urs/Hinrichsen, Tim (2015), „Der Fall Uber -Taxen, Mietwagen und der technologische Fortschritt", *Gewerbearchiv* 4/61, 145–150.

Kreutzer, Ralf T./Land, Karl-Heinz (2017), *Digitale Markenführung*, Berlin.

Latzel, Clemens/Serr, Stephan (2014), „Kartellkontrollprivileg für Tarifverträge als formeller Rahmen eines Unionstarifrechts", *Europäische Zeitschrift für Wirtschaftsrecht* 11/25, 410–415.

Lessig, Lawrence (2008), *Remix: Making Art and Commerce Thrive in the Hybrid Economy*, London.

Liebman, Wilma B. (2017), „Debating the Gig Economy, Crowdwork and New Forms of Work", *Soziales Recht* 6/7, 221–238.

Lingemann, Stefan/Otte, Jörn (2015), „Arbeitsrechtliche Fragen der ‚economy on demand'", *Neue Zeitschrift für Arbeitsrecht* 17/32, 1042–1047.

Loske, Reinhard (2014), „Politische Gestaltungsbedarfe in der Ökonomie des Teilens: Eine Betrachtung aus sozial-ökologischer Perspektive", *ifo Schnelldienst* 21/67, 21–24.

Mai, Christoph-Martin/Marder-Puch, Katharina (2013), Selbständigkeit in Deutschland, in: Statistisches Bundesamt (Hg.), *Wirtschaft und Statistik*, Wiesbaden, 482–496.

Means, Benjamin/Seiner, Joseph A. (2016), "Navigating the Uber Economy", *UC Davis Law Review* 4/49, 1511–1546.

Mihm, Andreas (2017), „Ein Herz für Go-Jek und Clickworker", *Frankfurter Allgemeine Zeitung*, 185/2017, 20.

Monopolkommission (2016), *Hauptgutachten XXI. Wettbewerb 2016*, Bonn.

Mückenberger, Ulrich (1985), „Die Krise des Normalarbeitsverhältnisses", *Zeitschrift für Sozialreform* 7/31, 415–434, und 8/31, 457–475.

– (1986), „Zur Rolle des Normalarbeitsverhältnisses bei der sozialstaatlichen Umverteilung von Risiken", *PROKLA – Zeitschrift für politische Ökonomie und sozialistische Politik* 3/16, 31–45.

– (1989), „Der Wandel des Normalarbeitsverhältnisses unter Bedingungen einer ‚Krise der Normalität'", *Gewerkschaftliche Monatshefte* 4/40, 211–223.

– (2017), *Der Arbeitnehmerbegriff – Aus arbeitspolitischer Perspektive*, Diskussionspapier aus der Kommission ‚Arbeit der Zukunft', Düsseldorf.

Nebel, Julian A./Kramer, Hubertus (2014), „Anmerkung zu OVG Hamburg vom 24.09. 2014 – 3 Bs 1745/14", *Neue Zeitschrift für Verwaltungsrecht* 22/33, 1532–1533.

Noto La Diega, Guido (2015), "Uber law and awareness by design. An empirical study on online platforms and dehumanized negotiations", *European Journal of Consumer Law* 2/30, 383–413.

O'Donovan, Caroline/Singer-Vine, Jeremy (2016), "How Much Uber Drivers Actually Make Per Hour", *BuzzFeed News*, Online erschienen am 23.06.2016.

O.V. (2017a), „Foodora-Mitarbeiter gründen in Österreich Betriebsrat", *Der Standard*, Online erschienen am 12.04.2017.

– (2017b), *Uber B.V. Allgemeine Geschäftsbedingungen*, Uber.

Paech, Niko (2015), „Die Sharing Economy – ein Konzept zur Überwindung von Wachstumsgrenzen?", *Wirtschaftsdienst* 2/95, 102–105.

Palmer, Georgia (2017), „Foodora & Co.: Die Revolte der neuen Dienstbotenklasse", *Blätter für deutsche und internationale Politik* 7/62, 29–32.

Peitz, Martin (2014), „Die Entzauberung von Airbnb und Uber", *ifo Schnelldienst* 21/67, 6–8.

–/Schwalbe, Ulrich (2016), *Zwischen Sozialromantik und Neoliberalismus – zur Ökonomie der Sharing Economy*, ZEW Discussion Paper No. 16–033, Mannheim.

Prassl, Jeremias (2018), *Humans as a Service. The Promise and Perils of Work in the Gig Economy*, Oxford.

–/Risak, Martin (2016), "Uber, Taskrabbit, and Co.: Platforms as Employers? Rethinking the Legal Analysis of Crowdwork", *Comparative Labor Law & Policy Journal* 3/37, 619–651.

Priddat, Birger P. (2015), „Share Economy: mehr Markt als Gemeinschaft", *Wirtschaftsdienst* 2/95, 98–101.

Pürling, Meike (2016), „Die soziale Absicherung von Crowdworkern", *Zeitschrift für Sozialreform* 4/62, 411–442.

Puschmann, Thomas/Alt, Rainer (2016), "Sharing Economy", *Business & Information Systems Engineering* 1/58, 93–99.

PwC (2015), *The Sharing Economy*, Delaware.

Rieble, Volker (2016), „EuGH: Kartellkontrolle von Tarifverträgen", *Zeitschrift für Wettbewerbsrecht* 2/14, 165–178.

Rogers, Brishen (2015), "The Socials Costs of Uber", *Chicago Law Review Dialogue* 1/82, 85–102.

– (2016), "Employment Rights in the Platform Economy: Getting Back to Basics", *Harvard Law & Policy Review* 1/10, 479–520.

Sandel, Michael J. (2013), "Market Reasoning as Moral Reasoning: Why Economists Should Re-engage with Political Philosophy", *Journal of Economic Perspectives* 4/27, 121–140.

Schaub, Günther (2017), *Arbeitsrechts-Handbuch*, München.

Schmidt, Florian A. (2016), *Arbeitsmärkte in der Plattformökonomie – zur Funktionsweise und den Herausforderungen von Crowdwork und Gigwork*, Bericht der Friedrich-Ebert-Stiftung, Bonn.

Scholz, Trebor (2016), *Platform Cooperativism. Challenging the Corporate Sharing Economy*, New York.

– (2017), *Uberworked and Underpaid. How Workers Are Disrupting the Digital Economy*, Cambridge.

Schröder, Meinhard (2015), „Ridesharing-Angebote als Herausforderung für das Personenbeförderungs- und das Ordnungsrecht", *Deutsches Verwaltungsblatt* 3/130, 143–148.

Slee, Tom (2016), *Deins ist meins. Die unbequemen Wahrheiten der Sharing Economy*, München.

Statistisches Bundesamt (2016), *Mikrozensus: Bevölkerung und Erwerbstätigkeit. Beruf, Ausbildung und Arbeitsbedingungen der Erwerbstätigen in Deutschland, Fachserie 1, Reihe 4.1.2*, Wiesbaden.

Sundararajan, Arun (2016), *The Sharing Economy. The End of Employment and the Rise of Crowd-based Capitalism*, Cambridge.

Tassinari, Arianna/Maccarone, Vincenco (2017), "Striking the Startups", *Jacobin*, Online erschienen am 23.01.2017.

Todoli-Signes, Adrián (2017), "The End of the subordinate Worker? The On-demand Economy, the Gig Economy, and the Need for Protection for Crowdworkers", *International Journal of Comparative Labour Law and Industrial Relations* 2/33, 241–268.

Vogelpohl, Thomas/Simons, Arno (2015), *Kontroversen ums Teilen. Ein Überblick über das online gestützte Peer-to-Peer Sharing als gesellschaftliche Innovation und eingehende allgemeine und spezifische Kontroversen*, PeerSharing Arbeitsbericht 2, Berlin.

Waltermann, Raimund (2010a), *Abschied vom Normalarbeitsverhältnis?*, Gutachten B zum 68. Deutschen Juristentag, München.

– (2010b), „Welche arbeits- und sozialrechtlichen Regelungen empfehlen sich im Hinblick auf die Zunahme Kleiner Selbstständigkeit?", *Recht der Arbeit* 3/63, 162–170.

– (2017), „Digitalisierung der Arbeitswelt und Schutz Kleiner Selbstständiger durch das Sozialversicherungsrecht", *Die Sozialgerichtsbarkeit* 8/64, 425–431.

Wank, Rolf (2017), „Der Arbeitnehmer-Begriff im neuen § 611a BGB", *Arbeit und Recht* 4/65, 140–153.

Weitzman, Martin L. (1984), *The Share Economy: Conquering Stagflation*, Cambridge.

Wimmer, Norbert/Weiß, Mari (2015), „Taxi-Apps zwischen Vermittlertätigkeit und Personenbeförderung", *MultiMedia und Recht* 2/18, 80–85.

Wissenschaftlicher Beirat beim Bundesministerium für Wirtschaft und Energie (2017), *„Sharing Economy" und Wirtschaftspolitik*, Berlin.

Zuboff, Shoshana (2015), "The Sharing Economy. Disruption's Tragic Flaw", in: Thomas Sattelberger/Isabell Welpe/Andreas Boes (Hgg.), *Das demokratische Unternehmen. Neue Arbeits- und Führungskulturen im Zeitalter digitaler Wirtschaft*, Freiburg i.Br., 119–125.

Die Share Economy:
Nachhaltigkeitstreiber oder Konsumstimulator?

Politische Gestaltungsbedarfe in der Ökonomie des Teilens*

Reinhard Loske

1 Einleitung

Bei Debatten und Medienberichten über die Share Economy kann man manchmal den Eindruck gewinnen, es handle sich bei ihr um ein völlig neuartiges Phänomen, das mit der Digitalisierung erst vor kurzem in die Welt gekommen sei. Durch die ungeahnten Möglichkeiten des Internets mit seinem globalen Ausgreifen und seiner enormen Beschleunigung sämtlicher Transaktionen sei eine gänzlich neue Ökonomie im Entstehen, die alles bisher Dagewesene vom Kopf auf die Füße stelle. Entscheidend sei zukünftig nicht mehr der Besitz von Dingen, sondern der Zugang zu Gütern, Diensten und Daten, welche zugleich immer billiger und für jeden leichter erreichbar würden. Dieser ‚Alles neu'-Denkweise wird entgegengehalten, dass es Sharing-Praktiken schon immer gegeben habe und eine Ökonomie des Teilens, Tauschens, Schenkens, Leihens und Selbermachens die gesamte menschliche Geschichte durchziehe: von den Jägern und Sammlern über die Ackerbauern und Viehzüchter und die Feudalgesellschaften bis in die Gegenwart von Industrie- und Dienstleistungsgesellschaften hinein. Zwar treffe es zu, dass im Kapitalismus mehr und mehr Sphären des menschlichen Miteinanders nicht mehr im Modus der Kooperation und der Subsistenz, sondern in dem des Wettbewerbs und der marktorientierten Arbeitsteilung organisiert seien, und zutreffend sei sicher auch, dass die digitale Revolution viele Prozesse beschleunige, marktbezogene wie nicht-marktbezogene, aber es müsse beim Share doch eher von einer Besinnung auf grundmenschliche Verhaltensweisen gesprochen werden als von einer völlige neuen und anderen Form des Wirtschaftens. ‚Nichts Neues unter der Sonne' also – und alles schon mal dagewesen?

Beide Perspektiven, die ahistorische ‚Alles neu'-Denkart ebenso wie die etwas selbstgefällige ‚Kennen wir doch alles schon'-Sichtweise, weisen zwar

* Teile der hier präsentierten Überlegungen entstammen meinem Beitrag *Die Sharing Economy und ihr potenzieller Beitrag zur nachhaltigen Entwicklung* zum Forschungsvorhaben ‚Wirtschaftsförderung 4.0' des Bundesministeriums für Bildung und Forschung: https://www.wirtschaftsfoerderungviernull.de/

Teilplausibilitäten auf, helfen aber bei der Beschreibung und Ergründung der Share Economy in ihrer heutigen Ausprägung nicht wirklich weiter (dazu ausführlich Loske 2014a, 2014b, 2014c). Zunächst also die Frage: Was ist überhaupt die Share Economy?

Versucht man sich dem Begriff der Share Economy zu nähern, so lässt sich sagen, dass er noch ein vergleichsweise junger ist und noch nicht einmal zehn Jahre als etabliert gelten kann. 2008 wurde von Lessig erstmalig der Versuch einer Definition vorgenommen, wobei er die Share Economy mit dem aus den siebziger Jahren stammenden Begriff des ‚kollaborativen Konsums' gleichsetzt und feststellt, dass ihr Wesen darin bestehe, durch Aktivitäten des Teilens, Tauschen und Verleihens Zugang zu Ressourcen zu ermöglichen, ohne diese besitzen zu müssen (Lessig 2008).

Botsman und Rogers legen in ihrem 2010 erschienenen Standardwerk zur Share Economy eine ähnliche, aber etwas anders konnotierte Definition vor und stellen fest, dass die Share Economy eine Ökonomie sei, die auf Netzwerken von verbundenen Individuen und Gemeinschaften aufbaue und sich so deutlich unterscheide von der traditionellen Ökonomie, die auf zentralisierten Institutionen basiere (Botsman und Rogers 2010). Durch die Share Economy werde die Art zu produzieren, zu konsumieren, zu finanzieren und zu lernen grundsätzlich transformiert. Gemeinsam sei allen Spielarten des Sharing, dass sie eine kritische Größe überschritten, über freie Ressourcen verfügten, den Gemeinschaftsgedanken pflegten und auf wechselseitiges Vertrauen unter Unbekannten setzten. Netzwerktheoretiker wiederum deuten die Share Economy als Netzwerk, das auf dezentral in einem Netz von Firmen und Privatpersonen eingebrachten Ressourcen basiert, so dass Konsumenten in ihren Entscheidungsprozessen mehr Wahlmöglichkeiten, mehr Werkzeuge, mehr Informationen und mehr Macht erhalten (Gansky 2010). Einen anderen Weg zur Definition der Share Economy wählen Frenken et al.: „Two of us have previously defined the sharing economy as consumers granting each other temporary access to underutilised physical assets (‚idle capacity'), possibly for money." (Frenken et al. 2015) Sie grenzen die Ökonomie des Teilens negativ ab von konventionellen Business-to-Consumer-Sharing-Aktivitäten (B2C) wie dem Leasing und dem kommerzielle Vermieten von Dingen (etwa von Autos), von Second-Hand-Märkten und von der Erbringung von Leistungen von Privaten für Private in der sogenannten ‚On-Demand-Economy' (Beispiele wären hier etwa Dienstleistungen rund um Haus, Haushalt und Garten). Sie erkennen das Sharing-Attribut so faktisch nur dem zu, was in der Fachdebatte als Peer-to-Peer-Sharing (P2P) oder Consumer-to-Consumer-Sharing (C2C) bezeichnet wird, also dem Teilen zwischen nicht oder mindestens nicht primär kommerziell orientierten Akteuren innerhalb einer Gesellschaft. Man kann das so eingrenzen. Aus sozialökologischer Perspektive spricht sogar einiges dafür, aber möglichweise geraten dann wichtige Phänomene und Muster aus dem Blickfeld, die für die zukünftige

Wirtschaftsentwicklung von erheblicher Relevanz sind. Und auch Grauzonen bleiben möglichweise unbeleuchtet.

In Arbeiten, die sich dem Phänomen der Share Economy eher aus einer Nachhaltigkeitsperspektive nähern, wie etwa derjenigen von Heinrichs und Grunenberg (Heinrichs und Grunenberg 2012; Heinrichs 2013), wird häufig die These vertreten, dass die Ökonomie des Teilens durch eine Dezentralisierung der Wertschöpfung, eine Steigerung von Sozialkapital, eine Entlastung der Umwelt sowie eine bessere Ausnutzung vorhandener Ressourcen zumindest ein theoretisch hohes Potenzial besitze, zur nachhaltigen Entwicklung im Allgemeinen und zu nachhaltigen Konsumformen im Besonderen beizutragen. Allerdings fehlt in kaum einer der nachhaltigkeitsorientierten Analysen der Share Economy der Hinweis, dass diese auch zu einer enormen Konsumstimulierung und damit zu erhöhtem Ressourcenverbrauch statt zur Nachhaltigkeit beitragen könne, wenn sie vollends den Gesetzen der Kommerzialisierung und der Expansion unterworfen werde (Paech 2015). Entsprechend findet sich hier der deutliche Hinweis auf die Notwendigkeit gemeinwohl- und nachhaltigkeitsorientierter Gestaltungskonzepte für die Share Economy (Loske 2014d).

Obwohl es eine kohärente Theorie der Share Economy bislang noch nicht gibt und dementsprechend auch keine allgemeingültige definitorische Klarheit besteht, lassen sich meines Erachtens doch einige eindeutige Charakteristika herausstellen, durch die sie sich auszeichnet:

(1) Nutzen (können) wird wichtiger als Besitzen (müssen), wobei die Bedeutung von Besitz und Eigentum zwar nicht verschwindet, aber doch voraussichtlich schwächer wird („Die Sharing Economy ist nicht das Ende des Konsums und des Eigentums. Im Gegenteil." Lotter 2013, 38 f.)

(2) Teilen, Tauschen, Verleihen, Vermieten und Selbermachen nehmen tendenziell an Bedeutung zu, Neukäufe nehmen tendenziell an Bedeutung ab, zumindest relativ.

(3) Durch gemeinsame Nutzungsformen nimmt die Nutzungsintensität von vorhandenen Ressourcen zu. Sie werden besser ausgelastet.

(4) Für Konsumenten erhöhen sich die Wahlmöglichkeiten. Dadurch sowie durch allzeit verfügbare und bessere Informationen steigt ihre Marktmacht gegenüber Anbietern.

(5) Das Agieren in Netzwerken, in die man etwas einbringen kann, wird in der Share Economy immer wichtiger. Umgekehrt gilt aber in der digitalen wie der analogen Welt: Wer nichts einbringen kann, kann auch nicht wirklich partizipieren und profitiert auch nicht.

(6) Vertrauen muss in Netzwerken auch Unbekannten gewährt werden, über deren Verhalten man nichts oder nur wenig weiß. Bewertungen (durch ebenfalls unbekannte Dritte) im Netz treten zunehmend an die Stelle von eigenen sozialen Erfahrungen.

Diese generellen Aussagen über die Charakteristika der Share Economy dürften relativ unumstritten sein. Sie beschreiben bereits beobachtbare Phänomene und Plausibilitäten. Strittiger sind andere Zuschreibungen, die wertende Aussagen enthalten und auf allgemeine Akzeptanz nur rechnen können, wenn sie als Potenzialitäten beschrieben werden, als ‚Kann-Formulierungen‘. Hierzu gehören Aussagen wie:

(1) Durch die intensivere und gemeinschaftliche Nutzung vorhandener Ressourcen kann ein Beitrag zur nachhaltigen Entwicklung geleistet werden, weil Umweltbelastung und Ressourcenverbrauch zurückgehen können.

(2) Durch Sharing-Praktiken kann das soziale Kapital einer Gesellschaft gemehrt werden, weil das Teilen Zusammenhalt, Gemeinsinn und Kooperation fördern kann.

(3) Durch die Vielzahl der Akteure in der Share Economy kann die Marktmacht Einzelner nicht grenzenlos wachsen, so dass Monopolbildungen ausgeschlossen werden können.

(4) Durch die gestiegenen Wahlmöglichkeiten kann es letztlich allen besser gehen, weil die Kostensenkung und die Multioptionalität der Konsummöglichkeiten allen zugutekommen können.

Letztgenannte Aussagen, die vor allem von den Protagonisten der Share Economy vorgetragen werden und oft nicht frei von Interessen sind (f/21 2011), sind zunächst nur Hypothesen. Für jede dieser Aussagen lassen sich Belege wie auch Gegenbelege erbringen:

Ja, es lässt sich empirisch belegen, dass stationsbasiertes Carsharing individuellen Autobesitz reduziert und die städtische Lebensqualität verbessert. Es lässt sich aber auch zeigen, dass Free-floating-Carsharing zur Automobilität einlädt und zu Lasten von öffentlichen Verkehrsmitteln und Radverkehr gehen kann.

Ja, es lässt sich zeigen, dass in Tauschringen oder Gemeinschaftsgärten soziales Kapital gebildet wird. Es lässt sich aber auch zeigen, dass in Stadtquartieren, wo über kommerzielle Sharing-Akteure wie Airbnb in großem Umfang Wohnungen vermietet werden, die Mietpreise steigen, der Zusammenhalt schwindet und entsprechend soziales Kapital abgebaut wird.

Ja, es lässt sich zeigen, dass Taxidienste durch kommerzielle Vermittler wie ~ billiger werden und man mit ‚Arbeitsvermittlern‘ wie Helpling oder Task-~t günstiger an Haushaltsdienstleistungen kommt. Aber es lässt sich auch dass reguläre Beschäftigungsmöglichkeiten durch sehr preiswerte und ~käre Dienstleistungsangebote unter Druck geraten und dass diejenigen, ~in die Share Economy einbringen können, auch nicht von ihren Vor-~tieren. Wer arm ist bleibt also arm.

~sich zeigen, dass mit den digitalen Möglichkeiten multioptionaler ~lle möglich wird. Aber es lässt sich auch mit gutem Recht vermuten, dass die Plattformbetreiber im Digitalkapitalismus faktisch Monopolrenditen einstreichen, erst recht, wenn sie ihre marktbeherrschende Stellung weiter festigen können.

Eine problembewusste und zugleich potenzial- und chancenorientierte Definition der Share Economy sollte also lauten: Teilen, Tauschen, Vermieten, Verleihen und Selbermachen werden in der Share Economy wichtiger. Besitz verliert, Zugangsmöglichkeiten gewinnen an Bedeutung. Tendenziell werden Nachfrager gegenüber Anbietern gestärkt, ihre Wahl- und Informationsmöglichkeiten steigen. Kooperation gewinnt gegenüber Wettbewerb an Bedeutung, was die soziale Kohäsion fördern kann. Durch die kollaborative Nutzung vorhandener Ressourcen steigt deren Nutzungsintensität, woraus sich theoretische Ressourceneinsparungs- und Umweltentlastungspotenziale ergeben. Ob die sozialen und ökologischen Potentiale aber tatsächlich erschlossen werden, hängt von der konkreten Gestaltung und auch Regulierung der einzelnen Sektoren der Share Economy ab.

2 Die unterschiedlichen Gesichter der Share Economy

Die ‚Doppelgesichtigkeit‘ der Share Economy findet sich auch in der wachsenden Literatur und den zunehmenden Diskussionsbeiträgen zum Thema. Analysiert man die große Fülle der in den letzten Jahren erschienenen Veröffentlichungen und Verlautbarungen zum weiten Feld der Share Economy, so lassen sich im Wesentlichen zwei generelle Sichtweisen auf dieselbe erkennen, eine optimistische und eine pessimistische.[1]

Auf der einen Seite wird nicht selten euphorisch argumentiert, die gemeinschaftliche Nutzung von Fahr-, Werk- und Spielzeugen, Gebäuden, Geräten und Maschinen, Kleidung, Flächen und Nahrungsmitteln biete ein enormes Potenzial für Ressourceneinsparung und Umweltentlastung, stifte sozialen Zusammenhalt durch Kooperation und Rückbindung und ersetze egoistische Motive Schritt für Schritt durch eher altruistische (Rifkin 2014). Hier wird dem Sharing-Modus, der im gesellschaftlichen Alltag an die Stelle kompetitiver Grundorientierungen treten soll, eine transformative und letztlich systemsprengende Kraft zugeschrieben. Am Horizont erscheint nichts Geringeres als das Ende des Kapitalismus, wie wir ihn kennen. Diese Sichtweise findet auch in ökologisch motivierten Kreisen durchaus erheblichen Zuspruch (Leismann et al. 2012).

Ganz anders schaut eine höchst ungewöhnliche Koalition aus berufsständischen Verbänden, Internetavantgardisten sowie Verbraucher- und Daten-

---

[1] Die nachfolgenden Überlegungen dieses Abschnitts basieren im Wesentlichen auf Loske 2015.

schützern auf die Share Economy. Gewerkschaften etwa warnen auf einer Linie mit Netzexperten vor einer „Dumpinghölle" (Lobo 2014), in der nach unten offener Wettbewerb zur Regel werde (Morozov 2014). Der Vorsitzende des Deutschen Gewerkschaftsbundes spricht von ‚moderner Sklaverei' (O. V. 2014). Im Plattform-Kapitalismus drohe die Erosion sozialstaatlicher Errungenschaften und eine allumfassende De-Solidarisierung der Gesellschaft (Lobo 2014), also das exakte Gegenteil dessen, was die Sharing-Optimisten voraussähen. Was wir ehedem aus Nächstenliebe, Empathie und ohne ökonomisches Kalkül taten, so die Befürchtung, machen wir in Zukunft nur noch aus Berechnung und gegen Geld.

Mittelständische Unternehmen, etwa des Taxi- oder Hotelgewerbes, sehen sich durch ungleiche Regulierung in einen ruinösen Wettbewerb getrieben und in ihrer Existenz bedroht. Ihre Interessenverbände streiten in dieser Sache Seit an Seit mit den Gewerkschaften, was sonst eher selten der Fall ist (Mason 2015). Von den potenten Wirtschaftsakteuren der Share Economy und ihren publizistischen Unterstützern wird diese Konstellation gern als Kampf der ‚Old Economy' gegen die ‚New Economy' dargestellt, als Versuch uneinsichtiger Beharrungskräfte gegen den doch unaufhaltbaren Fortschritt. Verbraucher- und Datenschützer wiederum verweisen auf die Gefahren mangelnder Sicherheitsstandards, mangelnden Versicherungsschutzes und allzu freigiebigen Umgangs mit persönlichen Daten in der Share Economy (O. V. 2015). Zugleich aber müssen sie zur Kenntnis nehmen, dass immer mehr Menschen von der Möglichkeit des Teilens Gebrauch machen, sich also freiwillig in diese neue Welt begeben.

Zweifel am Sharing werden nun selbst aus ökologischer und konsumkritischer Richtung laut: Zwar sei es richtig, dass Teilen potenziell umweltentlastend und ressourcenschonend wirke, weil theoretisch weniger Güter produziert und gekauft werden müssten. Da das Ganze aber mehr und mehr von einer sozialökologisch inspirierten Praxis zu einem wachstumsorientierten Business Case werde, wofür Unternehmen wie Uber, Airbnb, car2go oder DriveNow als Beispiele stünden, gehe es nicht mehr um Konsumbeschränkung und bessere Ressourcenauslastung, sondern um die Stimulierung von multioptionalem Konsum für jedermann zu jeder Zeit an jedem Ort. Wenn alles billiger werde, so das Argument, könne man sich von allem auch immer mehr leisten, wodurch der Ressourcenverbrauch eher steige als sinke. Mit Nachhaltigkeit habe das alles rein gar nichts mehr zu tun.

Beide Positionen können durchaus eine gewisse Plausibilität für sich beanspruchen. Beiden Positionen können aber auch sehr schlüssige Argumente entgegengehalten werden, weil sie blinde Flecken aufweisen. Die Sharing-Optimisten sehen nicht hinreichend klar, dass es zum Wesen der modernen Marktwirtschaft gehört, neue soziale Praktiken, die zunächst nur in Nischen gedeihen und oft altruistisch motiviert sind, als Frischzellenkur zu nutzen und sie in Business Cases zu transformieren oder dies zumindest zu versuchen. So wie er den Hunger nach Authentizität in Retro-Möbel oder Vintage-Kleidung zu übersetzen vermochte oder die Sehnsucht nach unberührter Natur in tonnenschwere SUVs, so versucht der Kapitalismus immer wieder, ökonomisch bislang nicht kolonisierte Sphären des menschlichen Miteinanders zu Geschäftsfeldern zu machen. Die Fähigkeit zur Überführung von Idealen in Waren ist es, wofür die einen den Kapitalismus so bewundern und die anderen ihn verachten. Dieses ubiquitäre Verwertungsstreben, das sozial und ökologisch verheerend wirken kann, in politischen Analysen außer Acht zu lassen, ist sträflich, ja naiv, zumal dann, wenn aus diesen Analysen adäquate Gestaltungs- und Regulierungsvorschläge abgeleitet werden sollen (Loske 2015a, 2015b).

Die Sharing-Pessimisten wiederum sehen zwar realistische Gefahren, unterstellen aber oft, dass der Status quo per se schützenswert sei. Aber, so möchte man sie fragen, gibt es nicht doch Kartelle, denen man durch etwas mehr frischen Wettbewerbswind die ungerechtfertigten Renditen wegnehmen sollte? Kann man es jungen ‚Low-Budget-Travellern‘ wirklich verdenken, wenn sie lieber umsonst oder für kleines Geld privat übernachten als im teuren Hotel? Bietet es für die ökologische Gesamtbilanz nicht doch auch Chancen, wenn ehedem nur in der Nische existierende Praktiken wie das Carsharing nun auch von den großen Automobilkonzernen aufgegriffen und im Mainstream-Markt umgesetzt werden, wenngleich ihre Motivation sicher keine umweltbewegte ist? Kurz: Ist es nicht doch ein wenig unterkomplex, die vielfältigen Sharing-Praktiken und -Experimente nur als Bedrohung eines guten Istzustandes durch einen schlechten Geist zu interpretieren? Hatte uns Schumpeter nicht schon vor geraumer Zeit gelehrt, dass ‚schöpferische Zerstörung‘ zur Marktwirtschaft gehört wie das Aussterben einzelner Arten zur Evolution?

Das Problem der beiden zugespitzten Sichtweisen liegt darin, dass sie letztlich von Automatismen ausgehen: Hier führt der Weg fast wie von selbst und ohne große Mühe in den Himmel der sozialen und ökologischen Nachhaltigkeit, dort in die Hölle des Dumpings und der ökonomistischen Gesellschaftszurichtung. Aber wo bleibt der Blick für das Dritte und Vierte, für das Spannungsreiche und dialektisch Aufzuhebende? Wo bleibt die breite Diskussion darüber, dass man den Trend zum Teilen durch politische Gestaltung und auch Regulierung eher in diese oder eher in jene Richtung lenken kann?

3 Share Economy zwischen Gemeinwohl- und Gewinnorientierung

Was nottut, ist eine realitätsnahe und praxisorientierte Differenzierung. Es gilt, den primär gemeinwohlorientiert arbeitenden vom primär gewinnorientiert arbeitenden Teil der Share Economy definitorisch zu scheiden, um nicht alles in einen Korb zu werfen und sicherzustellen, dass Gleiches gleich und Ungleiches ungleich behandelt wird (Loske 2014c). Food-Sharing, Stadtgärten, Mitfahrzentralen, Reparatur-Cafés, Kleidertauschpartys, Nachbarschaftsautos, Recyclingbörsen oder Übergangsnutzungen leerstehender Immobilien sind nun einmal etwas völlig anderes als kommerzielle Buchungsplattformen für Übernachtungs- und Transportmöglichkeiten, frei flottierende Carsharing-Angebote, Geräte- und Werkzeugverleih, Maschinenringe, Co-Working-Spaces oder Kleider-Flatrates (für eine Übersicht zu den verschiedenen Feldern der Share Economy siehe Anhang auf Seite 193 ff.). Sicher, es gibt Grauzonen. Aber oft ist bereits an der Rechtsform erkennbar, ob sich eine Sharing-Aktivität eher an gemeinnützigen oder eher an kommerziellen Zielen ausrichtet. In der ersten Kategorie überwiegen deshalb Vereine, Stiftungen, Genossenschaften, gemeinnützige GmbHs oder kommunale Eigenbetriebe, in der zweiten Kategorie eher Personen- und Kapitalgesellschaften, wobei dies nur die Regel ist, von der es natürlich auch Ausnahmen gibt. Sind die definitorischen Klärungen erst einmal vorgenommen, gilt es für beide Systeme angemessene Gestaltungs- bzw. Regulierungsansätze zu erarbeiten. Ziel muss es dabei sein, einen lernenden Ordnungsrahmen zu schaffen, der Richtungssicherheit im Sinne von Gemeinwohlorientierung, Nachhaltigkeit und Wettbewerbsfairness garantiert, aber auch offen genug ist, um reflexiv auf technische und soziale Innovationen sowie eventuelle Überraschungseffekte reagieren zu können.

Bevor die Umrisse eines entsprechenden Gestaltungsansatzes für die Share Economy weiter hinten skizzieren werden sollen, wollen wir uns aber zuvor noch die Treiber hinter dieser dynamischen Entwicklung vor Augen führen und uns dabei auf verfügbare Empirie stützen. Auch scheint es sinnvoll, sich den Veränderungsdruck klarzumachen, den die Share Economy auf die gegenwärtigen Wirtschaftsstrukturen ausübt, bevor es an die Entwicklung gestalterischer und regulativer Ideen geht.

4 Triebkräfte und Motive in der Share Economy

Verfolgt man die Entwicklungen zur Share Economy auf nationaler und internationaler Ebene, dann lassen sich m. E. sechs Triebkräfte erkennen, die das Sharing vorantreiben. Teilweise ergänzen diese sich, teilweise stehen sie aber auch im Widerspruch zueinander. Im Einzelnen sind dies
– die Möglichkeiten des Internets,
– das Entwickeln und Ausprobieren neuer Geschäftsmodelle,
– die Wiederentdeckung sozialer Werte und die neue Freude am gemeinsamen Wirken,
– das gestiegene Umweltbewusstsein,
– die Tendenz zur Kosteneinsparung und -optimierung und
– die zurückgehende Bedeutung von Eigentum als Statussymbol.

Was das Internet betrifft, so ist evident, dass es der Ökonomie des Teilens ganz neue Möglichkeiten und Perspektiven verschafft hat und weiter verschaffen wird. Die Möglichkeiten der schnellen Vernetzung, das Zusammenbringen von Angebot und Nachfrage in Sekundenschnelle und die Vielfalt der Informations-, Kooperations- und Wahlmöglichkeiten sind starke Treiber der Share Economy. Es ist deshalb durchaus gerechtfertigt, das Internet als die zentrale (und damit kritische) Infrastruktur der Share Economy zu bezeichnen, was aber im Umkehrschluss auch bedeutet, dass die Sicherstellung von Netzneutralität, der diskriminierungsfreie Netzzugang und die Wettbewerbsfairness im Netz politische Aufgaben erster Ordnung sind.[2]

Freilich gilt es auch festzuhalten, dass das Gros der Sharing-Aktivitäten letztlich nicht in der ‚digitalen Welt‘, sondern in der ‚analogen Welt‘ stattfindet, in der es um reale Dinge wie Land, Nahrung, Kleidung, Gebäude, Fahrzeuge oder Werkzeuge geht. Im Grunde hat das Digitale ‚nur‘ eine instrumentelle, idealerweise dienende Funktion. Es ist deshalb wichtig, zu betonen, dass aus der Share Economy kein bloßer Plattformkapitalismus werden darf, in dem mit digitalen Vernetzungs- und Vermittlungsaktivitäten sehr viel Geld verdient wird, während die Werte schaffenden Akteure der Realwirtschaft und der realen Gesellschaft zu Verlierern werden.

Es ist interessant zu sehen, dass die Sharing-Tendenz eine Fülle neuer Geschäftsmodelle mit sich bringt. Diese reichen von rein kommerziellen Plattformen aller Art (z. B. Uber, Airbnb, TaskRabbit etc.) über eher sozial motivierte Netzwerke (z. B. Food-Sharing, Couchsurfing, Urban Gardening, Repair-Cafés etc.) bis zur Einbeziehung des Teilens, Verleihens und Vermietens in konventionelle Geschäftsmodelle (z. B. Carsharing in der Automobilindustrie, Werkzeugverleih in Baumärkten, Crowdfunding in Banken etc.). Es fällt auf, dass viele dieser Phänomene vor allem in urbanen Räumen auftreten und florieren, und dort wiederum ganz besonders in Städten mit hoher kultureller und touristischer Attraktivität, hoher Wirtschaftskraft und hohem Akademikeranteil. Mit gewissem Recht lässt sich sagen, dass das Vorhandensein einer vitalen ‚Sharing-Landschaft‘ zugleich ein Indiz für die Attraktivität einer Stadt als Lebensort insgesamt ist und somit zum relevanten ‚Standortfaktor‘ im Wettbewerb der Städte wird (Heidemann 2015).

Die neue Freude am gemeinsamen Wirken und Wirksamwerden wollen ist ein starker Treiber des Sharing. Sich an Aktivitäten direkt zu beteiligen, auch außerhalb vertrauter Strukturen wie der Familie, der Nachbarschaft, dem Kiez oder dem Dorf, wird besonders für junge Menschen offenbar immer attraktiver. Beim Crowdfunding etwa, wo ein Projekt, das man gut findet, direkt unterstützt werden kann, im Repair-Café, wo man seine ‚Skills‘ einbringen kann, um

---

[2] Allgemein zu Theorie und Praxis der Infrastrukturregulierung siehe Loske und Schaeffer 2005.

anderen zu helfen, oder beim Urban Gardening, wo mit Gleichgesinnten Verantwortung für ein Stück Land übernommen wird und man sich dafür mit dessen
Früchten belohnt, werden gewissermaßen ‚temporäre Wahlverwandtschaften‘
eingegangen. Diese neuen Formen der ‚Vergemeinschaftung‘ aus sozialer und
ökologischer Inspiration sind für Strategien der nachhaltigen Entwicklung wertvolle ‚Ressourcen‘. Ob sie von Dauer sind oder doch eher vorübergehende Zeit-
geistphänomene, darüber kann freilich noch kein abschließendes Urteil gefällt
werden.

Gerade beim eher sozial motivierten und nicht primär kommerziellen Sharing
sind Umwelterwägungen ein bedeutender Motivationsfaktor. Das theoretische
Ressourceneinsparungs- und Umweltentlastungspotenzial ist zweifelsohne sehr
hoch: Wenn Dinge geteilt, getauscht, geliehen, gemietet oder selber gemacht
werden, müssen weniger von ihnen neu produziert und gekauft werden. Das
leuchtet offenbar vielen ein. Etwas für die Umwelt zu tun und etwas zusammen
zu tun, das sind bei vielen Menschen starke Motive, sich an Sharing-Aktivitäten
zu beteiligen. In einem aktuellen Forschungsprojekt des Berliner Instituts für
ökologische Wirtschaftsforschung (IÖW) und anderer Institute wurde durch
eine repräsentative Umfrage ermittelt, dass von den Befragten Umweltmotive
(5,15 auf einer Skala von 1 bis 7) als sehr hoch eingeschätzt werden, wenn es
um die Teilnahme an Sharing-Aktivitäten geht, noch deutlich höher als soziale
Motive wie das Streben nach Gemeinschaftlichkeit, die den Wert von 3,88
aufweisen (IÖW 2016). Leicht überflügelt werden die Umweltmotive für das
Sharing nur noch durch ein Motiv: ‚Geld sparen‘ (5,18). Wenngleich das Motiv
der Kosteneinsparung ein überaus legitimes ist, vor allem bei jungen Menschen,
die mit ihren schmalen Budgets in der Share Economy einstweilen die Haupt-
rolle spielen, so verweist die gleichermaßen hohe Bedeutung von Umweltschutz
und Kosteneinsparung doch auf ein Spannungsfeld. Wenn es vor allem um
‚Billig, billig‘ geht, sind freier WLAN-Zugang und Billigfliegerei, kostenlose
bzw. sehr günstige Mitwohn-, Mitfahr- und Mitnutzungsgelegenheiten in aller
Welt, preiswertes Essen, billige Kleidung und ein günstiges oder kostenfreies
Dienstleistungsangebot natürlich sehr willkommen. Dass solch hypermobile,
hyperdynamische und hyperflexible Lebensstile in bestimmten Lebensphasen
attraktiv sind, vor allem für junge, polyglotte, gut ausgebildete und meist
noch kinderlose Menschen, ist sicher zutreffend. Dass sie per se Beiträge zur
Umweltentlastung oder zum sozialen Zusammenhalt sind, wird man aber ver-
nünftigerweise nicht behaupten können. Im Gegenteil sind solche Lebensstile
oft sehr energie- und ressourcenintensiv und aus sozialer Perspektive nicht
besonders dauerhaft.

Weitet man die Perspektive auf Gesamtgesellschaft und Gesamtwirtschaft, so
hat die durch Sharing extrem forcierte Kosten(einsparungs)orientierung eben
auch ihre Schattenseiten: Zwar wird vieles billiger, gleichzeitig entsteht aber auch
enormer Preisdruck auf diejenigen, die reale Leistungen erbringen und sich dabei

an soziale Standards und Qualitätsstandards halten. Und zugleich stimulieren niedrige Preise in einigen Bereichen zusätzlichen Konsum in anderen Bereichen (‚Wer viel teilt, kann viel Geld sparen und sich so zusätzliche Konsumaktivitäten leisten'). Mengeneffekte (‚Mehr nutzbare Optionen') können im Ergebnis also Effizienzgewinne (‚höhere Produktivität der Ressourcenausnutzung') wieder aufzehren (‚Rebound-Effekte'). Wichtig sind deshalb präzise Analysen von zu erwartenden Wachstums- und Effizienzpotenzialen.

Kommen wir zum letzten der hier betrachteten Treiber des Sharing-Wachstums, der zurückgehenden Bedeutung des Eigentums, vor allem als Statussymbol. Häufig wird von Protagonisten der Share Economy die These vertreten: „Access trumps ownership" (O. V. 2013) Zugang ist wichtiger als Besitz. Diese Tendenz lässt sich ohne Zweifel beobachten, wofür das Carsharing als Beispiel herangezogen werden kann: Die Automobilkonzerne müssen zur Kenntnis nehmen, dass die jüngeren urbanen Kohorten zwar sehr mobil sind, gelegentlich auch automobil sein wollen, aber oft keinen großen Wert mehr auf den Privatbesitz eines Autos legen, erst recht nicht als Statussymbol. Um diesen potenziellen Kundenkreis nicht zu verlieren, tragen große Automobilkonzerne wie Daimler (car2go) oder BMW (DriveNow) den Menschen die Autos deshalb nun faktisch hinterher und bieten in den großen Städten beachtliche PKW-Flotten an, die über Apps leicht zu finden und zu nutzen sind. Trotz Beibehaltung des Begriffes Carsharing und trotz Festhaltens an dem Ideal Nutzen statt besitzen hat sich das Geschäftsmodell unter der Hand radikal verändert: Während beim ‚stationsbasierten Carsharing' das Ziel ‚Minderung des Autoverkehrs' im Vordergrund stand und steht, rückt beim Free-floating-Carsharing die Stimulierung der Automobilnutzung ins Zentrum. Der Aufwand, ein Auto nutzen zu können, soll mindestens in den Städten durch ubiquitäre Präsenz so gering wie möglich gehalten werden, gern auch zu Lasten öffentlicher oder nicht-motorisierter Verkehre.

Ganz ähnliche Tendenzen lassen sich für die Mode zeigen, wo nun zunehmend die Idee der ‚Kleider-Flatrates' um sich greift. An dem Kleidertausch-Begriff wird festgehalten, mit der Idee Nutzen statt besitzen wird geworben, aber nicht mehr die möglichst lange und nachhaltige Nutzung vorhandener ‚Kleider-Ressourcen' steht im Zentrum, sondern die Schaffung von multioptionalen Konsummöglichkeiten und die ‚Garantie', bei den neuesten Modewellen immer ganz vorne mitsurfen zu können. In diesem Modell wird dann der Besitz von Kleidung eher zum Ballast, weil so unnötig finanzielle Ressourcen gebunden werden, die ansonsten für den Konsum des jeweils Neuesten zur Verfügung stünden.

Wie sich die unbestreitbare Tendenz zum Nutzen statt besitzen letztendlich auf die Ressourcen- und Umweltbilanz auswirkt, ob also die Tendenz ‚Konsumreduzierung durch Befreiung von Besitzballast' oder die Tendenz ‚Stimulierung multioptionalen Konsums' überwiegt, lässt sich pauschal noch nicht sagen. Dazu bedarf es solider empirischer Untersuchungen.

5 Potenziale der Share Economy:
Wie viele machen mit? Wer macht mit?

Wer sind diejenigen, die an der Share Economy partizipieren: Wie viele sind es heute? Wie viele könnten es in Zukunft sein? Wie alt sind sie im Schnitt? Was wissen wir über die Geschlechterverteilung, was über die Einkommenssituation derjenigen, die in der Share Economy unterwegs sind? Eine vollständige Literaturanalyse zu diesen Fragen kann hier nicht geleistet werden. Wohl aber lassen sich valide Tendenzaussagen treffen. Zu diesem Zweck wird auf verschiedene aktuelle Studien und Befragungen zurückgegriffen.

Eine im April 2016 veröffentlichte Befragung von TNS Emnid im Auftrag des Bundesministeriums für Bildung und Forschung kommt zu dem Ergebnis, dass sich knapp ein Drittel der Befragten vorstellen kann, eigenes Eigentum zugunsten von Sharing-Angeboten zu reduzieren. Zwei Drittel der Befragten können sich das nicht vorstellen (Bundesministerium für Bildung und Forschung 2016). Im Mai 2016 veröffentlichte die Ford AG eine europaweite Umfrage (10 000 Befragte) zur Share Economy, die zu folgenden Ergebnissen kommt (O. V. 2016b):

– 48 Prozent der Studienteilnehmer in Deutschland würden ihr Auto gegen Geld verleihen, europaweit sind es 55 Prozent.
– Bis zu 76 Prozent würden Fahrgemeinschaften nutzen und bis zu 72 Prozent Carsharing.
– Besonders für 16- bis 34-Jährigen ist Teilen wichtig – und das nicht nur aus finanziellen Gründen. Die Share Economy bedeutet für sie Freiheit und Flexibilität.

Zu ähnlich hohen Werten und Aussagen kommt der Bundesverband der Verbraucherzentralen in einer Ausarbeitung und Informationszusammenstellung zur Share Economy, in der sich drei zentrale Aussagen finden (Verbraucherzentrale Bundesverband 2015):

– Die Deutschen sind bereit zu teilen. 88 Prozent der Verbraucher sind grundsätzlich bereit, Dinge zu verleihen, 79 Prozent aber nur an Menschen, die sie kennen und denen sie vertrauen.
– Wenn Menschen Dinge teilen, leihen oder mieten, dann tun sie das am liebsten in Kooperation mit Unternehmen (62 Prozent) und zu einem deutlich kleineren Teil (31 Prozent) mit anderen Privatpersonen.
– Besonders hoch ist die Bereitschaft, an Sharing-Aktivitäten teilzunehmen, in den Bereichen Ride-Sharing (72 Prozent) und Carsharing (62 Prozent), nicht ganz so ausgeprägt in den Bereichen Apartment-Sharing (40 Prozent) und Crowdfunding mit 23 Prozent.

Die bereits erwähnte Studie des IÖW, die sich mit dem bereits erwähnten Peer-to-Peer-Sharing befasst (P2P),[3] untersucht die Felder Carsharing, Ride-Sharing, Apartment-Sharing und Kleidertausch und kommt in ihrer repräsentativen Befragung zu wesentlich moderateren Ergebnissen (IÖW 2016):

- Eher vertraut mit dem Ride-Sharing sind 16,1 Prozent, mit dem Carsharing 10,4 Prozent, mit dem Kleidertausch 9,3 Prozent und mit dem Apartment-Sharing acht Prozent.
- Als Nachfrager am P2P-Sharing bereits teilgenommen haben aber merklich weniger: beim Carsharing 2,1 Prozent und beim Apartment-Sharing 5,7 Prozent.
- Vorstellen (,wahrscheinlich oder noch unentschieden') an Peer-to-Peer-Sharing-Aktivitäten teilzunehmen, können sich beim Carsharing 19,1 Prozent, beim Apartment-Sharing 26,6 Prozent, beim Ride-Sharing 31,5 Prozent, und beim Kleidertausch 47 Prozent.

Einstweilen ist es also gerechtfertigt, von einem Nischenmarkt zu sprechen, der aber ein gewaltiges Wachstumspotenzial zu bieten scheint. Als Indikator für dieses Wachstumspotenzial können auch die exorbitanten Börsenwerte von Unternehmen wie Uber (Ende des Jahres 2016: knapp 70 Milliarden US-Dollar) oder Airbnb (Ende 2016: rund 30 Milliarden US-Dollar) gedeutet werden, die ja nicht auf heutigen Umsatz- oder Gewinnzahlen basieren, sondern Zukunftserwartungen abbilden. Ob es sich hierbei um ein ,Overrating' handelt, um eine ,Shareconomy Bubble', die wie die ,Internetblase' zur Jahrtausendwende früher oder später platzen wird, oder um eine realistische Zukunftserwartung, die sich schon bald materialisieren wird, lässt sich derzeit kaum sagen (Kowalsky 2016). Prognosen über die tatsächliche Umsatzentwicklung auf den verschiedenen Sharing-Märkten liegen bis auf wenige Ausnahmen kaum vor (PwC 2015).

Über den ,Typ Mensch', der schon heute an Sharing-Aktivitäten partizipiert, liegen ebenfalls verschiedene Studienergebnisse vor, die aber nicht wirklich überraschen. Zwar stehen Pauschalisierungen immer in der Gefahr, zu stark zu vereinfachen, aber als grob zutreffend darf doch die folgende Aussage gelten: Die Sharing Community ist überwiegend jung, urban, gut gebildet, und experimentierfreudig. Bei den ,Aktiven' der Peer-to-Peer-Economy dominieren junge und gut ausgebildete Männer, die ganz überwiegend in Großstädten leben; bei den ,Pragmatischen', die ab und an und je nach Nützlichkeit an Sharing-Aktivitäten teilnehmen, bilden gut ausgebildete, junge, pragmatische Frauen die Hauptgruppe; auch die prinzipiell ,Aufgeschlossenen' sind überwiegend

---

[3] Peer-to-Peer-Sharing (P2P) lässt sich recht eindeutig vom Business-to-Consumer-Sharing (B2C) und vom Government-to-Consumer-Sharing (G2C) unterscheiden. Beispiele für B2C wären etwa car2go oder DriveNow, ein Beispiel für G2C wäre etwa das städtische Fahrradverleihsystem in Paris.

weiblich (IÖW 2016). Das Einkommen ist oft (noch) nicht sehr hoch oder sogar niedrig, dürfte aber aufgrund der im Regelfall guten Ausbildung in Zukunft steigen. Da, wo es um sozial inspiriertes Sharing geht, wähnt man sich auch oft avantgardistisch, mindestens aber als Teil einer Pionierbewegung. Nüchtern betrachtet muss man aber auch sehen, dass manche Sharing-Aktivitäten aus reinen Nützlichkeitserwägungen gespeist sind, etwa Maschinenringe in der Landwirtschaft, wieder andere aus der Not geboren werden, etwa bestimmte Formen des Food-Sharing oder der Inanspruchnahme von Kleiderspenden, und manche auch bloß altbewährte Formen gelebter Nachbarschaft darstellen.

6 Disruptive Entwicklungen: Warum sich die Politik mit der Share Economy befassen sollte

Wir haben gesehen, dass die Share Economy ein großes Entwicklungspotenzial besitzt. Hier wird die These vertreten, dass sie deshalb der Gestaltung bedarf, was die Förderungs- wie die Regulierungsdimension einschließt. Nun gibt es durchaus Stimmen, die für ein weitgehendes Laissez-faire eintreten und der Meinung sind, man solle die Entwicklung erst einmal in Ruhe beobachten und voreilige Regulierungsambitionen zurückstellen. Zu diesen Stimmen zählt etwa die ehemalige EU-Wettbewerbs- und Digitalkommissarin Neelie Kroes, die die Mitgliedsstaaten schon früh davor warnte, Unternehmen wie Uber oder Airbnb zu streng zu regulieren.[4] Eine solche Position kann man natürlich beziehen. Aber man muss sich schon vor Augen führen, wie sehr verschiedene Sektoren der Volkswirtschaft von der Tendenz zum Sharing berührt werden und welche disruptiven Entwicklungen daraus resultieren können. Das gilt unabhängig von der Frage, wie man die entsprechenden Veränderungen einschätzt. So listet die ‚European Sharing Economy Coalition' anhand von konkreten Beispielen die folgenden „Sharing Economy disruptions" auf:[5]

- ‚Retailers': disrupted by Peerby (goods exchanges)
- ‚Hospitality': disrupted by Airbnb (shared accommodation)
- ‚Banking': disrupted by Zopa (money lending)
- ‚Transport': disrupted by Cambio (shared mobility)
- ‚Employment Agencies': disrupted by Upwork (services)
- ‚Volunteering': disrupted by TimeRepublik (timebanking)
- ‚Education': disrupted by Skillshare (shared learning)
- ‚Food': disrupted by Feastly (shared meals)

---

[4] Mittlerweile sitzt Neelie Kroes im Strategiegremium von Uber (O. V. 2016a).

[5] Die European Sharing Economy Coalition wurde 2013 als Netzwerk von in der Share Economy tätigen Akteuren gegründet (https://www.euro-freelancers.eu/european-sharing-economy-coalition).

– ‚Clothing': disrupted by 99dresses (cloths exchange)
– ‚Journalism': disrupted by GrassWire (shared newsroom)
– ‚Art': disrupted by getARTup (art exchange)
– ‚Office Rental': disrupted by Liquidspace (co-working places)
– ‚Travelling': disrupted by Easynest (travel costs sharing)
– ‚Music': disrupted by Spotify (shared music)
– ‚Manufacturing': disrupted by 3D Printing (co-creation manufacturing)

Auch wenn man – wie der Autor – der Meinung ist, Politik könne nicht primär darin bestehen, ständische Interessen gegen neue und innovative Akteure zu schützen, so muss man sich doch klar vor Augen führen, dass die Tendenz zum Sharing vorhandene Wirtschaftsbereiche unter teils sehr starken Veränderungs-druck setzt, manchmal zum Guten (z.B. bessere Ressourcenausnutzung und Verhinderung von Monopolrendition in der traditionellen Ökonomie), manchmal zum Schlechten (Sozialdumping, Prekarisierung von Beschäftigung, neue Plattformmonopole). Allein aus diesem (eher defensiven) Grund scheint es angeraten, sich systematisch mit der Gestaltung und Regulierung der Ökonomie des Teilens auseinanderzusetzen. Zwischen einer bloßen Verhinderungsstrategie (‚Totregulieren') und einer Strategie des zügellosen ‚Laufenlassens' gibt es viel Raum für problemadäquate Vorgehensweisen, die sowohl die Ausschöpfung innovativer Potenziale als auch die Verhinderung von unerwünschten sozialen, wirtschaftlichen und ökologischen Effekten ermöglichen. Wie könnte ein solches Gestaltungsregime bei aller Vorläufigkeit der Diskussion konkret aus-sehen?

7 Die dreifache Gestaltungsaufgabe der Politik

Die politische Gestaltungsaufgabe ist meines Erachtens eine dreifache: eine mikropolitische, eine ordnungspolitische und eine gesellschaftspolitische. Wo Sharing gemeinwohlorientiert organisiert ist, hat Politik die Aufgabe, es zu för-dern, zu stabilisieren und auch vor feindlichen Übernahmen zu schützen. Wo Sharing eine gewinnorientierte Wirtschaftsaktivität wie jede andere ist oder wird, sind durch adäquate Regulierung Wettbewerbsfairness, Steuergerechtigkeit und die Einhaltung von Sozial-, Sicherheits- und Umweltstandards zu gewähr-leisten. Wo wirtschafts- und sozialpolitische Grundsatzentscheidungen getroffen werden, sollte in Zukunft systematisch mitgedacht werden, ob sie eher zur Bildung von sozialem Kapital beitragen oder eher zu dessen Erosion.

7.1 Mikropolitik: Die kommunale Ebene
als entscheidender Handlungsraum

Im ersten Gestaltungskreis liegen besonders für Städte und Gemeinden zahllose Handlungsmöglichkeiten, vor allem in der Überführung von spontanen Entwicklungen in tragfähige und robuste Strukturen. Nur einige Beispiele:

Wer Stadtgärten, Naturerfahrung und Naturdidaktik im Freien fördern will, kann über die kommunale Immobilienverwaltung Flächen bereitstellen, den Crossover zwischen traditionellen Kleingärtnern und Urban Gardeners versuchen und so auch kulturelle Impulse setzen, etwa zur Integration von Migranten, die oft erstaunliche gärtnerische Fähigkeiten mitbringen. Auch kann das Urban Gardening als gesetzlich vorgeschriebene ökologische Kompensationsmaßnahme für bauliche Eingriffe in den Stadtkörper unterstützt werden, wodurch ihm erhebliche finanzielle Mittel zufließen können.

Wer Initiativen, Kreativen oder Start-ups bei der Suche nach günstigen Räumen helfen will, kann eine kommunale Agentur für Zwischennutzungen aufbauen, die die Stadt systematisch nach leerstehenden Immobilien absucht und diese für sinnvolle Nutzungen zu erschließen versucht.

Wer nachhaltige Verkehrskonzepte wie stationsbasiertes Car- oder Bike-Sharing ausbauen will, kann privilegiertes Parken im öffentlichen Raum ermöglichen und gezielte Vernetzungsmöglichkeiten mit den öffentlichen Verkehrssystemen schaffen. Stadtverwaltung, örtliche Verkehrsbetriebe und Verkehrsinitiativen können hier Hand in Hand arbeiten.

Wer Nahrungsmittelverschwendung verhindern will, kann Supermärkte, Restaurants, Kantinen und Haushalte dazu anhalten, Überschüsse dem ‚Food-Sharing-Markt‘ oder den Tafeln für Bedürftige zur Verfügung zu stellen.

Wer den Kleidertausch, den Werkzeug- oder Spielzeugverleih in nicht-kommerzielle Bahnen lenken will, kann Kirchengemeinden, Nachbarschaftsvereine oder Umweltverbände im Aufbau solcher Strukturen unterstützen.

Wer Reparaturcafés oder Bauteilebörsen einrichten will, kann mit der Berufsschule, der Handwerkskammer, Stadtteilinitiativen oder dem örtlichen Abfallentsorger einiges auf die Beine stellen.

Wer Community-Spirit fördern will, kann Tauschringe oder Lokalwährungen ins Leben rufen, in denen Leistungen zwischen Bürgern getauscht oder verrechnungsfähig gemacht werden, so dass eine lokale Sozialökonomie entsteht.

Es existiert inzwischen ein weltweites Netz an ‚Sharing Cities‘, die jeweils ganz eigene Wege zur Förderung der Ökonomie des Teilens gehen: von Seoul über Hamburg bis Toronto. In Amsterdam etwa setzt die Stadtverwaltung gezielt auf die Förderung lokal orientierter Apps, um den globalen Plattformen eine soziale Alternative gegenüber zu stellen, und hat zu diesem Zweck einen Sharing-Aktionsplan verabschiedet, der „Innovation, soziale Teilhabe, Unternehmungsgeist und Nachhaltigkeit" in der Stadt befördern soll (Stadt Amsterdam 2016).

In den genannten Feldern des gemeinwohlorientierten Teils der Share Economy hat man es politisch im Regelfall mit einem hohen Maß an Idealismus auf fast allen Seiten zu tun. Der kritische Faktor ist hier meist die Nachhaltigkeit, verstanden als Dauerhaftigkeit des Engagements der Akteure. Oft hängt der Erfolg solcher Projekte an der Einsatzbereitschaft einer kleinen Gruppe von besonders aktiven Menschen, weshalb ein gewisses Maß an Professionalisierung und öffentlicher Unterstützung auf Dauer unerlässlich ist. Echte Widerstände gegen soziale Sharing-Projekte sind mittlerweile eher selten geworden. Im Gegenteil erkennen viele Kommunalparlamente zunehmend, dass das Fehlen solch sozio-kultureller Innovationen ein schwerwiegender Standortnachteil im Städtewettbewerb ist.

Dieses allgemeine Wohlwollen gegenüber sozialen Sharing-Projekten wird in gesellschaftskritischen Kreisen häufig darauf zurückgeführt, dass es hier ja auch lediglich um harmlose Nischenphänomene gehe, welche die vorherrschenden Akkumulations-, Wachstums- und Gewinnwirtschaftungszwänge des Gesamtsystems nicht ernsthaft in Frage stellten und deshalb letztlich auch keine wirklich transformative Kraft in Richtung Nachhaltigkeit entfalten könnten. Man kann es freilich auch ganz anders sehen: Hier wird in der Nische von Pionieren vorgelebt, was in einer nicht allzu fernen Zukunft der neue Mainstream sein könnte.

Ein wichtiger Aspekt für die Förderung von sozial-ökologischen Sharing-Aktivitäten insbesondere auf lokaler Ebene könnte auch in der Anpassung des Stiftungs- und Vereinsrechts liegen, da es sich hierbei oft um gemeinnützige Non-Profit-Aktivitäten handelt. Auch hier ist saubere definitorische Klärungsarbeit geboten, denn der Staat kann durch eine zu großzügige Dehnung des Gemeinnützigkeitsbegriffs natürlich auch erhebliche finanzielle Nachteile in Form von Steuermindereinnahmen erleiden.

7.2 Ordnungspolitik: Intelligente Regulierung von Infrastruktur und Diensten

Richtig ist aber, dass die politischen Konflikte im zweiten Gestaltungskreis, in dem es um die Regulierung und auch die Einhegung des kommerziellen Teils der Share Economy geht, um einiges härter ausfallen dürften. Hier geht es um gigantische Zukunftsmärkte, mächtige Akteure und den Grundmodus der zukünftigen Ökonomie. Dabei rückt zunächst einmal die Basis-Infrastruktur der neuen Ökonomie des Teilens ins Visier: das Internet. Ohne dieses Netz wäre schon das bisherige Wachstum der Share Economy nicht möglich gewesen, erst recht aber wird es in Zukunft maßgeblich darüber mitbestimmen, wie sich die Gewichte zwischen eher gewinnorientierter und eher gemeinwohlorientierter Ökonomie verteilen.

Aus der Theorie der netzgebundenen Infrastrukturen ist bekannt, dass diese eine Tendenz zur Bildung von Monopolen und zum Missbrauch von Marktmacht durch die Netzbetreiber aufweisen. Aus einer Perspektive des fairen Wettbewerbs gilt es als optimale Lösung, wenn die Netze für Strom, Gas, Wasser, Schienenverkehr oder Telekommunikation nicht von denjenigen betrieben werden, die die entsprechenden Produkte beziehungsweise Dienstleistungen verkaufen wollen, sondern von unabhängigen Dritten. Sind Netz und Vertrieb getrennt, so die Theorie, ist die sogenannte Netzneutralität gewährleistet. Für die Netzbetreiber besteht kein Grund, einzelne Netznutzer zu bevorzugen. Es kommt zum volkswirtschaftlichen Optimum, zu niedrigen Preisen und diskriminierungsfreiem Zugang für alle Netznutzer. Überträgt man diese Überlegung auf das Internet und besonders auf die Suchmaschinen, dann wird leicht erkennbar, wie groß die Marktmacht der US-amerikanischen Digitalkonzerne bereits ist. Beispiel Google: Da das Unternehmen sowohl eine marktbeherrschende Suchmaschine mit über 90 Prozent Marktanteil betreibt als auch eigene Dienste anbietet und an Unternehmen der Share Economy beteiligt ist, kann von Netzneutralität kaum ausgegangen werden. Es besteht ein starker Anreiz, die Suchmaschinen auch zur Begünstigung der eigenen Dienste zu nutzen und die gesammelten Daten intransparent und kommerziell zu verwerten. Aus diesem Grund hat das Europaparlament bereits im November 2014 empfohlen, das Unternehmen Google aufzuspalten und die Suchmaschine von den Diensten zu trennen. Die EU-Wettbewerbskommission hat daraufhin im April 2015 gegen Google ein Wettbewerbsverfahren wegen der Ausnutzung von Marktmacht eingeleitet. Ein für die zukünftige Struktur von Wirtschaft und Gesellschaft so wichtiger Faktor wie die digitale Infrastruktur darf nicht dem Gewinn- und Expansionsinteresse einzelner Unternehmen vorbehalten bleiben, sondern bedarf der gesellschaftlichen und politischen Gestaltung.

7.3 Regulator Recht

Von vergleichbarer Komplexität wie die Frage der Netzregulierung und der Sicherstellung von Netzneutralität ist die rechtliche Regulierung der verschiedenen Sharing-Dienste selbst. Auch hier muss am Anfang ein Plädoyer für Differenzierung stehen: Es ist ein Unterschied, ob eine Studentin während der Semesterferien Dritten gegen kleines Geld oder Geschenke ihr Zimmer für ein paar Tage zur Verfügung stellt oder Privatwohnungen systematisch und quasi gewerbsmäßig über einen längeren Zeitraum und zu durchaus erklecklichen Preisen vermietet werden. Sicher, ordnungsgemäß zu versteuern ist beides – aber Letzteres hat eben auch gesellschaftliche Konsequenzen, etwa weil ein faktisches Konkurrenzverhältnis zu Hotels, Pensionen und Jugendherbergen aufgebaut wird, das Mietpreisniveau steigt oder ganze Stadtquartiere, vor allem in den

‚angesagten' Lagen der Großstädte, wegen der permanenten Fluktuation ihren sozialen Charakter verändern oder gar ‚gentrifiziert' werden.

Es macht ein Unterschied, ob jemand, der mit seinem Pkw von A nach B fährt, über eine Mitfahrzentrale anbietet, andere Personen gegen Kostenbeteiligung mitzunehmen, oder über eine App systematisch Fahrdienste angeboten werden, für die der Vermittler eine Gebühr kassiert und die Risiken ansonsten bei Fahrer und Fahrgast liegen. Auch in diesem Fall gilt: Hier wie da sollte es gesetzeskonform zugehen, aber durch das Wirken des kommerziellen Akteurs, der unter der sympathischen Flagge des Ride-Sharing antritt, doch faktisch Taxidienste anbietet, werden Dritte in relevantem Maße betroffen, von lizensierten Funkmietwagen bis zu öffentlichen Verkehrsbetrieben, die Kunden verlieren können.

Es ist ein Unterschied, ob sich Menschen in einem Wohnquartier zusammen ein paar Nachbarschaftsautos teilen und Fahrgemeinschaften bilden oder große Automobilkonzerne in einer Stadt eine große Zahl von Fahrzeugen anbieten, um städtische Automobilität ohne Fahrzeugbesitz attraktiver zu machen. Beides ist Carsharing und doch kann man ohne jedes moralische Urteil feststellen, dass es sehr verschiedenen Leitbildern folgt und aus gesellschaftspolitischer und regulativer Perspektive deshalb auch nicht gleichbehandelt werden kann.

Es ist ein Unterschied, ob jemand einmalig und gegebenenfalls mit professioneller Hilfe für ein bestimmtes Projekt Geld einsammelt, oder das Einsammeln von größeren Geldbeträgen für Projekte Dritter systematisch als Geschäftsmodell betrieben wird. Beides ist Crowdfunding, beides kann gemeinwohlorientierten wie kommerziellen Zwecken dienen, in beiden Fällen muss sorgsam mit dem eingesetzten Geld umgegangen werden. Aber sollte sich letztgenannte Praxis in größerem Umfang durchsetzen, dürfte das nicht nur für traditionelle Geldsammelstellen wie die Banken Konsequenzen haben, sondern auch für Spendenorganisationen, die Geld für ‚gute Zwecke' einwerben. Weil durch das Netz die Möglichkeit steigt, Geld direkt anzulegen, zu spenden oder zu beschaffen, sinkt die Bedeutung der Intermediäre, mindestens dann, wenn diese es nicht schaffen, sich auf die neuen Realitäten einzustellen.

8 Der lernende Ordnungsrahmen

Die regulativen Aufgaben, die sich aus der Share Economy und ihren Wirkungsweisen ergeben, sind anspruchsvoll, aber lösbar. Grundsätzlich sollte gelten: Es kann nicht um ein ‚Totregulieren' des kommerziell ausgerichteten Teils der Share Economy gehen, nur weil er mit ständischen Interessen kollidiert und manche Branchen einem erhöhten Veränderungsdruck aussetzt. Ein solches Vorgehen wäre angesichts der Dynamik dieses Sektors und seiner engen Verwobenheit mit der Internetökonomie insgesamt nachgerade töricht. Es geht vielmehr um eine angemessene Regulierung der Ökonomie des Teilens, um einen lernenden Ordnungsrahmen, der die sozial und ökologisch negativen Effekte der Kommerzorientierung eindämmt und das Gemeinwohl sowie die fiskalischen Interessen des Staates fest im Auge hat. Einige Beispiele mögen verdeutlichen, was gemeint ist:

(1) Die Anzahl der Tage, an denen Privatwohnungen vermietet werden dürfen, sollte begrenzt werden. Selbst in der ‚Sharing-Metropole' San Francisco hat die Stadtverwaltung entschieden, dass private Wohnungen an maximal 90 Tagen vermietet werden dürfen. In Amsterdam liegt der entsprechende Maximalwert seit Anfang 2017 bei 60 Tagen.

(2) Die Erhebung von Gebühren durch plattformbasierte Vermittlungsdienstleistungen wie Uber und Airbnb muss gedeckelt werden und einer strengen staatlichen Wettbewerbs- und Preisaufsicht unterliegen.

(3) Die Anforderungen an Fahrer, die für Fahrtenvermittlungsdienste wie Uber tätig sind, müssen im Hinblick auf Personenbeförderungskompetenz, Ortskenntnis und Versicherungsschutz im Wesentlichen denen an Taxifahrer entsprechen, wobei die Kosten nicht einseitig den Fahrern aufgebürdet werden dürfen.

(4) Stationsbasiertes Carsharing ist gegenüber dem frei flottierenden Carsharing zu begünstigen, etwa durch intelligente Parkraumbewirtschaftung und optimale Verknüpfungen mit dem öffentlichen Personenverkehr durch bahnhofsnahe Stationen.

(5) Crowdfunding und Crowdinvesting sind dahingehend zu fördern, dass Belange des Kleinanlegerschutzes angemessen berücksichtigt werden, es aber nicht zu unmäßig hohen bürokratischen und Sicherheitsanforderungen kommt. Crowdfunder oder -investoren sind aufgrund ihrer idealistischen Motivation im Regelfall bereit, im Rahmen eines Projektes mit einer geringeren Sicherheit vorliebzunehmen als wenn sie ihr Geld zur Bank brächten. Ein Scheitern solcher Projekte wird immer auch als Möglichkeit einkalkuliert, was wegen der im Regelfall eher kleinen Beträge jedoch kein Problem ist.

9 Grundwerte, Grundhaltungen, Grundausrichtungen: Worauf es am Ende ankommt

Diese Liste ließe sich leicht fortsetzen. Im Grunde verweist sie aber nur auf den größeren Rahmen, den die Gesellschaft der Ökonomie zu geben versucht, um selbige in soziale Ziele einzubetten. In diesem dritten Gestaltungskreis geht es vor allem um Grundwerte, Grundhaltungen, Grundausrichtungen. Viele der Phänomene, die wir in der Share Economy heute beobachten, haben ihre Wurzeln eher in Veränderungen an anderer Stelle, gewissermaßen im vorgelagerten Bereich. Das betrifft positive wie negative Entwicklungen.

(1) Dass Menschen zusammen gärtnern wollen oder untereinander Nahrungsmittel oder Kleider tauschen, ist das Ergebnis einer neuen Wertschätzung für das Natürliche und eines gestiegenen Ressourcenbewusstseins, also ohne Zweifel von einem echten Wertewandel geprägt.

(2) Dass Menschen sich am Crowdfunding beteiligen, um sinnvolle Projekte zu unterstützen, oder ihre Fähigkeiten in Reparaturcafés, Tauschringe oder Zeitbanken einbringen, ist vielleicht einer neuen Lust am Wirksamwerden geschuldet, welche Geld und Zeit auch als soziale Gestaltungsmittel begreift.

Genauso gut gilt aber:

(3) Dass Menschen am Food-Sharing und Food-Saving teilnehmen (müssen), ist vielleicht nicht nur ein Zeichen für die gestiegene Wertschätzung von Nahrungsmitteln, sondern auch Ausdruck einer kranken Agrarproduktion, einer ökologisch fragwürdigen Wegwerfkultur und einem Überfluss, der überdrüssig macht.

(4) Dass Menschen mittlerweile auf Dinge angewiesen sind, die andere nicht mehr brauchen oder haben wollen, verweist vielleicht auch auf das Versagen des Sozialstaats und das Auseinanderklaffen von Reich und Arm.

(5) Dass viele junge Menschen mit ihren Laptops unterm Arm in die hippen Co-Working-Spaces streben, um überhaupt unter Leuten zu sein, ist ja nicht zwingend ein Indiz für Emanzipation, Selbstbestimmung und Freiheit, sondern deutet möglicherweise auch auf grassierende Vereinsamungstendenzen oder übertriebenen Flexibilisierungswahn in der Arbeitswelt hin.

Kurz: Dass viele Ausprägungen der Share Economy eher der Freude am Neuen und echter Unternehmungslust entspringen, während andere eher aus Zwängen oder gar aus der Not geboren werden, ist wohl eine unbestreitbare Wahrheit. Insofern liegen die eigentlichen Fragen, die wir uns als Gesellschaft stellen müssen, vor der Befassung mit den Einzelphänomenen der Share Economy. Wie fair soll es in unserer Gesellschaft und Wirtschaft zugehen, wie verstehen wir das Soziale und wie verhält es sich zum Unternehmerischen? Wie nachhaltig wollen wir als Gesellschaft wirtschaften, und welche Welt wollen wir den zukünftigen Generationen hinterlassen? Von den Antworten darauf und den resultierenden Voreinstellungen wird es abhängen, ob es uns durch Gestaltung und Regulierung gelingt, die Ökonomie des Teilens zu einem sozial-ökologischen und auch ökonomischen Erfolgsmodell zu machen. Wenn wir die Dinge treiben lassen, kann es in der Tat sein, dass wir uns auf die ‚Dumpinghölle' einstellen müssen, in der sich die einen aufs Gewinnen spezialisieren und die anderen aufs Verlieren. Eine soziale Marktwirtschaft wäre das dann nicht mehr, erst recht nicht die so dringend benötigte sozial-ökologische Marktwirtschaft.

Literaturverzeichnis

Botsman, Rachel/Rogers, Roo (2010), *What's Mine is Yours. How Collaborative Consumption is Changing the Way We Live*, New York.

Bundesministerium für Bildung und Forschung (2016), *Der Zukunftsmonitor. Zukunfts-Forum II: Teilen Tauschen Selbermachen*, Berlin.

Frenken, Koen/Meelen, Toon/Arets, Martijn/van de Glind, Pieter (2015), "Smarter regulation für the sharing economy", *The Guardian*, Online erschienen am 20.05.2015.

f/21 (2011), *Sharing Economy. Die Macht des Teilens*, Berlin.

Gansky, Lisa (2010), *The Mesh: Why the Future of Business is Sharing*, London.

Heidemann, Britta (2015), „Teilen wird zum Standortfaktor im Wettbewerb der Städte", *Der Westen*, Online erschienen am 06.11.2015.

Heinrichs, Harald (2013), "Sharing Economy: A Potential New Pathway to Sustainability", *GAIA Ecological Perspectives for Science & Society* 4/22, 228–231.

–/Grunenberg, Heiko (2012), *Sharing Economy. Auf dem Weg in eine neue Konsumkultur?*, Lüneburg.

IÖW (2016), *Jeder Dritte ist bereit, Dinge übers Internet mit anderen zu tauschen*, Pressemitteilung vom 16.06.2016, Berlin.

Kowalsky, Marc (2016), „Die Share Economy ist eine Blase", *Bilanz People*, Online erschienen am 01.11.2016.

Leismann, Kristin/Schmitt, Martina/Rohn, Holger/Baedeker, Carolin (2012), *Nutzen statt Besitzen. Auf dem Weg zu einer ressourcenschonenden Konsumkultur*, Berlin.

Lessig, Lawrence (2008), *Remix: Making Art and Commerce Thrive in the Hybrid Economy*, London.

Lobo, Sascha (2014), „Auf dem Weg in die Dumping-Hölle", *Der Spiegel*, Online erschienen am 03.09.2014.

Loske, Reinhard (2014a), „Neue Formen kooperativen Wirtschaftens als Beitrag zur nachhaltigen Entwicklung", *Leviathan* 3/42, 463–485.

– (2014b), „Nachhaltigkeit voranbringen – Wege in eine zukunftsfähige Gesellschaft", *Vortrag im Landesmuseum in Mainz*.

– (2014c), „Politische Gestaltungsbedarfe in der Ökonomie des Teilens: Eine Betrachtung aus sozial-ökologischer Perspektive", *ifo-Schnelldienst*, 21/27, 21–24.

– (2014d), „Aufwachen bitte! Überlasst die Sharing Economy nicht den Internetriesen", *Die Zeit*, 43/2014, 16.10.2014.

– (2015a), „Sharing Economy. Gutes Teilen, schlechtes Teilen?", *Blätter für deutsche und internationale Politik*, 11/60, 89–99.

– (2015b), "Why the Post-growth debate Is Not a Wrong Turn", *GAIA Ecological Perspectives for Science & Society* 4/24, 236–239.

–/Schaeffer, Roland (Hgg.) (2005), *Die Zukunft der Infrastrukturen. Intelligente Netzwerke für eine nachhaltige Entwicklung*, Marburg.

Lotter, Wolfgang (2013), „Sein und Haben. Die Sharing Economy ist nicht das Ende des Konsums und des Eigentums. Im Gegenteil", *brand eins* 5/15, 38–46.

Mason, Paul (2015), "Airbnb and Uber's sharing economy is one route to dotcommunism", *The Guardian*, Online erschienen am 21.06.2015.

Morozov, Evgeny (2014), "Don't believe the hype, the 'sharing economy' masks a failing economy", *The Guardian*, Online erschienen am 28.09.2014.

O.V. (2013), "The Rise of the Sharing Economy", *The Economist*, Online erschienen am 09.03.2013.

– (2014), „DGB warnt vor neuen Modellen der Ausbeutung", *Der Spiegel*, Online erschienen am 17.08.2014.

– (2015), „Gründer Newsletter vom 29. Juni 2015: Verbraucherschützer warnen vor der Sharing Economy", *Wirtschaftswoche*, Online erschienen am 29.06.2015.

– (2016a), „Neelie Kroes heuert bei Uber an", *Frankfurter Allgemeine Zeitung*, Online erschienen am 05.05.2016.

– (2016b), „Ford-Umfrage: Viele Europäer wären bereit, ihr Auto gegen eine Gebühr zu verleihen, sogar ihr Zuhause und ihren Hund", *Presseportal*, Online erschienen am 20.05.2016.

Paech, Niko (2015), „Die Sharing Economy – Ein Konzept zur Überwindung von Wachstumsgrenzen?", *Wirtschaftsdienst*, 2/95, 87–105.

PwC (2015), *The Sharing Economy*, Delaware.

Rifkin, Jeremy (2014), *The Zero Marginal Cost Society: The internet of things, the collaborative commons, and the eclipse of capitalism*, Basingstoke.

Stadt Amsterdam (2016), *Aktionsplan Sharing Economy*, Amsterdam.

Verbraucherzentrale Bundesverband (2015), *Sharing Economy. Vom Teilen und Haben*, Berlin.

Anhang:
Sektoren der Share Economy im Überblick

Im Folgenden sollen die Sektoren der Share Economy im Überblick dargestellt werden, vor allem in Hinblick auf ihr Nachhaltigkeitspotenzial und ihren Gestaltungsbedarf:[6]

Carsharing

Das Carsharing bietet ein theoretisch hohes Ressourcenschonungs- und Umweltentlastungspotenzial, weil sich durch eine Gemeinschaftsnutzung von Automobilen deren Nutzungsintensität erhöhen lässt und Neukäufe reduziert werden können. Hierbei sind allerdings unterschiedliche Sharing-Modelle zu betrachten, die vom stationsbasierten Carsharing über Car-Pooling und Free-floating-Carsharing bis zu Nachbarschaftsautos reichen.

Bike-Sharing

Die gemeinschaftliche Nutzung von Fahrrädern insbesondere in Großstädten kann im Umweltverbund mit dem öffentlichen Personennahverkehr durchaus einen wichtigen

---

[6] Die Sprache des globalen Phänomens Share Economy ist das Englische, weshalb im deutschsprachigen Raum nicht selten die Kritik zu hören ist, mit den Anglizismen werde es übertrieben. Es gebe für die jeweiligen Sachverhalte stets auch deutsche Begriffe, weshalb es etwa sinnvoller sei, von Mitfahrgelegenheiten statt von Ride-Sharing zu sprechen, von Stadtgärten statt von Urban Gardening, von Autoteilen statt von Carsharing, von Gemeinschaftsfinanzierung statt von Crowdfunding etc. Diese Kritik ist zwar nachvollziehbar, lässt aber außer Acht, dass die Sharing-Phänomene weltweit gleich benannt werden, was vergleichende Betrachtungen einfacher macht. In diesem Text werden deshalb – von etablierten Begriffen wie Kleidertausch, Maschinenring oder Werkzeugverleih abgesehen – die englischen Begriffe verwendet.

Beitrag zur Verbesserung der städtischen Umweltqualität leisten. Als Anbieter solcher Sharing-Räder treten heute Verkehrsbetriebe, Kommunen, aber auch private Verleiher auf.

Ride-Sharing

Wer bei anderen mitfährt, muss nicht selbst Auto fahren und kann Kosten sparen. Wer andere mitnimmt, kann den Auslastungs- und Kostendeckungsgrad seines Fahrzeuges erhöhen. Im Ergebnis kann die Anzahl der zu beschaffenden oder zu bewegenden Fahrzeuge zurückgehen. Das Spektrum reicht hier von Fahrgemeinschaften (z. B. zwischen Wohnort und Arbeitsplatz) über vermittelte Mitfahrgelegenheiten bei ohnehin stattfindenden Fahrten, bis zu Anbietern, die zwar von Ride-Sharing sprechen, aber in Wahrheit taxiähnliche Dienstleistungen anbieten.

Apartment-Sharing

Die Möglichkeit, vorübergehend bei Dritten zu wohnen oder zu übernachten, kann für Nachfrager finanziell (Kosteneinsparung gegenüber Hotels, Pensionen oder Herbergen) und kulturell (Anschluss gewinnen, andere Menschen kennenlernen und mehr über die Stadt erfahren, in der man sich aufhält) attraktiv sein. Für Anbieter lässt sich so die Möglichkeit realisieren, Einnahmen zu erzielen und mindestens temporär den Kostendeckungsgrad der eigenen Wohnung zu erhöhen. Theoretisch lässt sich so der Zubau im Beherbergungsgewerbe reduzieren. In der Beurteilung des Apartment-Sharing ist auf der Anbieterseite zwischen ‚gelegentlich Aktiven‘ und denjenigen zu unterscheiden, die faktisch gewerbsmäßig agieren und hotelähnliche Angebote offerieren.

Office-Sharing

Besonders in Großstädten finden sich häufig ‚Kreative‘, die Büroräume gemeinsam mit anderen nutzen müssen (Kosten) oder wollen (Räumlich mobil sein wollen, keine dauerhafte Bindung an eine Immobilie, Fühlungsvorteile durch das Zusammensein mit anderen ‚Kreativen‘ etc.). Hier geht es um die gemeinsame Nutzung der Räumlichkeiten, aber auch der Infrastrukturen (WLAN, Fax, Telefon, Beamer, Drucker, Scanner, Küche, Tagungsräume etc.). Die Nutzungsintensität vorhandener Gewerbeimmobilien kann durch Office-Sharing erhöht werden. Da seitens der ‚Kreativen‘ oft auch ein hohes Interesse an ‚authentischen‘ Gebäuden mit Geschichte und Patina besteht, kann ein zusätzlicher Schub in Richtung Gebäudereaktivierung und -modernisierung entstehen. Beides, die Erhöhung der Nutzungsintensität vorhandener Gebäude und die Reaktivierung alter Gewerbeimmobilien, kann im Ergebnis zu einem reduzierten Neubaubedarf beitragen.

Co-Working

Eng verwandt mit dem Office-Sharing ist das Co-Working, bei dem unter demselben Dach z. T. an unterschiedlichen, z. T. aber auch an gemeinsamen oder offenen Projekten gearbeitet wird. Hier finden sich Kreative, kleine Start-ups, Freiberufler oder ‚digitalen Nomaden‘ zusammen, die gemeinsam und temporär Räume und Infrastrukturen nutzen, die sie für ihre meist digitalen Tätigkeiten brauchen. Als eher alternative Formen des Co-Working können Häuser der Eigenarbeit oder Repair-Cafés gelten, in denen man allein oder mit anderen (die andere ‚Skills‘ besitzen) arbeitet und Lösungen austüftelt. Mit gewisser Berechtigung kann man Office-Sharing und Co-Working als Synonyme betrachten.

Co-Creation

Etwas anders verhält es sich mit der Idee der Co-Creation, die sicher eher als kooperative Management- oder Wirtschaftsstrategie bezeichnen lässt. Hier arbeiten vor allem Firmen mit ihren Kunden zusammen, im Regelfall über das Netz, um deren spezifisches Wissen bei der Entwicklung und Verbesserung von Produkten oder Dienstleistungen einzubeziehen.

Co-Making

Das Co-Making erfährt mit der digitalen Revolution und dem aufziehenden 3D-Druck einen erheblichen Bedeutungszuwachs. Einstweilen muss die sogenannte ‚Maker-Szene‘ noch als avantgardistische Subkultur von ‚Do-it-yourself‘-Aktivisten gelten, die in ihren Hackerspaces, Makerspaces oder FabLabs faktisch Werkstätten mit gemeinsam angeschafften (weil sonst zu teuren) Geräten und Maschinen betreiben. Kommerzielle Motive spielen hier oft (noch?) keine Rolle, während ökologische (Ressourceneinsparung, Ersatzteilproduktion), akademische (neue Arbeitsmodelle) und künstlerische Motive (z.B. Design, Installationen) stark vertreten sind. Von verschiedener Seite wird dem Co-Making ein großes Potenzial vorausgesagt.

Kleidertausch

Kleidungsstücke nach eigener Nutzung an Dritte weiterzugeben, etwa Kinderkleidung im Familien- oder Freundeskreis, oder solche auf Flohmärkten oder in Secondhandläden zu verkaufen, ist keine neue Tendenz. Der Kleidertausch, etwa das Mitbringen von bereits genutzten Kleidungsstücken zu einer Kleidertauschparty, von der man gleichzeitig selbst genutzte Kleidungsstücke von anderen mitnimmt, dient im Prinzip einem ähnlichen Zweck, nämlich dem, Verschwendung zu vermeiden, Kleidung so lange zu nutzen wie möglich und so Ressourcen zu schonen. Das ‚Statement‘ der Kleider-Sharer ist aber zumeist nicht nur ein ökologisches, sondern auch ein sozio-kulturelles: Teilen ermöglicht eine größere Variationsbreite der zu tragenden Kleidung; gegen künstlich beschleunigte Modezyklen und auf Ausbeutung beruhende Billigtextilien soll ein Signal der Dauerhaftigkeit und Werthaltigkeit gesetzt werden; bei Zusammenkünften wie Kleidertauschpartys lässt sich gemeinsam Spaß haben. Zu betrachten sind hier unterschiedliche Konzepte von sozial-karitativ inspirierten Ansätzen bis hin zu primär kommerziellen wie den Kleider-Flatrates.

Urban Gardening

Beim Urban Gardening geht es um gemeinschaftlich betriebenen Nahrungsmittelanbau in der Stadt, oft auf öffentlichen Flächen, gelegentlich aber auch auf privaten oder genossenschaftlichen Grundstücken. Im Mittelpunkt steht (anders als im klassischen Kleingartenwesen) zumeist das gemeinsame Gärtnern, weniger das Erreichen individueller Nutzen- oder Ertragsziele. Betreiber sind häufig Vereine oder gemeinnützige Einrichtungen. Der Beitrag zur Nachhaltigkeit kann neben der Erzeugung von Nahrungsmitteln in der Erhöhung der städtischen Aufenthaltsqualität, der Förderung von Umweltbildung und Naturverständnis sowie der Pflege sozialer und insbesondere nachbarschaftlicher Beziehungen gesehen werden.

Food-Sharing

Food-Sharing wird von dem Gedanken getragen, Nahrungsmittelverschwendung zu vermeiden und vorhandene Nahrungsmittel einer guten Nutzung zuzuführen statt sie verderben zu lassen. Anders als bei der klassischen Nahrungsmittelspende (zum Beispiel an Tafeln) wird vom Anbieter nicht primär das Kriterium der Bedürftigkeit des potenziellen Nachfragers angelegt, sondern aus dem Motiv heraus gehandelt, etwas Sinnvolles zu tun (Verschwendung vermeiden) und andere davon profitieren zu lassen (Sharing). Nachfrager wiederum müssen sich nicht als Bittsteller vorkommen, sondern tun etwas Gutes (Nahrungsmittelverschwendung vermeiden) und haben auch noch etwas davon.

Maschinenringe

Teure Maschinen, die man zwar regelmäßig, aber nicht häufig braucht, lassen sich gut gemeinsam mit anderen nutzen, etwa Mähdrescher in der Landwirtschaft. Genossenschaftliche Organisationsformen bieten sich hier in besonderer Weise an. Entsprechende Modelle haben einerseits den Vorteil, dass der Fixkostenanteil durch gemeinschaftliches / genossenschaftliches Eigentum für alle Beteiligten gesenkt werden kann, während man sich andererseits nicht völlig abhängig macht von Anbietern einer entsprechenden Leistung (in unserem Beispiel: Druschunternehmen). Insgesamt dürfte durch gemeinschaftliche Maschinennutzungsformen der Neuanschaffungsbedarf zurückgehen.

Werkzeugverleih

Ganz ähnlich wie bei den Maschinenringen ist die Grundüberlegung beim Leihen von Werkzeugen, die man zwar ab und an, alles in allem aber doch eher selten braucht: von der Bohrmaschine bis zum Hochdruckreiniger. Der Unterschied besteht aber darin, dass man die entsprechenden Werkzeuge / Geräte nicht einmal teilweise (etwa als Genosse einer Genossenschaft) besitzen muss, sondern sie schlicht bei einem nicht-kommerziellen oder kommerziellen (z. B. Baumarkt) Geräteverleiher ausleiht oder mietet. Der Umweltentlastungs- bzw. Ressourceneinspareffekt liegt darin, dass die entsprechenden Geräte nicht von allen Haushalten allein angeschafft werden müssen.

Crowdfunding

Beim Crowdfunding oder Crowdinvesting geht es um die Idee, sich finanziell direkt an einem konkreten Projekt zu beteiligen, entweder in Form einer Spende oder in Form einer Geldeinlage, für die ein Rückfluss erwartet wird. Die Beträge sind hier zumeist relativ gering, so dass das Risiko eines Scheiterns oder eines Totalverlustes zumeist nicht sonderlich schwer wiegt. Der Vorteil liegt darin, dass man (anders als im Regelfall bei Spendenorganisationen oder Banken) sicher sein kann, dass das gespendete oder eingelegte Geld garantiert einem bestimmten Projekt zugutekommt und Fixkosten weitgehend entfallen. Der Vorteil eines solchen Ansatzes liegt aus einer Nachhaltigkeitsperspektive darin, dass auch Projekte, die es bei großen Geldgebern (Banken, Investoren etc.) wegen mangelnder Erfolgsgarantie oder mangelnder Sicherheiten schwer haben, eine Chance erhalten, ihr Projekt zu realisieren.

Time-Banking

‚Zeitbanken' handeln mit einer alternativen Währung: der Zeit. Es geht dabei um einen reziproken Tausch von Leistungen, gemessen in Zeit. Über eine Zeitbank können Bedarfe zusammengeführt werden, wobei ‚Geber' und ‚Nehmer' einer Leistung nicht zwingend in einem direkten Verhältnis zueinanderstehen müssen. Beispiel: A bringt x Stunden Handwerksleistungen in die Bank ein, B bringt y Stunden Klavierunterricht ein. A möchte Klavierspielen lernen, B braucht jemanden, der ihm sein Wohnzimmer tapeziert. So können Kooperationen ganz oder teilweise ohne Geld ablaufen, was sozialen Zusammenhalt stimulieren kann. Zu den Freiwilligen- oder Ehrenamts-Agenturen besteht sicher ein Verwandtschaftsverhältnis, aber bei den Zeitbanken bringt man sich nicht nur ein, sondern bezieht auch eine Leistung von Dritten, die ebenfalls nicht kommerziell motiviert sind.

Shared Learning

Das Thema Shared Learning ist eine gänzlich eigene Agenda, die nicht ohne weiteres der Share Economy zugeschlagen werden kann. Im Kern geht es hierbei um gemeinschaftliches Lernen, in das unterschiedliche Beteiligte (vis á vis oder über das Internet) ihre je spezifischen Fähigkeiten, Kenntnisse und Methodenkompetenzen einbringen.

Epilog:
Welchen institutionellen und gesellschaftspolitischen Fußabdruck hat die Share Economy?

Frank Schorkopf

In einer deutschen Universitätsstadt ist ein zukunftsweisendes Wohnquartier entstanden. Die Gartensiedlung soll eine ökologische und urbane Wohnqualität sichern und sieht deshalb ein kraftfahrzeugloses Wohnen vor. Der städtebauliche Vertrag zwischen Stadt und Wohnungsbaugesellschaft untersagt, dass Mieter ein Auto halten, eines in unmittelbarem Besitz haben oder nutzen. Am Rande der Siedlung stehen Parkplätze für Besucher und für die Pkw-Nutzung im Rahmen eines Fahrzeugpools zur Verfügung. Der Vermieter schließt mit dem Mieter zusätzlich zum klassischen Mietvertrag eine Vereinbarung, in der das kfz-freie Wohnen geregelt wird. Die Anwohner sollen keine Autos haben. Sie sollen Autos gemeinsam nutzen. Das städtebauliche Konzept wendet sich gegen den eigentumsorientierten Individualkonsum und empfiehlt einen besitzorientierten Gemeinschaftskonsum. Denn für Mobilitätswünsche verweist es auf den öffentlichen Nahverkehr und auf die zeitliche befristete Buchung eines Autos aus einem Fahrzeugpool, auf das Carsharing.

Die kollaborative Wirtschaftsform, bei der Güter nicht allein dem Eigentümer oder Nutzungsberechtigten exklusiv zur Verfügung stehen, sondern deren Gebrauch unter Vielen auf Zeit geteilt wird, zieht unternehmerisches Interesse auf sich, weckt wirtschafts- und gesellschaftspolitische Erwartungen, scheint den Nerv der Zeit zu treffen (Europäische Kommission 2016). Das Phänomen der Share Economy weckt aber nicht nur die Neugier, ob es nachhaltiges Wachstum fördert, den ökologischen Fußabdruck der Menschen möglicherweise verringert und offene Praxisfragen geklärt werden können. Es gibt zugleich Anlass, prinzipieller über die Wechselwirkung der Share Economy mit den normativen Gesellschaftsgrundlagen nachzudenken, also – um im Bild zu bleiben – nach dem institutionellen und gesellschaftspolitischen Fußabdruck des Konzepts zu fragen. Die Beiträge in diesem Band, und die ihnen vorausliegende Tagung (siehe dazu das Vorwort, V), stehen für dieses Nachdenken mit unterschiedlichen fachlichen Zugängen über institutionelle und gesellschaftspolitische Grundsatzfragen der Share Economy.

Aus der Blickrichtung der Rechtswissenschaft ist zunächst von besonderem Interesse, ob sich durch eine kollaborative Wirtschaft die Institution des Eigentums verändert. Sicherlich, das Kfz-freie Wohnkonzept tastet das Eigentum am Auto nicht an. Der Mieter kann weiterhin Eigentümer im zivilrechtlichen Sinn sein, auch wenn er mit der Sache nicht mehr nach Belieben verfahren und andere von jeder Einwirkung ausschließen kann (§ 903 BGB).[1] Er kann seinen Pkw etwa in einer Straße ‚um die Ecke' parken, die an das gesperrte Wohngebiet angrenzt. Auch die Fahrzeuge des Carsharing gehören jemandem. Sie stehen im Eigentum des Betreiberunternehmens, das die Nutzung organisiert. Und kannten die Juristen nicht auch schon vor dem Großtrend der Share Economy Verbote der Tierhaltung und des Rauchens für Mieter, des Anbringens von Parabolantennen an Häuserfassaden und des Einfahrens in Innenstadtbereiche?

Nichts bis wenig Neues für die Lage des Eigentums, könnte reflexhaft eine Antwort lauten. Das Zivilrecht hat das im Griff – im zitierten Eingangsfall verwiesen das Amts- und Landgericht Münster auf die Beeinträchtigung der allgemeinen Handlungsfreiheit und ordneten die formularmäßig verwendete Mietvertragsklausel als unangemessene Benachteiligung ein (zum Zivilrecht: Meller-Hannich 2014). Die Mieter einer Wohnung im dem Gebäudekomplex, in dem der städtebauliche Vertrag zum Kfz-freien Wohnen galt, hatte recht bekommen. Die Vermieterin scheiterte mit ihrer Klage, mit der sie den Mietern untersagen lassen wollte, „kein Kraftfahrzeug zu halten oder in unmittelbarem Besitz zu haben oder solche Kraftfahrzeuge zu nutzen."[2]

Der nähere Blick auf die öffentlichkeitswirksamen Geschäftsmodelle der Share Economy mit hoher Marktkapitalisierung ergibt jedoch ein differenzierteres Bild – jedenfalls vom juristischen Standpunkt. Das Rechtssystem stellt dabei nicht nur den Maßstab für das Handeln der Verwaltung und einen sicheren Erwartungsrahmen für Marktbeteiligte bereit, sondern symbolisiert mit seinen geltenden Normen zugleich einen demokratisch legitimierten Konsens über Arbeitsmarkt- und Wirtschaftsregulierung. Dieser Rahmen unterliegt zwar einer situativen Radizierung, weil Rechtsnormen zu einem bestimmten Zeitpunkt in Kraft getreten sind. Rechtsnormen haben aber durchaus den Anspruch, auch die zukünftige gesellschaftliche Evolution einzufangen. Erfüllt der Rechtsrahmen diese Erwartung nicht oder kommt die Rechtsanwendung zu unangemessenen Ergebnissen, entsteht regulatorischer Handlungsbedarf. Die Share Economy, das zeigen die drei Beiträge von Markus Ludwigs, Rüdiger Krause, Justus Haucap und Christiane Kehder in diesem Band, verlangt nach beidem: Der Anwendung des bereits geltenden Rechts und der noch zu konsentierenden normativen Neu-

---

[1] § 903 Satz 1 BGB: „Der Eigentümer einer Sache kann, soweit nicht das Gesetz oder Rechte Dritter entgegenstehen, mit der Sache nach Belieben verfahren und andere von jeder Einwirkung ausschließen."

[2] AG Münster, Urteil vom 19.2.2014, Az.: 8 C 2524/13, zitiert nach juris; LG Münster, Beschluss vom 5.5.2014, Az.: 3 S 37/14, abgedruckt in: *Neue Juristische Wochenschrift* 2015, 94 f.

und Umgestaltung. Haucap und Kehder betonen dabei aus ihrem ökonomischen Zugang heraus, mit dem sie die Chancen der Share Economy betonen, dass es um eine ‚Regulierung mit Außenmaß' gehen müsse. Denn deren Sinn könne es nicht sein, „durch Umgehung von sinnvollen Regulierungen und Steuervorschriften Wettbewerbsvorteile zu erlangen." (Haucap und Kehder in diesem Band, 39)

Die Vermittlung privater Unterkünfte in attraktiven Lagen (Airbnb) bewegt sich innerhalb des regulatorischen Rahmens, den das Gewerbe- und Baurecht bilden. Selbst die medial zunehmend beachteten Zweckentfremdungsverbote, so Ludwigs, können bei grundrechtskonformer Auslegung das Geschäftsmodell Airbnbs nicht entscheidend beeinträchtigen. Anders fällt der Befund bei der Vermittlung von Fahrten in privaten Autos (Uber) aus. Das Recht der Personenbeförderung, mit dem qualitative, sicherheitsrelevante Anforderung an das Kraftfahrzeug und den Fahrer formuliert werden, lässt sich mit dem Geschäftsmodell nicht umgehen. Der Gesetzgeber müsste sich dazu entschließen, die Personenbeförderung zu deregulieren, damit das Geschäftsmodell UberPOP auf deutschen Straßen erfolgreich sein könnte. Ein Befund, dem Haucap und Kehder aus wirtschaftswissenschaftlicher Perspektive auch deshalb beitreten, weil die Sinnhaftigkeit des Personenbeförderungsgesetzes auch angesichts des technischen Fortschritts in Frage stehe.

Diesen Befund kann man kritisch bewerten, verhindert doch das geltende Recht derzeit den dauerhaften Markteintritt Ubers in Deutschland und damit erfolgreichen Wettbewerb. Julian Dörr und Nils Goldschmidt weisen in ihrem Beitrag zu Recht darauf hin, dass auch die Soziale Marktwirtschaft die Privilegien von alteingesessenen Marktteilnehmern infrage stellt, indem sie Wettbewerb zulässt und fördert. Den Ortskundenachweis bei Taxifahrern in Zeiten der elektronischen Navigation erwähnen sie deshalb mit kritischem Ton. Auch trifft Ludwigs in dieser Hinsicht nicht den Punkt, wenn er dem geltenden Rechtsrahmen bescheinigt, ein stimmiges und kohärentes Ergebnis herbeizuführen, weil es bei Uber nicht ums Teilen gehe, „sondern um die Vermittlung von zusätzlichen Fahrten, die ansonsten überhaupt nicht stattgefunden hätten." (Ludwigs in diesem Band, 121) Es mag den vordergründig paradoxen Effekt gegeben haben, dass die Zahl der Mietfahrten in New York sprunghaft anstieg. Der Regelfall ist jedoch die Verdrängung zugelassener Taxiunternehmungen durch private Uber-Fahrer. Das Gesamtbild entsteht vielmehr erst, wenn wir auch die arbeitsmarkt- und sozialpolitische Seite des erwähnten Geschäftsmodells einbeziehen.

Die arbeitsrechtliche Folgenanalyse der Share Economy fördert unter anderem das Ergebnis zu Tage, dass entsprechende Geschäftsmodelle das Verhältnis von Vermittler und Dienstleistungserbringer – um es neutral auszudrücken – prinzipiell verändern. Krause erläutert in seinem Beitrag, wie das Geschäftsmodell von Uber das klassische Dienstleistungsmodell atomisiert und eine unregulierte Arbeitswelt fördert. Die Risikotragung und die soziale Absicherung des ‚Arbeitnehmers' werden auf den privaten Fahrer verlagert, ohne dass die zusätzlichen Lasten durch ein erhöhtes Entgelt oder funktionelle Substitute sozialer Sicherung ersetzt würden. Man muss nicht ein pessimistischer Gewerkschafter sein (Loske in diesem Band, 171), um die Gefahr zu sehen, dass der für die Share Economy in diesem Geschäftsbereich notwendige ‚Schwarm an Solo-Selbständigen' mittelfristig ein gesellschaftliches Problem entstehen lässt. Deshalb wird die treffende Normativfrage formuliert, unter welchen institutionellen Bedingungen Arbeit in Zukunft geleistet werden Nothelle-Wildfeuer und Skala äußern in ihrem wirtschaftsethisch ausgerichteten Beitrag die Besorgnis, dass die Konkurrenz, die etablierte Wirtschafts- und vor allem Beschäftigungsmodelle durch die Share Economy erfahren, „offensichtlich auch die berechtigte Angst vor den als negativ empfundenen Folgen einer Deregulierung im Hinblick auf Arbeitsbedingungen, Sicherheitsstandards und Lohnumfeld" befördere (Nothelle-Wildfeuer und Skala in diesem Band, 101).

Die in diesem Band vertretene gesellschaftswissenschaftlichen Perspektiven sind sich aus meiner Sicht darin einig, dass nicht Algorithmen, sondern dass Parlamente über das soziale Schutzniveau von Erwerbsarbeit entscheiden sollten. Das fordert freilich den territorial begrenzten Politikraum heraus, weil die großen Unternehmen der Share Economy ihren Sitz außerhalb Deutschlands haben und teilweise auch die Europäische Union nicht entscheidend weiterhelfen kann, weil der für die Regulierung entscheidende Sitz sogar in einem Drittstaat liegt. Der regulatorische Anspruch wirkt bei diesen Raumdimensionen kollaborativer Wirtschaft geradezu zwergenhaft, werden mit der Share Economy doch zugleich erhebliche politische Erwartungen an Wachstums- und Innovationspotentiale verbunden. Regulatorische Ansprüche wirken in solch einer Lage, auch wenn sie den pessimistischen Anflug vermeiden können, in der öffentlichen Debatte zuweilen kleinmütig.

Die organisierte Vermittlung von Nutzungsrechten, auf der bislang das Augenmerk lag, ist nur ein, momentan stark wahrgenommener Aspekt der Share Economy. Das Augenmerk wird insoweit von den in der Öffentlichkeit stark beachteten gewinnorientierten Unternehmen dominiert, deren Aktivitäten eine überregionale Bedeutung haben. Daneben gibt es die mit dem Konzept ebenfalls verbundene Idee einer tatsächlichen Kollaboration im Sinne einer echten, gemeinschaftlichen Ressourcenteilung. In dieser Kollaboration, dem Teilen vorhandener, aber ungenutzter Ressourcen zwischen Privaten sehen Haucap und Kehder den eigentlichen Wesenskern der Share Economy. Vor allem aber hat das Konzept einen gesellschaftspolitischen Überbau, der mit der Umwelt- und Nachhaltigkeitsbewegung verwoben ist. Der ‚ökologische Fußabdruck' des Menschen soll verringert werden (Rifkin 2011; Wackernagel und Beyers 2016). Der moralische Überschuss des Konzepts nähert die Erwartung an eine bessere Gesellschaft und ein gesteigertes Wohl des Einzelnen. Auch diese Seite der Share Economy verdient größere Aufmerksamkeit. Dieser intellektuelle Kern des Konzepts könnte nämlich ebenfalls Folgen für tragende Institutionen der Gesellschaft haben.

Während der Bürger einen Nutzen daraus zieht, eine Ware nur bei Bedarf zu gebrauchen und seine Ressourcen dann auch nur für die Nutzungsdauer aufzuwenden, blickt der übergeordnete Beobachter anders auf das Phänomen. Für ihn geht es um die bessere Ausnutzung der Kapazitäten eines Gutes: Die Share Economy ist ein Instrument zur effektiven Ressourcennutzung und hat dabei, über die von Haucap und Kehder beschriebenen Effizienzvorteile hinaus, mittelbar einen sozialpolitischen Effekt. Denn durch den auf tatsächliche Nutzung begrenzten Ressourceneinsatz können sich mehr Bürger Dinge leisten, die sonst außerhalb ihrer finanziellen Reichweite sind. Dass dieses Tauschgeschäft aber komplementäre Seiten hat, die noch besser durchdacht werden müssen, zeigt der bereits zitierte Beitrag von Krause in diesem Band. Eher nebenbei weisen er wie auch Loske auf mögliche inverse Verstärkungseffekte (Rebound-Effekte) hin, die durch die effizientere Nutzung eines Gutes entstehen und den Fußabdruck keineswegs kleiner werden lassen. Das Auto steht nun nicht mehr die meiste Zeit auf dem Parkplatz, sondern es wird bestimmungsgemäß, dafür nunmehr rund um die Uhr genutzt.

Der genutzte Gegenstand muss aber gleichwohl zur Verfügung gestellt werden. Der gemeinsame Gebrauch von Fahrzeugen setzt voraus, dass ein Betreiberunternehmen entweder Autos selbst vorhält oder aber dass private Kraftfahrzeuge zwischen Bürgern über eine im Regelfall digitale Plattform vermittelt werden. Denken wir dieses Modell konsequent in umwelt- und infrastrukturpolitischen Bahnen, dann gibt es am Ende einige Unternehmen – und vielleicht ergänzend oder auch alternativ die öffentliche Hand –, die Güter für die private Nutzung vieler Bürger vorhalten. Aufgrund des dadurch bewirkten Wandels der normativen Grundlagen könnte die Gesellschaft langfristig von einer Eigentümer- zu einer Besitzer- oder Nutzergesellschaft werden. Die Share Economy zeichne sich, so Loske (Loske in diesem Band, 171), durch den Zugang zu Ressourcen aus, die einem nicht gehören müssen.

Dass wir uns von einer Eigentümer- in eine Nutzergesellschaft entwickeln, ist keine zwingende Folge der Share Economy. Denn das Eigentum könnte auch gemeinsam gehalten werden – die Share Economy wird deshalb teilweise bereits als eine Neuauflage des Genossenschaftssystems gesehen (Theurl 2016; Hesse in diesem Band, 21). Im Genossenschaftssystem ist der Bürger am Kapital der Unternehmung beteiligt und kann als Verbandsmitglied auf deren Willensbildung Einfluss nehmen. Es handelte sich um ein sympathisches Modell, das aber die Share Economy dann wiederum als lediglich runderneuertes Bestandskonzept erscheinen ließe. Abgesehen von den tatsächlichen Parallelen zum Genossenschaftswesen, auf die Jan-Otmar Hesse in seinem wirtschaftshistorischen Beitrag aufmerksam macht, liegen die Verbindungslinien zur Genossenschaft aus meiner Sicht eher in der ideellen Rahmung der beiden Konzepte. Der Genossenschaftsgedanke setzt wie auch die vornehmlich nicht-gewinnorientierte Share Economy auf räumlich und personell begrenzte Kooperation. Beide stehen für eine Sozioökonomie der Nähe, in der sich die Beteiligten kennen oder zumindest in vertrauten Räumen operieren, in der sie nicht bloß Anteilseigner in einer Société Anonyme sind. Es ist bislang nicht klar, welche Motive in dieser Parallelkonstruktion wirken und ob der mit dem Genossenschaftsdenken latente sozialmetaphysische Persönlichkeitsgedanke reflektiert ist. Es spricht aus meiner Sicht einiges dafür, dass der durch technische Innovation ausgelöste Boom der Share Economy nicht nur für eine graduelle Verschiebung von der privatkapitalistischen hin zur kooperativen Wirtschaftsweise steht (Hesse in diesem Band, 21). Er markiert zugleich das Anliegen einer interpersonalen Gegenseitigkeit in einer entgrenzten Weltgesellschaft. Wer sich bei anderen in fremder Umgebung für ein paar Tage einmietet, hofft möglicherweise auf ein spontanes Küchengespräch, wer eine Mitfahrgelegenheit in die nächste Stadt sucht, denkt vielleicht auch an eine Plauderei mit den Mitfahrern. Das Motiv ist – zumindest auch – das individuelle, authentische singuläre Erlebnis anstatt einer standardisierten Leistung (Reckwitz 2017, 111). Die Share Economy als soziokulturelle Innovation, ist insoweit selbst Ausdruck gesellschaftlicher Evolution.

In dem Nebeneinander von technologisch ermöglichtem, effizienten Teilen und dem Anliegen interpersonaler Gegenseitigkeit steckt eine Widersprüchlichkeit. Florian Hawlitschek und Tim Teubner weisen in ihrem Beitrag darauf hin, dass der künftige Erfolg der Share Economy maßgeblich vom gegenseitigen Vertrauen der beteiligten Akteure abhänge. Dabei sei bislang nicht eindeutig geklärt, was Vertrauen innerhalb des innovativen und komplexen Umfeldes der Share Economy bedeute (Hawlitschek und Teubner in diesem Band, 77). Der Beitrag gibt einen umfassenden Überblick, mit welchem Aufwand sich die Geschäftskonzepte bemühen, über Standards, Marken, Zertifizierungen, Design, Peer-Bewertungen und formellen Rückabwicklungslösungen, vertrauensstiftende Wirkungen bei den Beteiligten zu erzielen. Und doch handelt es sich dabei im Wesentlichen um konstruierte Substitute für interpersonal begründete Vertrauensbeziehungen. Es handelt sich letztlich um eine digital vermittelte Vertrauensemulation, die an die Stelle der an sich erhofften eigenen sozialen Erfahrungen tritt. Aus abstrakterem Blickwinkel freilich, den Haucap und Kehder einnehmen, verringern die Vermittlungsplattformen zweifelsohne zunächst das bisher praxisprägende Problem fehlenden Vertrauens zwischen ehemals weitgehend anonymen Anbietern und Nachfragern (Haucap und Kehder in diesem Band, 39).

Allerdings scheint es, dass die überregional bekannten Modelle der Share Economy des besitzorientierten Konsums bislang darauf ausgerichtet sind, den Bürger gerade nicht dauerhaft in die Governance des genutzten Gutes einzubeziehen. Es soll um die zeitlich befristete Nutzung gegen Entgelt gehen. Die faktische Teilhabe an dem Gut und die Rechtsbeziehung zwischen den Beteiligten sind auf diesen Zeitraum begrenzt. Der hohe Stellenwert des Eigentumsschutzes in der Verfassung und den europäisch gewährleisteten Menschenrechten ist nun nicht allein utilitaristisch in dem Sinn begründet, dass es um die Privatnützigkeit eines Gegenstandes geht. Das Eigentum hat in westlichen Verfassungsstaaten deshalb eine so überragende Bedeutung, weil das Eigentum an Vermögenswerten Ausdruck der persönlichen Freiheit ist. Das Eigentum wird ideengeschichtlich mit der Idee der Persönlichkeit des Erwerbers begründet, der nicht nur über die eigene Person selbst bestimmt, sondern auch über seine Kräfte und seine Tätigkeit. Das Erworbene darf deshalb gegen den Willen nicht für einen anderen verwendet werden, weil dies einer Indienstnahme der Person an sich gleichkäme. Wir haben diesen Zusammenhang in der großen Formel von ‚Freiheit und Eigentum‘ weiterhin in unserem Denken gespeichert. Es ist auch kein Zufall, dass gesellschaftspolitische Utopien gerade beim Eigentum ansetzen, um ihre Vorstellungen vom neuen Sozialmodell, zumeist mit dystopischen Konsequenzen, durchzusetzen.

Den Zusammenhang von Share Economy und gesellschaftlicher Evolution, in diesem Fall kapitalismuskritischen Gestaltungserwartungen, bestätigen Nothelle-Wildfeuer und Skala in ihrem wirtschaftsethisch ausgerichteten Beitrag in diesem Band. In der Share Economy artikuliere sich deutlich das Bedürfnis nach einer anderen Art zu wirtschaften, nach einer Alternative zum kapitalistischen System. Sie zielt ihrer Ansicht nach genau in die postmaterialistische Wertedebatte der Überflussgesellschaft (Nothelle-Wildfeuer und Skala in diesem Band, 101; siehe auch Dörr und Goldschmidt 2015). Die individuelle Motivation kann dabei entweder aus der säkularen Soziallogik des Besonderen folgen, oder aber aus einer christlichen Sozialethik, mit ihrem Anliegen nach kleinen Einheiten und persönlichen Beziehungen.

Die Share Economy wird in dem Augenblick zu einem Problem, in dem gemeinschaftsbezogene Ansätze die individuelle Zuordnung in Frage stellen. Um also im Beispiel des Carsharing zu bleiben, wenn über Big Data ermittelt werden würde, wie häufig oder wenig ein Bürger seinen privaten Pkw im Monat nutzt, und der Pkw in eine Datenbank eingestellt werden würde, um die Nutzung (gegen Entschädigung) zu optimieren. Die Sozialbindung des Eigentums, heute noch konstitutionell in Deutschland manifestiert in dem Zweiwortsatz „Eigentum verpflichtet" (Art. 14 Abs. 3 GG) – würde in diesem Beispiel nicht mehr am Gegenstand (Auto), sondern an seiner (ineffektiven) Nutzung festgemacht. Das Eigentum umfasst dagegen auch das Recht auf Ausschluss des anderen. Selbst wenn dieser Ausschluss ineffizient und irrational sein sollte. Der Ausschluss steht für eine Differenzsetzung gegenüber einer zweckorientierten Vergemeinschaftung, eine mehr oder minder bewusste Exklusion und damit ein Akt individueller Freiheit. Es wird deshalb in der weiteren Debatte darauf ankommen, die Share Economy nicht als moralisch höherwertiges Konsummuster gegen die ‚Owner Economy‘ auszuspielen.

Der deutsche Gesetzgeber ist zuletzt, mit dem Erlass des Gesetzes zur Bevorrechtigung des Carsharings, gleichwohl einen alltagssichtbaren Schritt in diese Richtung gegangen. Das Gesetz gestattet Ländern und Kommunen, Parkbevorrechtigung und -gebührenbefreiung für das Carsharing im öffentlichen Verkehrsraum einzuführen. Mit anderen Worten, wer ein geteiltes Auto fährt, parkt innenstadtnah und kostenlos.[3] Das Gebot der Gleichbehandlung individueller Mobilität wird eingeschränkt, um – wie es in § 1 des Carsharinggesetzes heißt – die Verringerung insbesondere klima- und umweltschädlicher Auswirkungen des motorisierten Individualverkehrs zu fördern. Zusätzlich nennt der Gesetzgeber als Motive die „Wahrung des wirtschaftlichen Wachstums und de[n] Erhalt des Innovationsstandorts Deutschland" (Deutscher Bundestag 2017, 16).

Der gegenwärtige Enthusiasmus für die Share Economy drängt an den Rand, das Eigentum für eine moderne Gesellschaft eine stabilisierende Funktion hat. Mit der Möglichkeit des Eigentums an Gegenständen entstehen individuelle Ziele, die durch entsprechendes Streben in der Rechts- und Gesellschaftsordnung erreicht werden können. Durch die Institution des Eigentums wird nicht nur eine dingliche Zuordnung vorgenommen, sondern es wird zugleich auch eine Verantwortungsbeziehung gestiftet. Der Eigentümer ist für den Gegenstand verantwortlich, identifiziert sich damit und achtet darauf, dass die Rahmenbedingungen so sind, dass Erhalt und Nutzung weiter möglich sind. Die Entwicklungspolitik fasst das in den sprechenden Begriff der Ownership, die als Vorbedingung für Effizienz, Nachhaltigkeit und Erfolg in einer sich entwickelnden Gesellschaft gesehen wird. Auch der deutschen Gesellschaftsordnung ist dieser Zusammenhang von Eigentum und stabiler Gesellschaft etwa durch die historischen – wie aktuellen – Programme zur Wohneigentumsbildung und zur Verbreitung von Mitarbeiteraktien bekannt.

Eine Besitzergesellschaft muss nicht notwendig für das Gegenteil stehen. Es ist eine offene Frage, ob das Teilen, das Nutzen statt des Habens, eine neue Gemeinschaftlichkeit entstehen lassen wird. Die Hoffnung wird von den einschlägigen Spin-Doktoren geäußert. Auch wenn Umfragen, die Loske in seinem Beitrag zitiert (Loske in diesem Band, 171), davon berichten, dass sich ein Drittel der Befragten vorstellen könnten, eigenes Eigentum zugunsten von Sharing-Angeboten zu reduzieren. Zwei Drittel der Befragten konnten sich das nicht vorstellen und möchten an der Idee vom eigenen Pkw festhalten. Und auch wenn sich knapp mehr als die Hälfte der europaweit Befragten vorstellen kann ihr Auto gegen Geld zu verleihen, so verleiht diese Gruppe ihr eigenes Auto! Die gegenwärtige Demoskopie wie die Praxis der Share Economy sind nicht vielversprechend. Denn auch die geteilte Nutzung ist in der Regel ‚privat‘. Das im Carsharing gemietete Auto dient weniger als Sammeltaxi, sondern als Vehikel für

---

[3] Gesetz zur Bevorrechtigung des Carsharings – Carsharinggesetz, vom 5.7.2017, Bundesgesetzblatt Teil I, 2230.

die individuelle Mobilität. Die Mitgliedschaft in einem entsprechenden Dienst und der öffentliche Gebrauch eines ‚geteilten Autos' kann auch Ausdruck eines modernen Lebensstils und einer demonstrativen Individualität sein (‚Conspicious consumption').

Das würde dann wiederum bedeuten, dass sich nicht so sehr Gemeinschaft und Einzelner, sondern konkurrierende Individualansprüche gegenüberstehen. Es stehen sich gegenüber die Ansprüche des Nutzers und die des Eigentümers. Eine überzeugende Antwort ist bislang (noch) nicht gefunden worden, weshalb die Interessen des Nutzers den Vorzug erhalten sollten.

Die Share Economy ist eine faszinierende Entwicklung der Wirtschaft, im Zusammenwirken veränderter gesellschaftlicher Präferenzen und der Digitalisierung. Sie ist eine Innovation und eröffnet Chancen. Wir müssen die Grundrechte und Grundfreiheiten, besonders das Eigentum aber auch vor dem Hintergrund dieser Entwicklung weiter und neu erklären, weil wir damit die persönliche Freiheit verteidigen. Die Konzepte der Share Economy müssen eigentumsneutral sein. Sonst geht es uns wie zuletzt einem amerikanischen Schauspieler, der seinen Kindern seine digitale Plattensammlung vermachen wollte und feststellen musste, dass er schon zu Lebzeiten nur noch Lizenzen an der Wiedergabe der Musiktitel hatte.

Literaturverzeichnis

Deutscher Bundestag (2017), *Drucksache 18/11285. Entwurf eines Gesetzes zur Bevorrechtigung des Carsharing (Carsharinggesetz – CsgG)*, 18. Wahlperiode 22.02.2017, Gesetzentwurf der Bundesregierung, Berlin.

Dörr, Julian / Goldschmidt, Nils (2015), „Vom Wert des Teilens", *Frankfurter Allgemeine Zeitung* 303/2015, 18.

Europäische Kommission (2016), „Mitteilung – Europäische Agenda für die kollaborative Wirtschaft", Brüssel.

Meller-Hannich, Caroline (2014), „Zu einigen rechtlichen Aspekten der ‚Share-Economy'", *Wertpapier-Mitteilungen* 50/68, 2337–2345.

Reckwitz, Andreas (2017), *Die Gesellschaft der Singularitäten*, Berlin.

Rifkin, Jeremy (2011), *Die dritte industrielle Revolution*, Frankfurt a. M.

Theurl, Theresia (2016), „Sharing Economy: Nutznießer oder Opfer institutioneller Inkonsistenzen?", *Wirtschaftsdienst* 8/96, 603–608.

Wackernagel, Mathis / Beyers, Bert (2016), *Der Ecological Footprint. Die Welt neu vermessen*, Hamburg.

Autorenverzeichnis

Julian Dörr, Jahrgang 1983, Dr. sc. pol., Research Fellow am Forschungskolleg normative Gesellschaftsgrundlagen der Rheinischen Friedrich-Wilhelms-Universität Bonn, Geschäftsführer der Aktionsgemeinschaft Soziale Marktwirtschaft e.V. Arbeitsschwerpunkte: Ordnungsökonomik, (Europäische) Wirtschafts- und Sozialpolitik, Geschichte des ökonomischen Denkens, Regional- und Strukturpolitik. Kontakt: doerr@forschungskolleg.eu

Nils Goldschmidt, Jahrgang 1970, Prof. Dr. rer. pol., Professur für Kontextuale Ökonomik und ökonomische Bildung am Zentrum für ökonomische Bildung der Universität Siegen. Vorsitzender der Aktionsgemeinschaft Soziale Marktwirtschaft e.V. Arbeitsschwerpunkte: Ordnungsökonomik, Ökonomische Bildung, Theorie der Sozialpolitik und sozialer Dienstleistungen, Methodologie und Geschichte des ökonomischen Denkens. Kontakt: goldschmidt@wiwi.uni-siegen.de

Justus Haucap, Jahrgang 1969, Prof. Dr. rer. pol., Direktor des Düsseldorfer Instituts für Wettbewerbsökonomie (DICE) an der Heinrich-Heine-Universität Düsseldorf, Mitglied der Nordrhein-Westfälischen Akademie der Wissenschaften und der Künste sowie der Deutschen Akademie der Technikwissenschaften (acatech). Arbeitsschwerpunkte: Wettbewerbspolitik, Digitale Ökonomie, Regulierungsökonomik, Industrieökonomik, Institutionenökonomik, Ordnungspolitik. Kontakt: haucap@dice.hhu.de

Florian Hawlitschek, Jahrgang 1990, M.Sc., Wissenschaftlicher Mitarbeiter am Institut für Informationswirtschaft und Marketing am Karlsruher Institut für Technologie, Vorsitzender des Sharewood-Forest e.V. Arbeitsschwerpunkte: Sharing Economy und Peer-to-Peer Märkte, Vertrauen und Reziprozität, Informationssysteme und Nutzerverhalten. Kontakt: florian.hawlitschek@kit.edu

Jan-Otmar Hesse, Jahrgang 1968, Prof. Dr. phil., Professor für Wirtschafts- und Sozialgeschichte an der Universität Bayreuth. Arbeitsschwerpunkte: Wirtschaftsgeschichte der Bundesrepublik Deutschland, insbesondere der Geschichte der Außenwirtschaft, Unternehmensgeschichte, Geschichte des ökonomischen Denkens. Kontakt: jan-otmar.hesse@uni-bayreuth.de

Christiane Kehder, Jahrgang 1981, Dr. rer. pol., Economist bei DICE Consult. Arbeitsschwerpunkte: Wettbewerbsökonomik, Digitale Ökonomie, Ordnungspolitik. Kontakt: kehder@dice-consult.de

Rüdiger Krause, Jahrgang 1961, Prof. Dr. iur., Lehrstuhl für Bürgerliches Recht und Arbeitsrecht an der Georg-August-Universität Göttingen, Direktor des Instituts für Arbeitsrecht. Arbeitsschwerpunkte: Deutsches, europäisches und internationales Arbeitsrecht. Kontakt: Lehrstuhl.Krause@jura.uni-goettingen.de

Reinhard Loske, Jahrgang 1959, Prof. Dr. rer. pol., Professur für Nachhaltigkeit und Transformationsdynamik an der Fakultät für Kulturreflexion der Universität Witten/

Herdecke, Senior Associate Fellow der Deutschen Gesellschaft für Auswärtige Politik. Arbeitsschwerpunkte: Nationale und internationale Klimaschutzstrategien, Nachhaltiges Wirtschaften, Kooperative Wirtschaftsformen, Soziale Nachhaltigkeitsinnovationen. Kontakt: reinhard.loske@uni-wh.de

Markus Ludwigs, Jahrgang 1976, Prof. Dr. iur., Lehrstuhl für Öffentliches Recht und Europarecht an der Julius-Maximilians-Universität Würzburg. Arbeitsschwerpunkte: Öffentliches Wirtschaftsrecht (insb. Regulierungsrecht), Energieumweltrecht, Allgemeines Verwaltungsrecht, Europarecht. Kontakt: markus.ludwigs@uni-wuerzburg.de

Ursula Nothelle-Wildfeuer, Jahrgang 1960, Prof. Dr. theol., Professur für Christliche Gesellschaftslehre an der Theologischen Fakultät der Albert-Ludwigs-Universität Freiburg. Arbeitsschwerpunkte: Wirtschaftsethik, Arbeitsethik, Familienethik, Grundlagen der christlichen Sozialethik, Geschichte des katholisch-sozialen Denkens. Kontakt: ursula.nothelle-wildfeuer@theol.uni-freiburg.de

Frank Schorkopf, Jahrgang 1970, Prof. Dr. iur., Lehrstuhl für Öffentliches Recht und Europarecht an der Georg-August-Universität Göttingen, Mitglied der Akademie der Wissenschaften zu Göttingen. Arbeitsschwerpunkte: Staatsrecht der internationalen Beziehungen, Institutionen politischer Herrschaft, Regulierung der Wirtschaft. Kontakt: frank.schorkopf@jura.uni-goettingen.de

Dominik Skala, Jahrgang 1985, Dr. theol., 2012–2017 Wissenschaftlicher Mitarbeiter am Arbeitsbereich Christliche Gesellschaftslehre der Albert-Ludwigs-Universität Freiburg, seit 2017 Leiter der Stabsstelle für Qualitätsmanagement und Lehrentwicklung an der Hochschule für Musik Freiburg. Arbeitsschwerpunkte: Governance an Kunst- und Musikhochschulen, Strategie und Politik kleiner und mittlerer Hochschulen, Qualitätsentwicklung in künstlerischer Forschung und Lehre. Kontakt: d.skala@mh-freiburg.de

Timm Teubner, Jahrgang 1984, Prof. Dr. rer. pol., Professur für Trust in Digital Services am Einstein Centre Digital Future, Technische Universität Berlin. Arbeitsschwerpunkte: Plattformökonomie, Electronic Commerce, Online-Reputation und Vertrauen, Konsumentenverhalten. Kontakt: teubner@tu-berlin.de

Personenregister

Sachregister

Die Einheit der Gesellschaftswissenschaften
im 21. Jahrhundert
herausgegeben von
Nils Goldschmidt, Jan Otmar Hesse und Boris Holzer

Die Gesellschaftswissenschaften zerfallen heute in eine Vielzahl von Disziplinen, von den Wirtschafts- und Sozialwissenschaften, über die Geschichts- und Kulturwissenschaften bis hin zur Rechtswissenschaft. Angesichts des sehr hohen methodischen Niveaus in den Einzeldisziplinen und der notwendigen Spezialisierung werden übergreifende Forschungen immer schwieriger und seltener. Die Schriftenreihe *Die Einheit der Gesellschaftswissenschaft im 21. Jahrhundert* versammelt Beiträge, die an dieser Synthese arbeiten. Publiziert werden Monographien und Sammelbände, in denen die methodische Vielfalt der heutigen Gesellschaftswissenschaften gezielt für innovative Einsichten oder Problembeschreibungen eingesetzt wird. Es soll keine neue Methodendebatte gesucht werden, sondern es sollen durch die multiperspektivische Betrachtungsweise aus unterschiedlichen disziplinären Kontexten Erkenntnismöglichkeiten eröffnet werden. Hiermit schließt die Reihe an die zwischen 1962 und 2013 erschienene Reihe *Die Einheit der Gesellschaftswissenschaften* an, die in dieser Hinsicht sehr positiv gewirkt hat.

Alle Bände in der Reihe werden durch die Herausgeber sowie externe Gutachter begutachtet.

ISSN: 2569-457X
Zitiervorschlag: EdG21

Alle lieferbaren Bände finden Sie unter *www.mohrsiebeck.com/edg21*

Mohr Siebeck
www.mohrsiebeck.com